岭南传统聚落与乡土景观丛书
丛书主编　潘莹　施瑛

本书由国家自然科学基金项目"基于文化地理学的岭南传统聚落景观的特征、区划与机制研究"（编号：51978275）和华南理工大学建筑学院"双一流"建设经费资助

江天晴雪：广东稔平半岛传统盐业景观

杨萍　潘莹　著

中国建材工业出版社
北京

图书在版编目（CIP）数据

江天晴雪：广东碎平半岛传统盐业景观 / 杨萍，潘莹著. -- 北京：中国建材工业出版社，2024.3
（岭南传统聚落与乡土景观丛书 / 潘莹，施瑛主编）
ISBN 978-7-5160-3961-8

Ⅰ. ①江… Ⅱ. ①杨… ②潘… Ⅲ. ①制盐工业—景观—研究—广东 Ⅳ. ① F426.82

中国国家版本馆 CIP 数据核字（2023）第 251695 号

内容提要

本书以广东碎平半岛盐业景观为研究对象，从文化景观的视角出发，跨学科运用区域环境史、盐业专门史、文化地理学等学科，与风景园林学相结合，通过构建"生产—居住—运销"盐业景观三角体系，对碎平半岛盐场选址规律、盐业生产景观、盐业居住景观、盐业运销景观等方面开展解读，并为片区内盐业文化景观遗产的保护与开发提供相应策略。

本书有助于丰富广东片区盐业文化景观的研究成果，对推动碎平半岛传统盐业聚落的乡村振兴也具有一定的现实意义，可供全国范围内从事传统聚落研究、文化景观研究、盐业研究的科研人员参考使用。

江天晴雪：广东碎平半岛传统盐业景观
JIANGTIAN QINGXUE: GUANGDONG RENPING BANDAO
CHUANTONG YANYE JINGGUAN
杨萍　潘莹　著

出版发行：中国建材工业出版社
地　　址：北京市海淀区三里河路 11 号
邮政编码：100831
经　　销：全国各地新华书店
印　　刷：北京印刷集团有限责任公司
开　　本：710mm×1000mm　1/16
印　　张：15
字　　数：220 千字
版　　次：2024 年 3 月第 1 版
印　　次：2024 年 3 月第 1 次
定　　价：79.80 元

本社网址：www.jccbs.com　微信公众号：zgjcgycbs
请选用正版图书，采购、销售盗版图书属违法行为
版权专有，盗版必究。本社法律顾问：北京天驰君泰律师事务所，张杰律师
举报信箱：zhangjie@tiantailaw.com　举报电话：（010）57811389
本书如有印装质量问题，由我社事业发展中心负责调换，联系电话：（010）57811387

前言

自宋代以来，盐业就是广东滨海地区的支柱产业之一，盐业生产使得滨海地区的景观发生了显著变化，产生了与传统农业截然不同的生产景观和居住景观，促进了盐运线路周边的墟镇发展。稔平半岛作为研究广东盐业发展史的活化石，自宋代起就有制盐记载，距今已经有一千多年的历史，片区内遗留了大量和盐业有关的文化景观。近年来，随着国家对于文化景观保护的日益重视，以及乡村振兴战略的不断推进，传统聚落中的盐业景观开始受到更多学者的关注。本书以此为契机，以广东稔平半岛盐业景观为研究对象，从文化景观的视角出发，跨学科运用区域环境史、盐业专门史、文化地理学等学科，与风景园林学相结合，通过构建"生产—居住—运销"盐业景观体系，对稔平半岛盐场选址规律、盐业生产景观、盐业居住景观、盐业运销景观等方面展开解读。

本书分为六个部分。第一部分主要阐述研究背景和意义，明确研究对象，对相关领域文献进行梳理，搭建了适应于盐业景观研究的"生产—居住—运销"体系框架；第二部分解读稔平半岛自然地理环境和历史人文环境概况，分析了盐场选址的四大自然要素和三大选址规律；第三部分依托"生产—居住—运销"体系框架，对盐业生产景观的构成、功能作用、景观肌理进行研究，并从防汛、纳潮、晒池、存储四个方面逐一探讨生产景观特有的空间形态与景观特征；第四部分对盐业居住景观展开分析，从宏观层面分析盐业聚落的时空发展格局，从中微层面解读盐业居住地内部的街巷空间、广场空间、公共建筑以及民居建筑等的特征；第五部分探讨了稔平半岛海、漕、陆的盐业运销线路分布，以及因盐而兴的盐渔墟市的空间结构与形态特征；第六部分重点解读稔平半岛盐业文化景观遗产的内容组成、价值内涵、现状困境,并就三大盐场片区提出针对性的保护与发展策略。

通过上述分析,本书主要得出以下结论。

(1)稔平半岛自宋代开始制盐,在清代达到了盐业生产的顶峰,形成了淡水盐场、大洲盐场、碧甲盐场三足鼎立的产盐格局。宋元至明清一千多年来,盐业一直都是稔平半岛仅次于田赋的第二大税收来源,是传统时期的支柱产业之一。

(2)稔平半岛盐场均临海而建,但并非所有的滨海区域都适合晒盐,盐场选址需要具备滩涂、海水、风能、光照四大自然要素,遵循临海靠湾、盐度较高,滩涂低平、浅海广阔,背山面港、抵风抗浪三大选址规律。

(3)盐业生产景观围绕控水、引水、晒盐、储盐四个功能展开,包含了防汛景观、纳潮景观、晒池景观、存储景观,四者相互作用共同推进海盐的顺利生产。由于盐业生产结构和工艺的特殊性,盐业生产景观在尺度、形态、色彩等方面都表现出与传统农业生产景观截然不同的肌理特征。

(4)盐业居住景观是盐业聚落中盐民赖以生存的生活空间,包含了街巷空间、广场空间、庙宇、宗祠以及盐民民居等要素。稔平半岛的大多数盐业聚落始于宋元、兴于明清,由于三大盐区内土地资源、制盐历史以及村民组成等方面的差异,淡水盐场、大洲盐场、碧甲盐场形成了各具特色的盐业居住景观。

(5)盐业运销景观以盐道和盐墟为载体,承担将海盐从产地运往销区的作用。稔平半岛盐业运输线路采用了海、漕、陆三者结合的方式,东江河道是稔平半岛盐业运输大动脉。在清代盐业迅猛发展的背景下,稔平半岛内的三大盐墟呈现出与盐场同步发展的特点,盐墟与周边的盐村联系紧密,以盐为生的盐民、盐塥主[①]、盐商、盐官对盐墟的依赖程度极高,墟市内产生了诸多盐铺、盐商会馆、盐业庙宇等建筑。

(6)稔平半岛盐业景观作为一种文化景观遗产,是盐民与滨海环

---

① 塥:盐墟,行话。

境长期互动的结果，具有较高的科研价值与文旅价值。依托这一优质的文化景观资源可在稔平半岛拓展盐学科普、盐作体验、盐疗康养、盐创商旅等文旅项目，从而带动周边盐业聚落的经济发展。在对三大盐区的盐业景观进行保护与发展时，需综合考虑各片区的盐业景观现状特点，采取差异化、可持续的发展模式。

本书为杨萍在华南理工大学读研期间跟随潘莹教授所取得的研究成果。感谢国家自然科学基金项目"基于文化地理学的岭南传统聚落景观的特征、区划与机制研究"（编号：51978275）和华南理工大学建筑学院"双一流"建设经费对本书的支持。本书的出版有助于丰富广东片区盐业景观的研究成果，为盐业文化景观遗产的保护与发展提供了理论支持，对推动稔平半岛盐业聚落的乡村振兴也具有一定的现实意义。

杨萍　潘莹
2023 年 9 月

目 录

第一章 绪论 /001

1.1 研究缘起 /001

1.2 研究范围与研究对象 /002

1.3 研究意义 /005

1.4 文献综述 /007

1.5 现状问题与研究内容 /016

1.6 研究方法 /017

1.7 盐业景观体系搭建 /020

1.8 研究框架 /023

第二章 穄平半岛盐场形成环境与选址特征 /025

2.1 穄平半岛自然地理环境 /025

2.2 穄平半岛历史人文环境 /031

2.3 穄平半岛盐场选址三大规律 /040

2.4 本章小结 /049

第三章 穄平半岛盐业生产景观 /051

3.1 盐业生产景观构成与肌理分析 /051

3.2 "堤林结合、防风固沙"的防汛景观 /056

3.3 "三级渗透、沟池联动"的纳潮景观 /060

3.4 "池池串联、沙水更替"的晒池景观 /066

3.5 "临海傍路、三级管控"的存储景观 /081

3.6 本章小结 /087

第四章 崖平半岛盐业居住景观 /090

4.1 盐业聚落时空格局分析 /090

4.2 盐业聚落群格局分析 /103

4.3 盐业居住景观构成 /110

4.4 公共空间景观 /111

4.5 居住空间景观 /137

4.6 本章小结 /147

第五章 崖平半岛盐业运销景观 /150

5.1 粤盐运销背景与盐业运销景观构成 /150

5.2 "以线达面"的盐运线路 /154

5.3 "以点串线"的盐墟节点 /159

5.4 本章小结 /186

第六章 崖平半岛盐业景观的保护与利用 /188

6.1 崖平半岛盐业文化景观遗产的分类与价值 /188

6.2 崖平半岛盐业文化景观遗产现状与困境 /196

6.3 崖平半岛盐业文化景观遗产保护策略 /198

6.4 崖平半岛盐业文化景观遗产文旅开发思路 /201

6.5 崖平半岛盐业景观分片区发展策略 /207

6.6 本章小结 /209

第七章 总结与展望 /211

附录 /216

参考文献 /225

第一章 绪论

1.1 研究缘起

"无禾无麦未为贫,十八盐寮住海滨。但得天公晴一日,朝时是水暮为银。"清代惠州黄埠诗人谢亨衢的这首《盐洲竹枝词》描绘了稔平半岛沿海居民"家几及千,皆衣食于盐"的历史场景。

稔平半岛拥有长达218千米的海岸线,历来是粤盐的重要产区。其中历史最久远的淡水盐场,在宋代时便已载于史册,北宋历史地理名著《元丰九域志》称"惠州归善淡水一盐场",此书写于宋元丰三年(1080年),而淡水盐场的出现时间应当更早;宋人洪迈在《夷坚志》中记述"淡水渔人"时,也提及"惠州淡水盐场,场在海滨,左近居民数百户,皆渔人也"。由此可见,早在两宋时期稔平半岛就已经形成了"鱼盐聚为市,烟火起成村"的大规模盐场,制盐历史可达一千多年。到清光绪年间,稔平半岛有淡水盐场(图1-1)、大洲盐场、碧甲盐场三大盐场,岁产海盐3536万千克。盐业的迅猛发展,牵引了整个稔平半岛社会经济的发展,成为该片区传统经济的支柱产业。兴旺的盐业还为政府带来了丰厚的财政收入,宋元至明清一千多年以来,盐业一直都是稔平半岛仅次于田赋的第二大税源。

稔平半岛的产业发展、村镇建设、商业贸易、交通运输乃至民风民俗等,无一不与盐业有着紧密关联。在此过程中形成了类似"江天晴雪""卖盐市聚千家雪"等美丽且绚烂的盐业文化景观,也诞生了诸多和传统农业聚落风貌差异巨大的盐业聚落。本书以国家自然科学基金项目"基于文化地理学的岭南汉民系传统聚落景观的特征、区划与机制研究"子课题为依托,以盐业景观为切入点,尝试对稔平半岛范围内的盐业遗存进行追踪,对盐业生产景观、盐业聚落景观、盐业运销景观等方面展开深入研究。

图1-1 大洲盐场古地图
资料来源：(乾隆)《两广盐法志》。

1.2 研究范围与研究对象

1.2.1 研究范围

1.2.1.1 时间范围

在研究时间上，本书以清代的稔平半岛盐业景观为主。其一，宋元时期稔平半岛盐业发展速度相对缓慢，仅有淡水盐场一场产盐，在明清时期逐步发展成熟，清初海禁政策解除后，盐区范围进一步扩张，稔平半岛出现了淡水盐场、大洲盐场、碧甲盐场三足鼎立的产盐格局，盐业趋于鼎盛；其二，就盐业景观的多样性而言，稔平半岛在明末清初时开始由传统的灶户"煮盐"向户外的盐田"晒盐"转变，在此期间新建了大面积盐田，由此还衍生出晒沙盐田、晒水盐田等多样化的景观，甚至保留至今，清代盐田景观的多样性不仅使得研究内容更为丰富，还使得研究的可行性提高；其三，清代盐业的成熟极大地促进了周边盐业聚落和盐墟的发展，聚落和墟市规模稳步扩大，随着时间的积累，其内部还诞生了诸多资本雄厚的盐埠主、盐商、盐官等，因而留下丰富的盐业遗产。

1.2.1.2 地域范围

本书研究的地域范围以惠州市惠东县的稔平半岛区域为主。稔平半岛位于惠东县南部，处于大亚湾与红海湾之间，南临南海，属沿海丘陵地带。在行政区划上包含了平海镇、稔山镇、铁涌镇、黄埠镇、吉隆镇、港口管委会以及巽寮管委会。从目前清代遗留下来的盐场古地图来看，稔平半岛产盐区主要集中在沿海的平海镇、黄埠镇、稔山镇的镇域范围内，分别对应历史上的淡水盐场、大洲盐场、碧甲盐场，这三大盐场片区目前仍旧保留一定数量的古盐田和盐业聚落，本研究以平海镇、黄埠镇、稔山镇三镇为重点研究区块。

1.2.2 研究对象

研究对象包含三个方面，主要是指上述研究范围内的盐田景观、盐业聚落景观、盐墟景观。盐田景观主要分布于平海镇以东、盐洲岛（古时又称大洲岛）、范和港东部沿海地带，本书研究的盐田总面积达1500公顷；盐业聚落是指分布于盐田周围以盐业生产为主要产业的自然村落，本书根据实地调研的数据，以统计的现存盐业聚落55个，作为盐业聚落的研究样本；盐墟主要研究淡水盐场的平海墟、大洲盐场的人和墟（又称市仔）、碧甲盐场的稔山墟三个较为大型的盐业墟镇（图1-2）。

1.2.3 概念界定

盐场：盐场是生产盐的主要场所，是以盐为共同主题的区域性生产单元。传统时期，朝廷为了将某一片区的盐田统一进行管控，而形成盐场，盐场内通常包含盐田景观和盐业聚落。

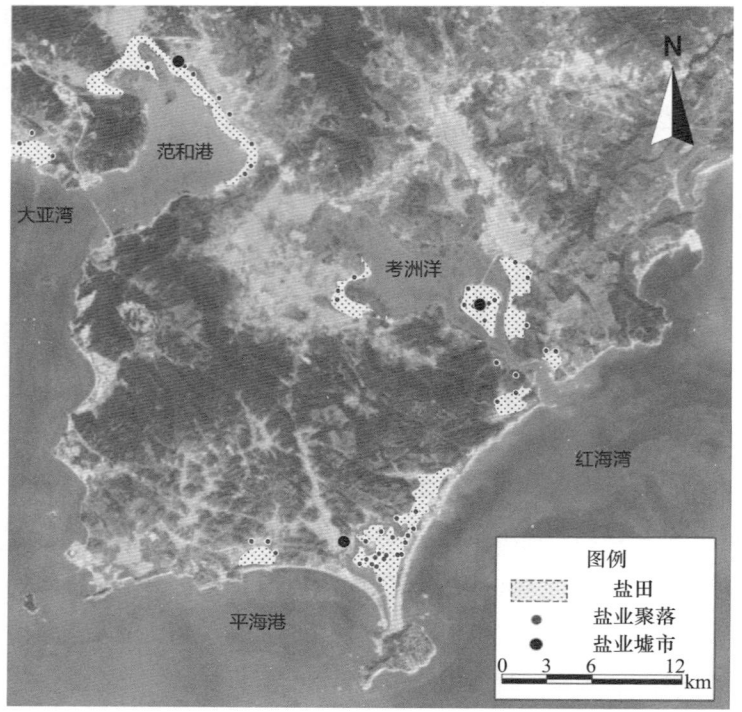

图 1-2 研究对象示意图

盐业景观：盐业景观是盐民与滨海自然环境长期相互作用的产物，属于文化景观。从空间形态来看，盐业景观是一种乡村类文化景观，反映了盐民对于滨海土地的合理利用；从功能来看，盐业景观是一种产业类景观，记录了传统时期经济、文化、社会的发展特征。[1]具有"乡村景观"和"产业景观"双重属性的盐业景观，包含了盐业生产景观、盐业居住景观以及盐业运销景观，它们分别以盐田、盐村、盐墟为实体。

盐田：盐田指的是海盐由水蒸发成结晶盐的场地，早在公元前5000年至公元前3000年（仰韶文化时期）人们就利用海水煮盐；至明朝永乐年间（1403—1424年），我国开始废弃锅灶、大力兴建盐田，改"煮盐"为"晒盐"。本书中的盐田景观除了包含常见的结晶池外，还包含了与之共存的盐田辅助性景观，例如用于排纳海水的引潮沟、用以储蓄海水的纳潮池、用以存储海盐的坨地等[2]。

盐村：盐村是指以盐业作为主要产业或辅助产业的传统聚落，它不仅仅包括住宅等居住空间，也包括具有生活气息的宗祠建筑、庙宇建筑和基础设施，以及与建筑相互依存的周边环境。[3] 这些聚落广泛分布于各大盐场内，通常位于盐田附近。盐村中的村民以盐民为主，盐业是聚落的主要经济来源之一，盐民依靠晒盐、卖盐而获得收入。

盐业墟市：盐业墟市是指因盐业贸易而蓬勃发展的墟镇聚落。海盐自古以来都是大宗商品，依赖水运线路将盐运输至各大行盐区，在此过程中途经大量盐运埠地，沿途产生了诸多以销盐或运盐为主的墟市。两广盐在清朝的蓬勃发展，带动了盐业墟市的兴旺。这些墟市通常设在水陆交通便捷的地方，有着优越的集散或者转运条件，本书重点研究稔平半岛内的各大盐业墟市。

盐业建筑：盐业建筑是指与盐业生产、盐民生活、盐业运销息息相关的建筑群。与盐业生产相关的盐业建筑主要包含盐仓、盐寮、盐务所等；与盐民生活相关的建筑是指盐业聚落内的各类盐民民居、盐业祭祀建筑、盐民祠堂等；与盐业运销相关的建筑包括盐业商铺、盐业会馆、盐商住宅等。

两广盐：产自如今广东、广西沿海盐场的盐被称为两广盐。广东拥有全国最长的海岸线。各朝各代在广东、广西沿海地带都分布着诸多盐场，产自这些盐场的盐统称为两广盐，其中稔平半岛三大盐场所产的海盐也属于两广盐。

1.3 研究意义

1.3.1 丰富传统聚落研究意义

盐业作为稔平半岛最常见的传统产业，在片区内形成了独特的盐田文化景观。伴随着盐业经济的发展，以盐作为生的聚落陆续诞生，这些盐业聚落晒盐历史悠久，呈现出与农业聚落不一样的景观特征，成为广东滨海地带典型的聚落模式之一。

以往的广东聚落研究，大多集中在农业聚落以及农业生产景观，对于盐业方面的探索较为缺乏。盐业和农业在生产方式上的巨大差异，使得盐业景观存在着自身特殊性，呈现出独一无二的景观风貌。因此，想要对广东聚落的景观特征进行更为全面的认知，就必须加强这方面研究。本书从盐业文化景观视角出发，对稔平半岛的盐业景观以及盐业聚落景观开展相关研究。以稔平半岛为整体，深入研究盐业对于区域景观和聚落景观的影响，为后续相关研究提供新的思路。

1.3.2 盐业文化景观保护意义

2008 年，国内沿海多地的古法晒盐技艺被纳入第二批国家级非物质文化遗产，更多专家学者开始关注盐田这一文化景观所具备的遗产价值。稔平半岛至今仍然保留着部分盐田，当地老一辈的盐民依旧会通过最传统的方式来生产海盐。但随着城镇化的发展，近几年滨海盐田不断被蚕食，盐业聚落也走向衰败，如何保护并利用好这一文化景观遗产成为当务之急。在文化景观遗产保护观念兴起之际，透过国内外的文化景观保护理念，本书尝试对稔平半岛的盐田文化景观以及盐业聚落景观进行探讨，为深入理解传统盐田背后的遗产价值而助力。

1.3.3 稔平半岛乡村振兴意义

传统盐业的衰败导致曾以盐业为生的村落发展遇到困境，主要体现为盐田大规模荒废、传统盐业聚落风貌被破坏、古法晒盐技艺丢失三大问题。因而以盐业为主导的村落开始探寻新的生存路径，盐业聚落如何振兴、盐业如何转型、盐民如何致富，成为近几年稔平半岛滨海盐业聚落亟待解决的问题。

2014 年，《广东惠州环大亚湾新区发展总体规划（2013—2030年）》中提出要统筹惠阳、大亚湾和惠东滨海地区的城乡发展，因地制宜开展农村新型社区建设，提出要注重保留滨海田园风光和村庄的原始风貌；2021 年，在乡村振兴的大背景下，惠州市发布《广东惠州环大亚湾新区发展总体规划（2020—2035 年）》，提出将稔平半岛作为国家级滨海旅游区进行打造，联合打造环大亚湾的文化旅游、乡村旅游片区；稔平半岛环岛正在修建的广东滨海旅游公路（惠州段），以全面深化"农村公路+"旅游、产业、扶贫等为目的，利用稔平半岛漫长海岸线的优势沿海修建，串联起了半岛上众多滨海盐村，沿途可见的红树林湿地、海堤、盐田逐步吸引游人的目光。诸多乡村振兴政策的提出，使得稔平半岛盐业聚落看到了发展的新契机。一千多年的盐作历史，使得稔平半岛早已被烙上了深刻的盐渔文化印记，盐田景观和盐业聚落景观作为稔平半岛盐文化的丰富载体，更是一种优质的文旅资源，在乡村振兴的角度具有重大意义。

1.4 文献综述

以盐业史、盐业聚落、盐业景观为关键词在文献库中进行检索，截至2023年3月，共计检索到576篇相关文献，并且早在1979年就有了盐业史方面的研究，近些年呈现逐步上升的趋势；而以盐业聚落为关键词检索，发现相关论文仅有37篇，其中最早的一篇是华中科技大学的赵逵教授在2007年发表的《川盐古道上的传统聚落与建筑研究》，随后呈现上升趋势；以盐业景观为关键词检索出15篇相关论文，从2005年开始每年保持1～2篇的发文量。由此可见，在人居环境学领域对于盐业聚落或者盐业景观的研究仍然相对滞后，在整体数量上也较少（图1-3）。

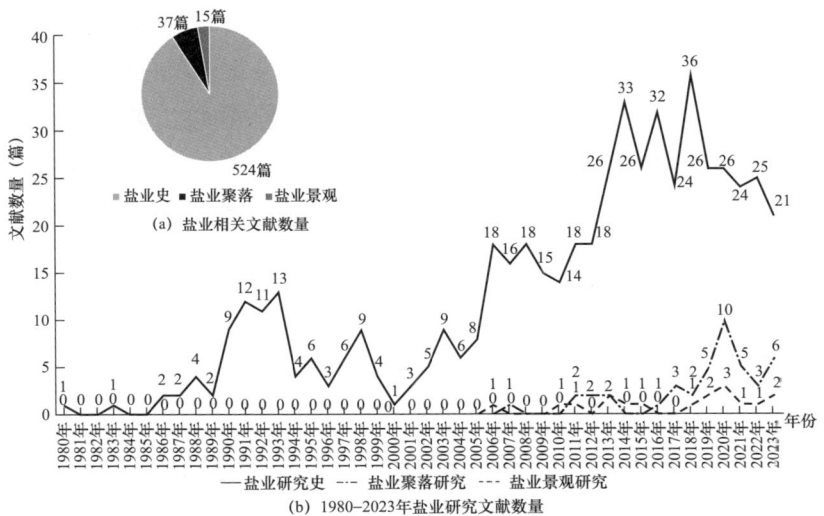

图 1-3　盐业研究文献分析

1.4.1 人居环境学科对盐业景观的研究

1.4.1.1 盐业文化景观研究

后期用 CiteSpace 软件对这 15 篇盐业景观文献进行可视化分析，发现文化景观、四川自贡等关键词出现频率较高，这些论文多从文化景观的视角来探究盐业景观的特征，并且四川自贡的井盐为学者关注度较高的一个方面（图 1-4）。

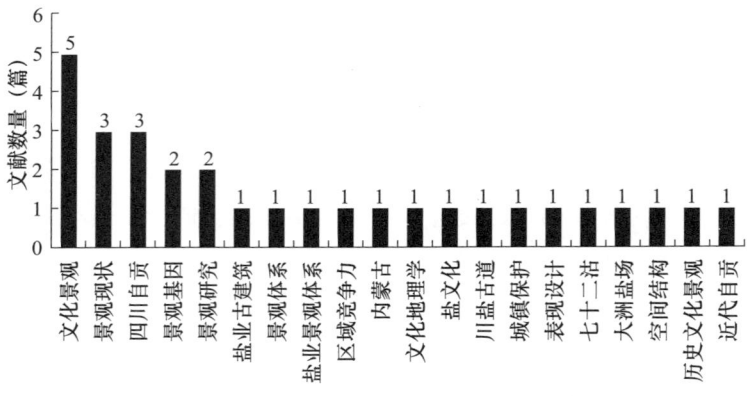

图 1-4　盐业景观文献分析

20 世纪 20 年代，美国地理学家索尔（C.O.Sauer）创建了文化景观学派，他指出文化景观是任何特定时期内形成的某一地域的自然与人文因素的综合体，并随着人类活动而不断变化，后来他进一步阐明文化景观是附加在自然景观上的各种人类活动形态。反观盐业景观，它是盐民与滨海自然环境长期相互作用的产物，正属于文化景观这一概念。从空间形态上看，盐业景观是一种乡村类文化景观，反映了盐民对于滨海土地的合理利用；从功能上看，盐业景观是一种产业类景观，记录了传统时期经济、文化、社会的发展特征。具有"乡村景观"和"产业景观"双重属性的盐业景观，自 21 世纪初以来一直受到学者们的关注。

我国的盐按照生产类别可分为海盐、池盐、井盐以及土盐四种，[4]既往研究多集中在海盐和井盐两类盐业景观中。海盐的盐业景观研究多以盐田、滨海盐业聚落为研究对象，主要集中在东部沿海片区。

2012年5月至6月，国家文物局"指南针计划"专题项目成立"中国海南洋浦海盐生产遗址调查与利用研究"课题组，崔剑锋、李水城率先对儋州洋浦古盐田进行了初步调查，并将玄武岩晒盐工艺划分成引水、晒沙、收沙、过滤、晒盐五个步骤；[5]云翃、李迪华指出古盐田的价值并不局限在文化景观的物质性上，还体现在非物质性的活态上，盐民与盐田纽带的瓦解是目前盐田景观所面临的最大困境；[6]高悦、赵书斌解析发现儋州古盐田文化景观包含古盐田、古村落、沿海自然景观以及与盐有关的非物质文化遗产四类要素，[7]并针对盐田目前面临的四大困境从保护理念、保护措施、发展策略三个方面提出对策；[8]王毅等学者基于世界遗产的视野，通过将国内儋州盐田与全球著名盐业景观进行对比分析，指出儋州盐田所采用的晒制技术在世界盐业遗产中较为罕见，在充分利用当地自然资源方面有着突出性；[9]李元从文化地理学视角出发，探究发现天津盐业文化在地理空间上的分布遵从由中心向外围扩散的发展趋势，形成了盐业文化发源地的发展核心，并将天津盐业文化景观的要素分为生产性地标景观、贸易性地标景观、园林建筑景观、非物质要素景观四方面，最后通过将盐业景观传播及分布图与天津市发展规划相结合提出了盐业文化景观保护策略。[10]以上这些研究与本书内容关联密切，为笔者理解和梳理稔平半岛盐业景观的文化价值、构成，以及盐田现状困境提供了大量的研究参考。

除海盐外，以井盐为代表的盐业文化景观也一直是西南片区学者重点关注的对象。范光杰与万吉琼指出，四川自贡作为"千年盐都"，其内部的盐业景观文化遗产留存高达60～70个类目，这些文化遗产紧密围绕盐的勘、采、产、运、销，盐业遗产数量、密度以及完整度在四川乃至全国都极为罕见，具有极高的文化景观研究价值；[11]程龙刚在《自贡盐文化遗产保护与利用研究》中从维护四川自贡盐业文化遗产的原真性、维持盐业文化遗产的活态化等角度提供了诸条井盐文化遗产的保护策略；[12]李和平教授在《西南盐业历史城镇文化景观构成与保护研究》中指出，西南盐业城镇的发展格局与盐卤资源密不可分，西南盐业城镇体系格局的形成经历了汉、唐、明、清四个历史时期，西南盐业历史城镇文化景观的构成可分为物质和非物质两个大类，其中城镇产业格局、地标性生产景观（盐井、盐灶、筧道等）、其他盐业相关地标（盐号、盐垣、盐业神庙等）都属于物质要素，非物质要素则包含生产技艺、产业民俗和其他非物质遗产要素，最后针对井盐产业格局、传统生产技艺梳理提出了保护发展思路。[13]

故宫博物院第六任院长单霁翔认为："丧失保留至今的文化遗产，城市将失去文化记忆。"[14] 反观当前稔平半岛的盐业文化景观遗产，它作为一种特殊的、长期存在的遗产类型，缝合了海洋、陆地、海盐文化三者之间的裂痕，这不仅是传统时期盐民将土地资源利用到极致的体现，还是当下人类对人与自然、历史关系的重新认识。但随着城镇化的加快，稔平半岛的盐业景观逐渐被破坏，如何站在文化景观的视角去分析它、保护它、利用它，是本书需要把握的重点之一。

1.4.1.2　盐业聚落研究

以盐业聚落为关键词检索的37篇文献中，在研究片区上呈现出明显的分布差异，主要以西南片区的井盐聚落为主。由于地质原因，在四川、重庆、云南等地，聚集着大量裸露在地表的盐井、盐泉。在四川自贡更是设立了我国的盐文化研究中心，片区内的学者对井盐文化、井盐聚落以及川盐古道探究极为深入，近几年关于西南盐业聚落的研究更是层出不穷（图1-5）。

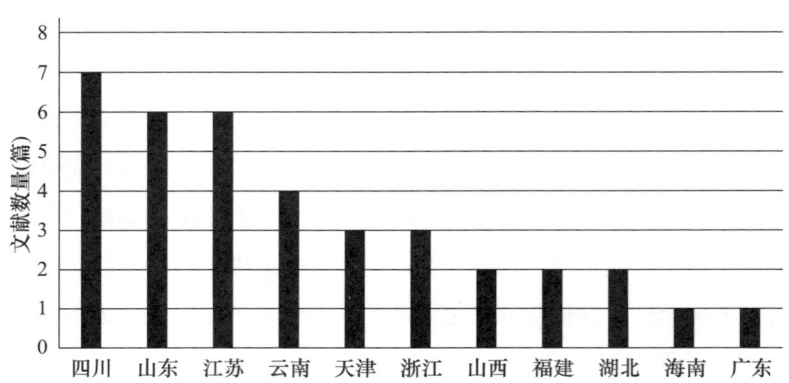

图1-5　盐业聚落研究片区分布

赵逵教授在其博士论文中从文化线路的视角对川盐古道的形成，川盐古道上的传统聚落形态、传统民居形态进行了较为全面的探究。他将川盐古道上的盐业聚落分为固"产盐"而兴的古镇和固"运盐"而兴的古镇，前者主要集中在四川自贡，后者主要集中在盐运线路上的沿岸码头，川盐古道存在时间之长、空间范围之广、包含盐文化与移民文化等多重文化之多，对沿线的宗教文化以及饮食习俗都产生了深远影响，因此属于典型的文化线路，文章最后从文化线路保护理念出发对川盐古道的保护与开发提出了相关建议。[15] 赵逵教授在2019年出版的《中国古代盐道》一书中，对全国的古代盐道进行了系统性的梳理，就中国东部、西部、北部、南部古盐道的线路分布、生产与运销方式、文化遗存展开解读，该研究视角新颖，成果全面且成体系，是盐业聚落研究中具有代表性的成果。[16] 其硕士研究生匡杰的学位论文《两广盐运古道上的聚落与建筑研究》，对两广盐区海盐运销方式、运销范围进行了清晰的展示，研究对象和本书有一定的交集，是研究稔平半岛盐业运销时可供参考的基础性资料。[17]

在四川，胡耀丹基于文化景观的视角，对沱江流域自贡段的盐商贸古镇布局与空间展开研究，她将盐商贸古镇的流域布局、山水格局、聚落空间和街巷节点四个空间层次作为研究载体，对多个典型盐文化商贸古镇进行了空间特征分析和总结；[18] 谢岚指出四川自贡的会馆类建筑是井盐文化的重要载体，在其论文《自贡会馆建筑文化研究》中对会馆公共建筑的起源、发展、类型、特征、功能等诸多方面进行了分析与总结；[19] 李平毅在其论文《四川自贡仙市古镇聚落景观研究》中提到，仙市古镇处于盐运中水运与陆运的交汇处，作为重要的盐运节点主要起到仓储的作用，古镇的历史发展和扩张都和盐运兴旺有着密切关联。[20] 在云南，由于盐井资源的密布，诞生了大量的滇盐聚落，主要以诺邓、黑井、石羊这些聚落为代表。丁武波以大理诺邓井盐聚落为研究对象，将盐业经济视为聚落的"生命轨迹"，他指出在诺邓盐井从诞生到发展的过程中，产业经济模式的改变对整个聚落的布局、空间形态、单体建筑等都产生了深远影响；[21] 李海燕在《云龙县诺邓古村落聚落景观形态研究》中结合诺邓盐业经济的发展脉络分析了诺邓古村的形成及演变发展规律，揭示盐业发展是诺邓古村聚落景观形态发展的内在动力。[22] 杨宇亮、张丹明等学者在《村落文化景观形成机制的时空特征探讨——以诺邓村为例》中通过地理信息系统（Geographic Information System，GIS）对聚落的坡度、坡向以及居民点距离盐井的距离进行分析发现，诺邓村中的居民点主要集中在盐井 400 米的缓冲区范围内，聚落分布与盐井密切相关。[23]

相比之下，海盐虽然在产量上远高于井盐，但专门针对东部沿海的盐业聚落的研究并不多见。以上对于盐业聚落的研究均不集中于广东省，但是在研究方法和思路上具有参考价值与借鉴意义。

1.4.2 人文历史学科对广东盐业史的研究

国内以往对于盐业史的研究较为丰富，主要集中在盐业年代史、盐政史、制盐技术、历代盐法制度、盐商生活与生产经营方式、饮食等方面，例如郭正忠的《中国盐业史》（古代编）[24]、唐仁粤主编的《中国盐业史》（地方编）[25]、刘淼的《明代盐业经济研究》[26]、陈锋的《清代盐政与盐税》[27]。日本学者日野勉的《清国盐政考》、佐伯富的《中国盐政之研究》《盐与中国社会》也对中国盐业史进行了研究。以上这些都是从全国的层面去论述盐业发展，涵盖了广东部分地区的盐业史内容。

就广东盐业史而言，一方面留存下较多的历史古籍，以《（光绪）两广盐法志》《（道光）两广盐法志》《粤鹾纪实》[28]《广东新语》[29] 等为代表，内容全面且配有大量的古地图，使得广东片区盐业历史有迹可循，这些史料是本书研究的重要文献基础；依托丰富的广东盐业古籍，使得中华人民共和国成立以来广东片区的盐业史研究成果较为丰富。1989 年，余永哲较早注意到明代广东盐场的沿革，他统计了广东盐场的增删数量，并勾勒了明初至明中后期广东盐场变迁的概况；[30]1990 年，冼剑民在《清代广东的制盐业》中将广东盐业分成清代前、中、后三个阶段进行考察，并统计了嘉庆年间广东各大盐场海盐产量,他指出广东盐运主要分为珠江水系、韩江水系、高雷地区和海南岛四个系统,并对清代改埠归纲的埠地进行了统计梳理;[31]1999 年,黄国信基于明清两广食盐专卖制度,揭示了官与官、官与商、官与民、商与民之间的相互关系;[32]2005 年,周琍在其学位论文《清代广东盐业与地方社会》中指出,清代广东盐业总体表现出发展规模不断扩大、官营向自由贸易发展、地域特性突出以及私盐盛行等特点;[33]2012 年,段雪玉以广东香山盐场为例,对宋元以降华南盐场的社会变迁进行了分析,揭示了宋代到清代广东香山盐场的兴衰与当时地方社会与政治之间的关系,指出宋朝官府对盐税需求的增加刺激了沿海片区海盐的生产,由此奠定了宋元以来香山盐场的发展格局;[34]在段雪玉、汪洁 2021 年出版的《淡水场:广东大亚湾盐业历史调研》中,对广东大亚湾淡水盐场自宋代以来的历史沿革进行了全面的梳理,并针对淡水盐场的 16 个盐业聚落和平海墟镇建村历史、迁徙原地、姓氏组成、典型宗教及宗祠建筑、聚落风俗等方面进行了系统性的田野调查;淡水场是稔平半岛历史最为悠久的盐场,也是最具代表性的盐场,该书对本书研究理解稔平半岛盐业发展史具有较高的学术价值。[35]

在近几年惠州市出版的一些地方志中对稔平半岛的盐业史也有着丰富记载。例如 2009 年惠州市盐务局编制的《惠州(东江)盐务志》,该书以东江盐运片区为对象,对惠州制盐的建置沿革、盐区的自然条件、制盐资源展开了详细描述,又以稔平半岛盐场为重点,从海盐生产、购销、经济制度等角度对片区自清代到近现代的制盐业进行归纳梳理;[36]《惠东历史文化概述》对传统时期惠东渔盐大事记、盐业经济对惠东墟镇发展的影响都进行了较为全面的论述,该书指出惠东沿海聚落和盐墟的历史形成几乎都和稔平半岛的海盐生产、管理、存储、销售紧密相连;[37]随着国家对于乡村发展的重视,片区内的地方志在近两年逐渐编写完成,其中以《平海镇志》[38]、《黄埠镇志》[39]、《稔山镇志》[40]为代表,分别对镇域内的淡水盐场、大洲盐场、碧甲盐场的制盐历史、盐业聚落、盐墟、盐业发展等方面的整体情况进行了详细论述。

以上这些关于盐业的正史、地方志书、学术论文对笔者理解清代稔平半岛盐业的历史环境、社会环境、经济环境具有重要帮助，依托风景园林专业，在从人居环境学的角度探究盐业景观特征的同时，与人文历史学科相结合，通过对稔平半岛制盐历史背景的解读，更容易推断出这些盐业景观形成的影响因素和背后机制。

1.4.3 文化地理学科对广东盐区分布的研究

在我国，根据地理分布的差异，盐矿分为东南沿海的海盐、西南山地的井盐、西北盐湖的池盐等。海洋不仅是重要的自然地理要素，也是海盐生产的原料，我国海盐主要生产于广东片区、京津冀片区、两淮片区等。文化地理学科的学者多从国内盐业资源分布、产盐地分布的视角出发进行探究，吉成名对中国古代的产盐地进行了十分深入的研究，他在 2005 年出版的《论唐代池盐产地》一书中，就唐代池盐的地理分布进行了梳理，指出唐代至少有 49 所盐池，主要分布在我国西北地区，唐朝后期的盐法改革是使池盐产地剧增、生产规模扩大的主导因素；[41]2008 年吉成名又对元代中国食盐产地的地理分布进行了梳理，其文章表明，在元代我国有 170 多个海盐盐场，数量远超其他种类的食盐盐场，西南地区有接近 100 口盐井，西北地区有 5 处池盐产地，在这一时期东部沿海地区的海盐生产有了较大发展；[42]在吉成名 2013 年出版的《中国古代食盐产地分布和变迁研究》一书中，较为完整地阐述了先秦到清朝 13 个历史时期的盐产地空间分布和演变特征。[43]

在广东，近几年也有学者开始从文化地理学视角对盐区分布展开探究。王彬、黄秀莲、司徒尚纪等学者通过对广东滨海盐业地名的统计，探讨了盐业地名与盐区空间分布的内在关系，指出以"灶"或者"盐"命名的地名与传统时期广东盐场的地理分布基本保持一致，地理命名是广东盐业经济对沿海地区产生深远影响的重要体现；[44]段雪玉在《清代广东盐产地新探》中也注意到，明代广东盐场逐步从珠江三角洲向粤东和粤西两翼方向发展，到了清代初期，广东惠州府、潮州府、高州府等沿海地区已经成为粤盐产地的新中心。[45]

在全国其他片区，也有学者从文化地理学的角度对盐产业进行研究。李小波、刘慧清的《川东古代盐业开发对行政区划和城市分布的影响》探寻了川东古盐井分布与城市分布的相互关系，指出汉代川东城市布局是以井盐产地为中心展开的，东汉末年川东三大郡的行政区划是当时大姓因盐而富、权力分化后的结果；[46]方明、宗良纲讨论了江苏海岸变迁对海涂开发的影响，并且总结出两淮海岸带渔业、盐业、种植业三业并存的发展模式，随着江苏海岸变迁，海涂生态环境发生变化，从而导致开发利用方式也开始发生改变；[47]刘伟对先秦时期鲁北地区的盐业经济地理进行了初探，指出独特的地质构造和地表结构是鲁北地区富含大量盐业资源的主要原因，并以鲁北盐业考古资料为基础，探讨了先秦鲁北制盐地点的分布、制盐工具的使用。[48]这些研究从文化地理学的角度出发，在描述古代盐产地分布的同时，通常还会与区域经济、历史背景相结合展开讨论，分析盐区分布背后所反映的社会关系，探析城市发展与盐业之间的相互关系，对本书探究传统时期稔平半岛盐场的地理分布有着借鉴意义。

1.4.4 启示

对文献综述的梳理，于本研究而言有两点启发。在研究内容上，人居环境学专家对于海南儋州盐田、西南井盐聚落、古盐道周边聚落的研究较为深入，而广东盐业的探究主要集中在盐业专门史方向，并已经形成相对完善的体系，稔平半岛作为当前广东省内盐业景观保存最为完整的片区之一，以往鲜有学者对其进行系统化的探究；在研究方法上，前人通常从单一视角出发，探究盐产地的生产景观或盐运线路上的运销景观，很少将盐业的生产、运销、居住视为一个有机整体去把握盐业景观的特征，也鲜有学者去探讨它们之间的互动关系。因此，本书将从研究内容和研究方法两个方面寻求创新，对以往的研究缺口进行补充。

1.5 现状问题与研究内容

1.5.1 研究目的

本书的研究目的共四点：

（1）梳理广东稔平半岛盐场形成环境、盐业发展历史以及三大盐场的选址规律。

（2）搭建"生产—运销—居住"盐业景观体系，建立研究框架。

（3）分析稔平半岛的盐业生产景观、居住地景观、运销景观特征，探寻盐产业对盐田、盐村、盐道以及盐墟形成的内在影响。

（4）从盐业文化景观遗产保护的角度，为盐业聚落的产业振兴提供发展思路。

1.5.2 研究内容

（1）稔平半岛三大盐场的历史形成与选址特征研究。

通过文献搜集、古地图查阅、地方志阅读、现场勘测与访谈等方法，深入了解稔平半岛盐业的整体发展脉络，以及稔平半岛在两广盐业中的重要地位。对稔平半岛上的三大盐场片区的历史信息进行归纳整理，确定古盐场的分布范围；通过 GIS 落点，对片区内盐业聚落的基础资料展开进一步的搜查工作，进行全面的信息普查，为稔平半岛盐业景观特征的深入研究打好基础。结合前期对稔平半岛三大盐场片区的确定，对盐场周边的自然环境，包括地形、降水、风向、潮汐等自然要素进行分析，从宏观层面探究这些盐场选址的共性特征，并结合历史上各大盐场的盐产量高低，探究稔平半岛三大盐场选址特征的差异和产盐率之间的关联。

（2）稔平半岛盐田生产景观的研究。

盐场中的盐田是盐业景观最重要的组成部分，也是重要的文化景观资源。从中观层面研究盐田景观肌理、盐田景观功能组成，将其划分为防汛、纳潮、晒池、存储四个功能单元，并探究四者之间的内在互动关系；从微观的角度逐一就盐田四大单元的功能特征、形态特征、生产结构特征等方面进行归纳总结。

（3）稔平半岛盐业聚落景观的研究。

在宏观层面探究稔平半岛盐业聚落的空间发展特征、与周边产业的互动关系以及与盐田的空间连接关系。在中微观层面，对盐业聚落的景观肌理、聚落规模、聚落形态、街巷肌理等方面进行探究，分析总结出盐业聚落景观特征。在微观层面，解读盐业聚落中的各类景观要素，例如水井、戏台、古树、广场等，并对民居建筑、庙宇建筑、宗祠建筑的位置关系与功能布局进行分析与梳理。

（4）稔平半岛盐业运销景观的研究。

从宏观层面研究稔平半岛的盐业运销线路，通过对盐业古籍、地方志等相关史料的阅读与整理，明确稔平半岛的盐运线路走向、行盐区范围，并梳理线路上的运销节点。从中微观层面对盐运线路上的墟市节点进行分析，重点研究稔平半岛内三大盐场附近"产盐而兴"的盐墟，就墟市的销盐历史、街巷肌理、重要空间节点、典型盐商建筑、盐业庙宇建筑等内容进行研究。

（5）稔平半岛盐业聚落的产业振兴策略研究。

基于以上内容研究，从文化景观保护的角度对于盐业聚落的产业振兴提供发展思路。盐田作为文化景观遗产，目前处于逐步消亡的状态，研究通过借鉴较为前沿的文化景观保护方法，为稔平半岛的盐田文化景观的保护与开发提供思路，并与国家乡村振兴政策相结合，通过合理的产业振兴模式带动传统的盐田聚落的发展，实现盐田文化景观和盐业聚落的双面振兴。

1.6　研究方法

1.6.1　文献阅读与考证

在前期，需要对广东地区盐业历史既有的相关文献进行阅读和梳理，通过查阅大量的文献资料以及盐业聚落的地方史籍，广泛收集稔平半岛盐田景观与盐业聚落的分布特点、建村年代、历史变革、社会文化、民俗风俗以及生活方式等相关信息，从而总结出相应的结论作为本书的理论基础。除了对本学科相关书籍进行阅读外，也需阅读社会学、移民学、景观生态学、历史学、农业史、水利史、地方志等相关文献，从而加深对稔平半岛内盐田景观、盐业聚落及相关文化的认知和理解，以研究对象为目标建立更加全面、科学的知识体系，使最终研究成果能够真实客观地反映稔平半岛盐业景观体系与特征。

1.6.2 田野调查与实地访谈

采用田野调查法，可以对聚落、周边环境及建筑形制等有更直接的认知，通过问卷调查、村民访谈、实景航拍、摄影拍照和实地测绘等方式，深入了解村落的社会历史、民俗文化及生活方式，用以核对基础信息及获取更为准确的一手资料，对查询文献所得资料进行补充。

笔者研究生期间跟随团队以及个人共对稔平半岛进行了三次田野调查，三次调研获得大量一手资料。2021年5月开展的第一次调研，重点考察盐田景观和茶盐古驿道，调研走访了高潭古道、通平古盐道，后一路南下途经稔山镇碧甲盐场、黄埠镇大洲盐场、平海镇淡水盐场所遗留的古盐田进行资料收集；2022年6月开展的第二次调研，以考察盐业聚落和补充盐田景观资料为目的，走访了稔山镇的范和古村、长排村、芙蓉村、大埔屯村，平海镇的平海古城、东洲村、罗段村、古灶村、港尾村等二十多个盐业聚落；2023年2月重点考察稔平半岛盐墟并补充盐业聚落相关资料，调研走访了稔山镇稔山墟、范和墟、盐洲岛人和墟、平海古城平海墟四大渔盐墟市，并对剩下的二十多个盐业聚落进行调研补充。

盐田景观与盐业聚落的发展与人的行为息息相关，在黄埠镇的盐洲岛、三洲村和港口镇的东洲村，仍旧有不少盐民在从事古法晒盐的工作。对正在从事盐作活动的盐民进行访谈可获取大量的盐场历史和生产细节等信息，调研访谈是田野调查过程中获得基础资料的方式之一（图1-6、图1-7）。

图1-6　对惠东县平海镇平海社区党委书记进行访谈

图1-7　对正在盐作的盐民进行访谈

1.6.3 对比分析法

稔平半岛内存在淡水、大洲、碧甲三大盐场,在研究盐田景观与盐业聚落景观特征时,通常将三者的景观肌理、聚落规模、产业类型、民居类型等要素进行比较分析,找出三者之间的共性与个性关系。对比分析法能够得出事物之间的普遍联系与影响,能将研究目光聚焦到具体事物的细节之处,有助于总结更为真实、全面的稔平半岛盐业景观特征。

1.6.4 多学科交叉研究法

文化景观与聚落的发展受到多重因素的影响,是区域历史、地理、产业发展等多方作用的结果。结合聚落地理学、文化地理学、形态学、历史学、建筑学、人类学等多学科研究,能够对稔平半岛盐业景观体系构建较为全面的认识,有助于理解盐业聚落形态的差异,解释盐田景观形成的影响因素等。通过对稔平半岛自然地理环境的分析,可以更好地理解各大盐场选址背后的底层逻辑;通过对盐业历史图籍的阅读,能够把握清代盐田景观的细节特征,从而和当下遗留的古盐田做差异性对比分析;通过对盐业聚落中建筑形态与规模的解读,能够更好地判断哪些盐业聚落发展较好,哪些相对贫穷,再结合建筑与景观的互动方式就可以总结出更为全面的盐业聚落景观特征。

1.7 盐业景观体系搭建

1.7.1 盐业景观构成

"盐"作为一个庞大的体统,它的景观组成是由盐田、盐村、盐墟、盐道等诸多要素叠加起来的,甚至与产地外的盐销区也有广泛联系(图1-8)。[49] 根据功能差异,盐业景观可分为生产景观、居住景观以及运销景观。生产地负责生产海盐,这时候需关注产地的生产景观；当海盐被运输至各大销区后，则需要关注这条链路上的运销景观，例如墟市节点和运销线路；当运销过程结束后，所产生的营收又反馈给盐村的盐民，盐民为生产地提供了源源不断的劳动力，这时候需要关注它的居住景观。因此，要想更为全面地把握盐业景观，需要对盐产地的生产景观，以及盐民生活的居住景观、盐销区的运销景观进行系统性的研究。

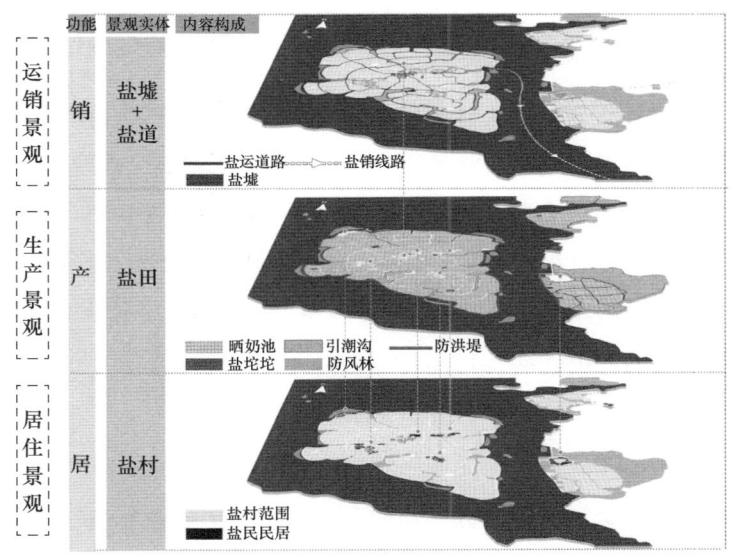

图1-8　盐业景观体系构成

1.7.1.1　盐业生产景观

海盐的生产在滨海盐场，需要依托完备的生产景观，盐田是盐业生产景观的功能载体，也是盐业景观体系中最核心的组成部分。在生产景观中，晒水池、结晶池、防洪堤、引潮沟、纳潮池等景观占据着盐场八成以上的面积（图1-8）。在具体的探究内容上，不仅研究雷平半岛三大盐场的生产景观肌理、盐田形态特征以及海盐生产运作模式等共性问题，还对比研究三大盐场之间生产景观的差异性特征。

1.7.1.2　盐业居住景观

盐业居住景观是指盐业聚落中盐民赖以生存的生活空间，由于盐业生产的劳动力来自居住在聚落中的盐民，盐民居住地和海盐生产地关系密切，因此盐业居住景观成为盐业景观体系中的第二大组成部分。在碣平半岛三大盐场内都分布着众多盐民居住地，包含盐民民居、宗祠建筑、公共空间、街巷空间等景观要素（图1-8）。在具体的探究内容上，不仅罗列了碣平半岛三大盐场内各居住地的基本信息和平面图，而且对比分析了居住地内部的景观肌理、街巷体系、宗教空间及公共空间的分布规律等。

1.7.1.3 盐业运销景观

海盐生产后进入运销阶段，需要经历从生产地运输到销区的过程。在该过程中，盐业运销景观成为盐业景观不可割裂的组成部分。具体来讲，包含着盐墟节点、盐业运销线路（图1-8）。在本书的探究上，将重点着眼于碣平半岛三大盐场附近的盐墟景观以及东江流域运销线路的探究。由于篇幅有限，本书对于碣平半岛外部的盐业中转地以及盐业销区景观不做深入探究。

1.7.2 盐业景观体系框架

根据盐业景观的内容组成，本书搭建了盐业景观三角体系框架（图1-9），后续章节依托生产景观、居住景观、运销景观这三个方面展开论述。

三者相辅相成，在发挥各自功能的同时，也彼此配合促使盐产、盐运、盐居的顺利进行；根据三大景观内部实体的功能差异，又可细分为多个功能单元，以生产景观为例，其包含了防汛景观、纳潮景观、晒池景观、存储景观四个功能单元，四者共同推动海盐的生产；在各个功能单元下，又包含有诸多具体的景观要素，以晒池景观为例，其包含了晒水池、结晶池、储卤缸等景观要素。如此构成了体系、子系统、功能单元、景观要素四级盐业景观体系（图1-10）。

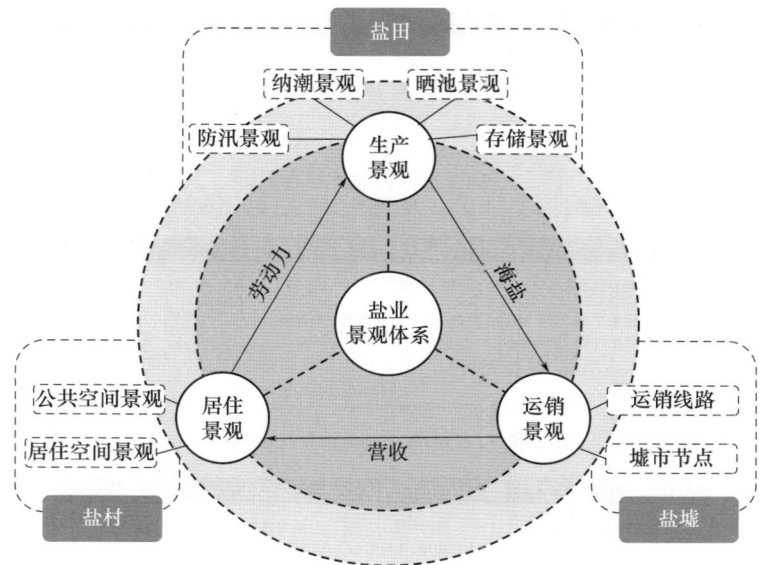

图 1-9　盐业景观体系"生产—运销—居住"铁三角

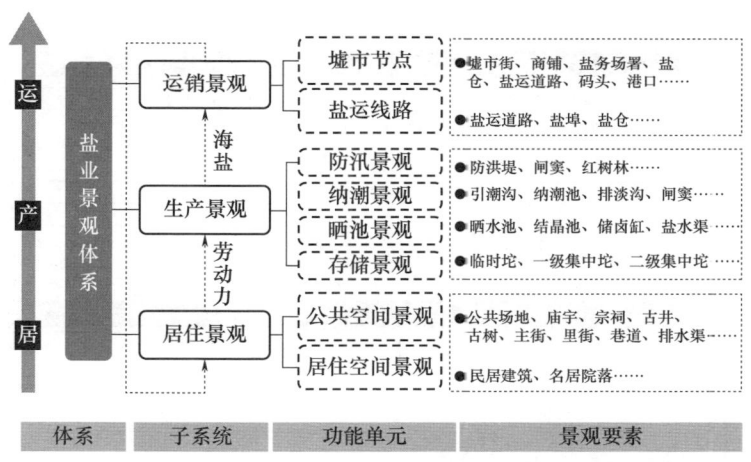

图 1-10　盐业景观体系的四大层级

1.8　研究框架

技术路线图如图 1-11 所示。

图 1-11 技术路线图

第二章 稔平半岛盐场形成环境与选址特征

盐业聚落对于自然基底的选择有着较高要求，并非所有的滨海地区都适合盐田开垦和聚落形成。本章将重点从稔平半岛的自然地理环境、历史人文环境以及盐场选址三大规律去探究稔平半岛三大盐场形成的内在机制，并为后续研究盐业景观特征提供相应的研究基础。

2.1 稔平半岛自然地理环境

2.1.1 稔平半岛地形地貌

稔平半岛背山面海，地势东北高、西南低，其陆域面积达755.7平方千米，占惠东县总面积的21%，海域面积3200平方千米，海岸线218千米，占据整个惠州市海岸线的3/4。

稔平半岛地形多样，属于沿海山地丘陵地区，主要由高山、丘陵、平原以及滩涂组成。其中山地相对较少，属莲花山脉，整体走势自北向南倾斜，丘陵占大部分，平均海拔在300~640米。在沿海区域分布少量的平原滩涂，整体地势平坦，海拔仅在1米左右。稔平半岛地层简单，第四纪海滩沉积的石英砂层分布在沿海一带，厚2~10米，透水性好，富水性强，上部含淡水，下部含咸水。土壤类型以石质混沙土、红壤土、沙质土、黏土、滨海沙土和滨海盐渍土为主。山地表层常见的为石质混沙土，再深层为红壤土；平原及沿海耕地为沙质土、黏土、滨海沙土和滨海盐渍土。农田除少量山坑圧为酸性土外，大部分土壤肥沃，有机质含量高，肥沃疏松。

在稔平半岛东北部还有一处由红海湾向半岛延伸的溺谷湾，名为考洲洋，考洲洋为半封闭水体，河道水浅，内宽口窄，由狭长的盐洲港与外海相连，最窄处仅有约250米。考洲洋面积约29平方千米，拥有长达 65 千米的海岸带，水域条件优越，滩涂面积可达 1300 公顷，以泥质为主。历史上有三条淡水河从考洲洋蜿蜒而过，淡水与海水在此汇集。在考洲洋的西南处还有一座低平的盐洲岛，因而形成了"海中有岛，岛中有洋，洋中再有岛"的独特地理景观（图 2-1）。

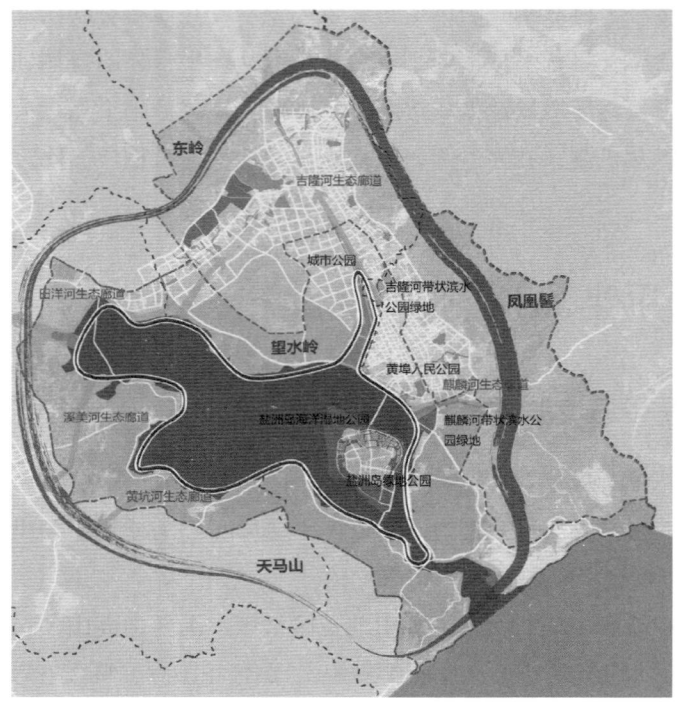

图 2-1　考洲洋区位与地形地貌图
资料来源：《惠东县考洲洋滨水片区城市设计导则》。

2.1.2　稔平半岛自然气候

海盐生产为露天作业，海水经自然蒸发、浓缩、结晶等过程制成海盐，气候干燥蒸发量大时，有利于盐业生产，但也常因台风暴雨形成内涝。其蒸发、浓缩海水的能量来自太阳的辐射热能和风能，因此气候条件是海盐生产的关键，气温、降水量、蒸发量、日照数、风等气候因素在很大程度上决定盐业生产的丰歉，是晒盐的重要指标和气候依据，也是盐业聚落选址的重要决定因素之一。

2.1.2.1 气温

气温越高，海水蒸发结晶的速度越快。稔平半岛属于亚热带季风气候，气候较为温和。根据稔平半岛盐民的生产、生活习惯，一年中，以公历 2—4 月为春季，5—8 月为夏季，9—11 月为秋季，12 月至次年 1 月为冬季。夏秋较长，冬春较短，全年平均气温 22℃，以 7 月的气温最高，可达 38.3℃；以 1 月的平均气温最低，可低至 0.3℃。1—7 月，气温逐月上升；7 月至次年 1 月，气温逐月下降。

2.1.2.2 降水量

降水较少的旱季盐利丰收，降水过多则会冲淡卤水，导致制盐速度下降。由于受到大陆性季风和海洋性气候的影响，稔平半岛一年内降水分布极为不均，每年"雨水"节气过后，开始受到暖湿气流与台风影响，降雨量逐渐增多，降雨频繁，为广东四大雨区之一，即每年 5—9 月为稔平半岛的雨季，这段时间的降水量可达全年降雨量的 80%，由于此时雨水过多，经常出现不同程度的洪涝灾害，对盐田摧毁较大，不适合晒盐。11 月至次年 4 月为少水季节，因此秋、冬、早春时节较为干燥，适合晒盐。

2.1.2.3 蒸发量

蒸发量与晒盐密切相关，蒸发量越大，晒盐效率越高。稔平半岛一年中第二季度（4—6 月）的蒸发量最大，占全年蒸发量的 60% 左右；第一季度（1—3 月）的蒸发量最小，仅占全年的 20% 左右。如图 2-2、图 2-3 所示，惠东县稔平半岛年平均蒸发量 1868.5 毫米，最高为 1963 年的 2366.9 毫米，最低为 1968 年的 1651.3 毫米；1957—1980 年间，通过 22 次的有效数据（其中缺失 1964 年和 1965 年数据）可看出，有 13 次降雨量大于当年的蒸发量，降雨量的平均值略大于蒸发量的平均值 100 毫米。靠近海湾的滨海滩涂地区由于受到海风以及日照影响，蒸发量要比中部受到森林植被覆盖的丘陵和山地区域高，属于适合晒盐的区域。

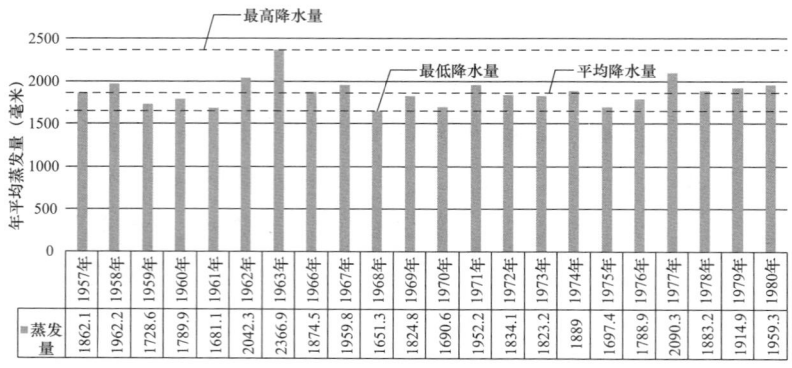

图 2-2 1957—1980 年惠东县稔平半岛年平均蒸发量统计图
资料来源：根据《惠州（东江）盐务志》数据绘制。

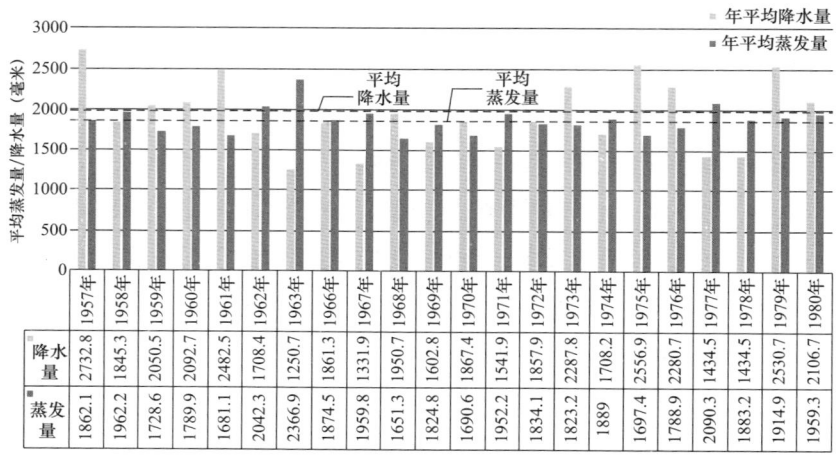

图 2-3 1957—1980 年惠东县稔平半岛年降水量与蒸发量统计图
资料来源：根据《惠州（东江）盐务志》数据绘制。

2.1.2.4　日照

日照时间越长，制盐效率越高。稔平半岛整体处于中低纬度区域，日照条件比较优越，一年中7—10月日照较为充足，2—3月云雾笼罩，其年平均晴天数为206天，全年日照为1962.9小时，平均阴天数为125天，如图2-4所示，每年的晴天与阴天数量呈现反比关系，即晴天越多则阴天越少，并且几乎以166天为对称轴，上下分布，稔平半岛的日照整体特点为7月日照时数最多，冬天次之，春天最少。

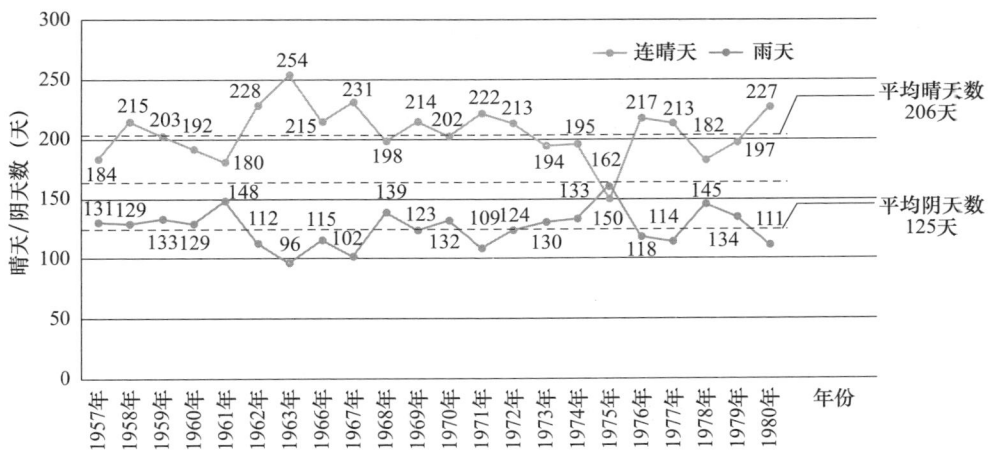

图 2-4　1957—1980 年稔平半岛年平均晴阴天数统计图
资料来源：根据《惠州（东江）盐务志》数据绘制。

2.1.2.5　风

平稳的风速能够促进海水的蒸发结晶。稔平半岛三面环海，属于亚热带季风气候，四季平均风向、风速以及风力变化较大。每年4—9月，以来自海洋的偏南风为主，其次是偏东风；11月至次年2月，以来自大陆的偏北风为主，因为是滨海丘陵地带，空气下垫面非常粗糙，摩擦力作用大，又加之山脉阻隔，因此风速、风力较小；3—10月，为稔平半岛南北气流变化时期，风向多变，但平均风速可加大到3～5级，甚至阵风可达8级，易造成盐田灾害。如表2-1所示，东南风为惠东县的主导风向，其次是西北风，一般风力2～3级。

表 2-1　1962—1984 年风的方向频率表

月份	1月	2月	3月	4月	5月	6月	7月	8月	9月	10月	11月	12月
最多风向	西北	西北	东南	东南	东南	东东南	东东南	东南	东	东东南	西北	西北
最大频率(%)	34	40	39	42	46	34	26	27	34	24	24	38
出现年份	1962年	1967年	1962年、1968年	1967年	1984年	1981年	1963年	1963年	1965年	1966年	1981年	1984年

资料来源：《惠州（东江）盐务志》。
注：1. 1982年7月出现频率为50%的东南风。
　　2. 10月偏北风多于偏东北风。

2.1.3 稔平半岛盐场分布

2.1.3.1 广东历史盐场分布情况

广东作为我国海岸线最长的省份，清代时期盐场主要以珠江三角洲为界，分为东部产区和西部产区，这两大产区内的各大盐场沿海岸线分布。

其中，东部产区的盐场以惠州、潮汕两地最为集中，主要分布在惠州的惠东县、汕尾的海丰县与陆丰县、汕头的澄海区和南澳岛、潮州的饶平县、深圳的盐田区以及揭阳的惠来县。西部产区的盐场则以阳江和雷州半岛两区为主，具体分布在如今湛江的湛江市、雷州市、徐闻县与廉江县，阳江的阳西县与阳东县、江门的新会区和台山市、茂名的电白县等地。惠东县作为东部产区的主要产地，其内部盐场又主要分布在稔平半岛沿岸，以淡水盐场、大洲盐场、碧甲盐场最具规模。

2.1.3.2 稔平半岛盐场分布情况

稔平半岛的三大盐场主要分布在港口、平海、黄埠、稔山 4 个镇域，又以港口、大洲、稔山为主产区，分别对应历史上的淡水盐场、大洲盐场、碧甲盐场。据 1985 年资料统计，惠东县稔平半岛盐田总面积在中华人民共和国成立前为 643.15 公顷，1985 年为 941.95 公顷，约增加 46.46%。

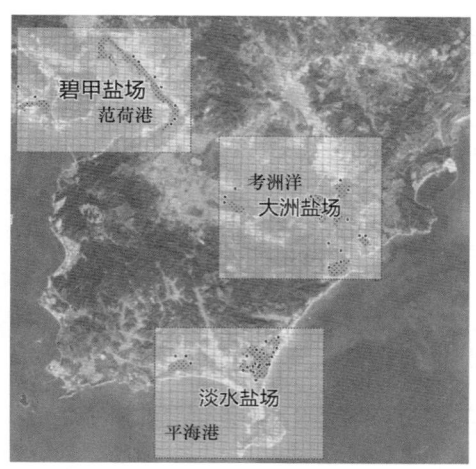

图 2-5 稔平半岛三大盐场分布图

（1）淡水盐场。

淡水盐场位于平海港的东北部，地处稔平半岛的最南端，东南面向大海，在平海镇、港口镇的镇域范围内。淡水盐场由一条天然砂拦作为屏障，从古灶村到海龟岛延伸出一条长达 5 千米的内港，由北至南流经盐田，直至与外海相接。该盐场地势平坦开阔，盐田集中，紧傍大海，晒盐条件较好。全场盐田面积 31081 亩，占全县盐田面积的 33%。

（2）大洲盐场。

大洲盐场位于稔平半岛考洲洋内的盐洲岛，以及环绕考洲洋的部分滩涂上，在黄埠镇的镇域范围内。盐洲岛是一个内港孤岛，四面群山环抱，位于三洲水道与盐洲水道之间，扼考洲洋出口，距离大陆约 0.35 千米，曾是大洲盐场最主要的产盐区。盐洲岛面积约 31 平方千米，南北长 2.76 千米，东西宽 2.25 千米，平均海拔 4.4 米，四周筑有 16 千米的防潮海堤，全岛大部分为盐田，面积可达 258.73 公顷。历史上大洲盐场产量曾经多次赶超淡水盐场，年均产量均在万吨以上。

（3）碧甲盐场。

碧甲盐场地处范和港，距外海较远，盐田分布在大墩、长排、范和、大埔屯、四民等自然村，盐田形似带状，属于稔山镇的镇域范围内。碧甲盐场深处内港湾，山脉多，且靠近农田，受淡流影响较大，因此历史上碧甲盐场产量较低。该盐场内的盐田面积 339.82 公顷，占全县盐田面积的 36.08%。

2.2 稔平半岛历史人文环境

2.2.1 稔平半岛建制沿革

广东设官办盐始于西汉，至今已有两千多年的历史。三国（222 年）时，东吴在东莞郡置司盐都尉，管理海盐产制。历南北朝及隋至唐，海盐产区逐步扩大，机构管理也较前完善。初唐，在岭南设置监院，后又设置巡院，管理盐的产销。刘晏自宝应年间（762—783 年）

开始掌管盐务，对当时实行的民制、官收、商运销的"就场专卖制"做了改革，精简了盐业管理体制，只在产区设置盐官，全部收购盐民所煮的盐。古代惠州府盐场建制见表2-2。

表2-2 古代惠州府盐场建制

地区	盐场	北宋	南宋	元	明	清
归善县	淡水盐场	√	√	√	√	√
	咸水盐场			√	√	
	大洲盐场					√
	碧甲盐场					√
海丰县	古龙盐场	√				
	石桥盐场	√	√	√	√	
	石隆场		√			
	啖白盐场					√
陆丰县	小靖盐场					√
	石桥盐场					√
	海甲盐场					√

资料来源：根据《宋史·食货志》《宋史·地理志》《文献通考》《元丰九域志》《宋会要·食货志》《元史·百官志》《续文献通考》《大明一统志》《盐法通志》《中国盐政史》等整理。

进入宋代，宋太祖建隆年间（960—963年），广东东西海有盐场15个，其中海丰2个，归善（惠阳）1个，东莞3个。开宝四年（971年），朝廷"诏榷岭南盐"以后，广东海盐产地进一步扩至惠州等12个州，产盐供广东路及桂昭两州和赣南等地。自仁宗（1023年）开始，广东海盐年产量增至51万石以上，元丰年间（1078—1085年），广东的盐场增至20个，南宋绍兴初年（1131年）增至26个，其中惠州有3个，即归善的淡水盐场、海丰县的古龙盐场和石桥盐场，其中淡水盐场位于稔平半岛。

元代，广东共计盐场13所，惠州占据3所，即石桥盐场、淡水盐场、咸水盐场，其中惠东淡水盐场年产盐一千九百二引[①]，约 38 万斤。此时，少数地区已改"煮盐"为"晒盐"，生产能力提升较快。盐田是主要的生产用地，由朝廷拨给，属于官田。盐户在官府严格控制下生产，产盐绝大部分交纳给官府，叫作盐课。

从明代开始，盐业的发展更为迅速，这一时期商品经济的发展和资本主义的萌芽，冲击着古老的封建盐业，盐商势力日渐强大，政府对盐业生产、销售的控制力越来越弱。明代两广置广东盐课提举司，设提举、同提举各一员，各盐场设大使、副使。明代，广东盐场增加到 29 个，成为全国主要产盐区之一。广东盐课提举司辖广州、惠州、潮州、肇庆等 4 府 14 县的 14 个盐场，惠州府有淡水、咸水、石桥 3 个盐场。

清代，稔平半岛盐业得到全面发展，在整个广东盐业中占据重要地位。清初时期，广东盐场因海迁政策普遍受到冲击，唯有平海允许产盐，当时海丰县诗人蔡皇勷的笔记记载："丙午年（康熙五年，1666 年）沿海迁拆，独留平海一口许人晒盐，以平山为厂埠，船只载盐下广。"这凸显了淡水盐场在当时广东海盐生产中的重要地位。

清代海禁政策解除后，广东盐业逐步恢复发展，雍正二年（1724年）"以淡水分为三场，一大洲，一坎白，又析石桥设小靖场"，大洲盐场由淡水盐场分出单独管理，稔平半岛第二大盐场由此诞生。雍正十年（1732 年），淡水盐场改盐课司为盐大使；乾隆五年（1740 年），碧甲盐场由淡水盐场分出单独管理，就此形成了稔平半岛淡水盐场、大洲盐场、碧甲盐场三足鼎立的生产格局。

如表 2-3 所示，在这一时期，惠州府所产海盐占据广东海盐总产量的 48.2%，是当时粤盐生产中心之所在。在惠州府中，又以归善县稔平半岛的淡水盐场、碧甲盐场以及大洲盐场这三大盐场为主要产区，稔平半岛所生产海盐占惠州府五成左右，大洲盐场产量更是为当时广东诸多盐场之首。清代随着淡水盐场的扩张，稔平半岛盐产业发展至巅峰时期（图 2-6）。

---

① 引：引斤，古代盐场计量单位

表 2-3 道光年间两广盐场盐产量统计表

州府	州县	盐场名称	盐类	盐产量	各州府盐场占总额百分比（%）
广州府	新宁	上川司	熟盐	12158 包 35 斤	0.7
惠州府	归善	淡水场	生盐	126214 包 22 斤	48.2
	归善	碧甲场	生盐	68961 包	
	归善	大洲场（连大洲栅）	生盐	176744 包	
	海丰	坎白场（连坎白栅）	生盐	144006 包 76 斤	
	陆丰	石桥场	生盐	93974 包 25 斤	
	陆丰	小靖场内五场	生盐	59505 包	
	陆丰	小靖场外三场	生盐	51648 包	
	陆丰	海甲栅	生盐	70000 包 100 斤	
潮州府	潮阳	招收场	生盐	83798 包	23.7
	潮阳	河西场	生盐	93785 包	
	惠来	隆井场	生盐	30000 包	
	惠来	惠来栅	生盐	29640 包	
	饶平	东界场	生盐	81150 包	
	饶平	海山隆澳场	生盐	43740 包	
	澄海	小江场	生盐	24000 包	
阳江直隶州	阳江	双恩场	生盐	41333 包	2.5
高州府	电白	电茂场	生盐	15818 包	22.9
	电白	博茂场	生盐	22269 包	
	吴川	茂晖场	生盐	10600 包	
廉州	合浦	白石东场	熟盐	21404 包 140 斤	2
	合浦	白石西场	熟盐	10791 包 60 斤	
合计			生熟盐	1628914 包 8 斤	100

资料来源：《(道光) 两广盐法志》卷二十三《场灶二·额盐》。

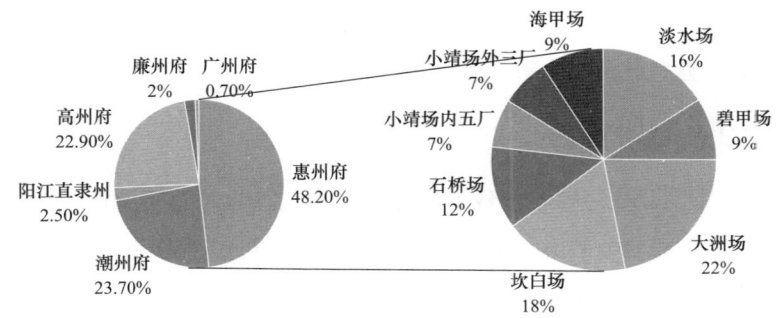

(a) 各州府盐产量占广东省盐产量总额的百分比　(b) 各盐场盐产量占惠州府盐产量总额的百分比

图 2-6　各盐场盐产量占比

资料来源：《（道光）两广盐法志》卷二十三《场灶二·额盐》。

民国初年，广东盐运司改为盐政处。1916 年，两广运使与稽核所合并为盐务总处，同时将清末 27 个盐场裁并为 17 个盐场，东部产区留有惠阳淡水场、碧甲场、大洲场、陆丰场、石桥场、海丰坎白场。1935 年，将稽核所改称为东江盐务局；1941 年又改称为惠阳盐场公署，隶属两广盐务局，当年向盐务局报批，将淡水改称平海，碧甲改称稔山，麻西改为黄马，下设大洲分署、平海分署、稔山分署、黄马分署。

1949 年中华人民共和国成立后，10 月 23 日成立广东省人民改府盐务局。1950 年初，平海、大洲、稔山、黄马盐场管理处改为盐务所，属惠阳盐场管理处直属盐务所。1958 年，从惠阳县划出惠东县成立惠东盐业局，并设在惠东稔山县，下辖平海、大洲、稔山 3 个盐务所。1960 年 7 月，盐业管理体制变革，平海、大洲、稔山 3 个盐务所采取国社合办，分别成立惠阳县稔山盐场、平海盐场、大洲盐场。1958—1962 年国家第二个五年计划期间，盐业掀起群众性新建、扩建盐田热潮，稔平半岛盐业得到进一步发展。

2.2.2　稔平半岛盐场历史规模

清代是稔平半岛盐业发展最为鼎盛的时期，在此期间大洲盐场和碧甲盐场从淡水盐场析出，形成了稔平半岛三足鼎立的局面，这样的格局一直延续了三百多年，给稔平半岛的盐业景观带来了深远影响。

因此，对这三大盐场清代历史的挖掘以及规模的探究有助于对盐业景观进行更为全面的认知。

2.2.2.1 淡水盐场

《中国盐政纪要》记载："淡水场，场署在惠阳县平海司城内，考惠阳县东南七十七里有淡水墟。宋时设场当在此地附近。后因地势变迁故移至今地。西北距县城一百九十八里，东距大洲场三十里，西距碧甲场四十五里。产区分五厂。曰港尾厂、东洲厂、四围厂、黄甲厂，均在平海城之东南。曰葵坑厂，在平海城之西南。面积共二十方里。年产约三十八万担。"合共777塥，合计10800亩①，淡水盐场包含五个小厂，以东洲厂面积最大，其中东洲厂206塥、港尾厂181塥、四围厂203塥、葵坑厂19塥、黄甲厂168塥。由此可知，淡水场场署位于平海城内部，《盐法通志》一说"设在平海卫城内西南隅"，和图中位置基本吻合（图2-7）。

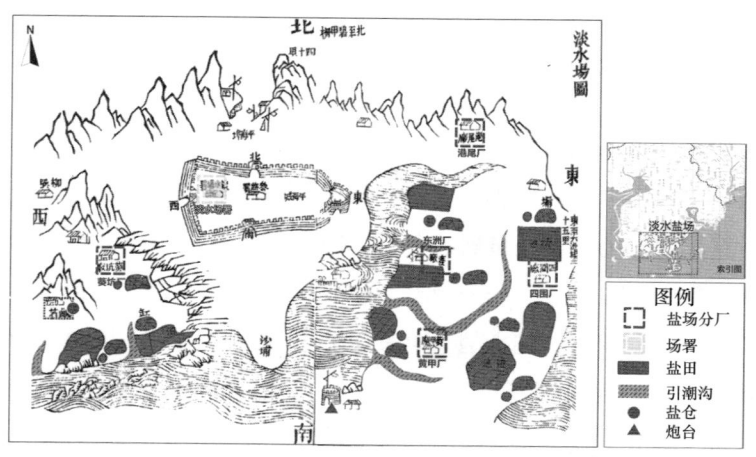

图2-7 清代淡水盐场图
资料来源：根据《(道光)两广盐法志》卷首《绘图·淡水场图》改绘。

民国《粤鹾辑要》又载："淡水场，坐落惠阳县平海城，距县城一百六十里，盐田区域分东西二处。东路在葫芦潭过港周围，合计一十五方里，距场署约一里许；西路在葵坑周围，合计约五方里，距

---

① 亩 = 0.0667 公顷

场署约十七里。"该书对淡水场盐田分布、生产组织有着更为详细的描述,对照卷首图可知,淡水盐场由东西两部分组成,东路包含港尾厂、东洲厂、四围厂、黄甲厂,面积占总面积的3/4,距离平海场署约500米;西路则包含葵坑厂,面积占总面积的1/4,距离平海场署更远,约8500米。淡水盐场内设有盐仓,靠近出海口的位置设有炮台(图2-7)。

2.2.2.2 大洲盐场

《中国盐政纪要》记载:"大洲场,场署在惠阳县大洲人和墟,西北距县一百八十五里,西南距淡水场三十里,西距碧甲场四十里。产区分七厂。"大洲场共有1287埠,其中大洲厂712埠,三洲厂136埠,东涌厂34埠,西涌厂81埠,霞涌厂68埠,沙桥厂121埠,小漠厂147埠。大洲盐场的场署设在盐洲岛人和墟,位于岛中心位置,由图2-8清代大洲盐场图可印证这一说法。大洲盐场的盐田数量多于淡水盐场,并且分布更加广泛,它共有七个场,清代时绕考洲洋均有分布,又以盐洲岛上的盐田面积最大,占据总盐田面积的五成以上。

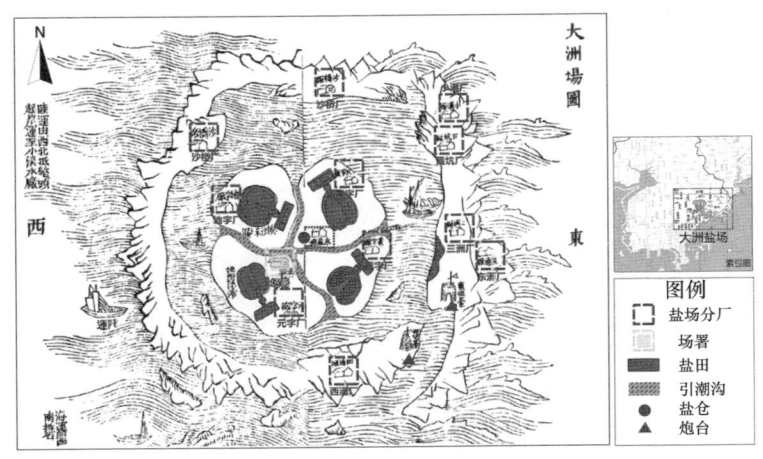

图2-8 清代大洲盐场图
资料来源:道光《两广盐法志》卷首《绘图·淡水场图》改绘。

民国《粤鹾辑要》详细记载了各小厂的分布情况:"大洲场坐落惠阳县东,相距约一百六十里,俗名盐洲。周围十三里有奇。原辖十厂,附场四厂,曰望京厂、白沙厂、大南厂、望斗厂,离场署二里曰三洲厂，三里曰霞坑厂，八里曰东涌厂，十四里曰西涌厂，二十里曰沙桥厂，三十里曰小漠厂，以上共十处，均属该场所辖范围。"其中望京厂、白沙厂、大南厂、望斗厂实际上就是盐洲岛上四小厂的名称，由图2-8可知，在清代由"天地元黄"四厂来划分这四厂。除这四小厂外，其他六厂均分布在岛外，和大洲盐场的场署有一定距离，靠近出海口的地方，设有东炮台和西炮台，两侧有东涌场和西涌场两小厂；其中以小漠厂最远，距离场署约有15千米，结合图2-8可知它分布在盐洲岛的东北方向。

2.2.2.3 碧甲盐场

《中国盐政纪要》记载："碧甲场，场署在惠阳范和乡，西北距县城一百五十三里，东距大洲场四十里，东南距淡水场四十五里，产区分三厂，曰范和厂、稔山厂、麻西厂。东西距八九十里。"碧甲盐场的场署位于稔山镇范和村，东临大海，南由稔山经水门寮至蟹洲，海岸线长36千米。有盐田273.01公顷，共计1109塥，其中范和厂292塥，稔山厂403塥，麻西厂414塥。清代碧甲盐场图如图2-9所示。

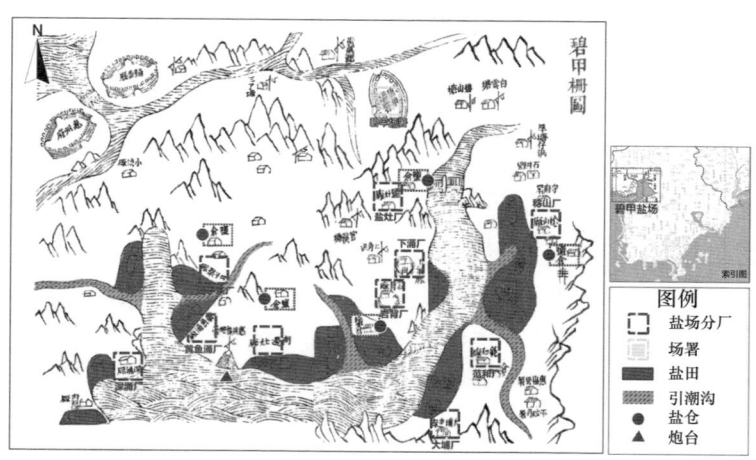

图2-9 清代碧甲盐场图
资料来源：道光《两广盐法志》卷首《绘图·淡水场图》改绘。

《清盐法志》中对于碧甲盐场内三分厂有更为详细的记载："碧甲场坐落惠阳县属范和冈乡，离县城一百二十里，管理盐田分三厂，左循海坝经芙蓉乡、圆墩乡至红石湾、大石湾等处约二十里归范和厂；右循海坝经大墩、稔山、王公前等处直至崩山地方约八里有奇，并大墩隔海之蟹洲、黄施洲、三连洲三处归移稔山厂；又离场西向八十里之盐田归麻田厂，东西约八九十里，均距县城百二十里。"由此可知，范和厂和稔山厂都位于范和港的东海岸，芙蓉乡及圆墩乡连片二十里的海岸线均为范和厂范围，大墩乡及稔山连片 4 千米的海岸线，以及与大墩村隔海相望的一些海上小洲均为稔山厂的范围；麻西厂则位于范和港西北方向，东西距离 4.5 千米。中华人民共和国成立前稔山镇盐场历史产量表见表 2-4。

表 2-4　中华人民共和国成立前稔山镇盐场历史产量表

年份	计算单位	单位数量	碧甲盐场（稔山）	史料来源
乾隆十九年（1754 年）	包	83 千克（司码）	70961	《归善县志》
乾隆五十九年（1794 年）	包	83 千克（司码）	68961	《两广盐法志》
嘉庆元年（1796 年）	包	75 千克（司码）	68961	《清盐法志》
宣统二年（1910 年）	石	60 千克（司码）	380000	《清盐法志》
宣统三年（1911 年）	石	60 千克（司码）	400000	《清盐法志》
民国十七年（1928 年）	担	50 千克（司码）	550000	《盐政辞典》
民国三十五年（1946 年）	市担	50 千克（市斤）	140000	惠阳区档案馆

资料来源：《稔山镇志》。

总体看来，清代稔平半岛三大盐场已成规模，并且盐田分布广泛。其中以淡水盐场历史最为久远，随着清代盐业经济的繁荣，淡水盐场盐业用地愈发紧张，另外两大盐场在此基础上分出。从表 2-5 可知，后建成的大洲盐场和碧甲盐场盐埠总数都远超淡水盐场，大洲盐场在盐场数量和盐田面积上占有绝对的优势，年产量甚至远超淡水盐场，一举成为粤盐盐产量最高之所在。清代稔平半岛三大盐场对比表见表 2-5。

表 2-5　清代稔平半岛三大盐场对比表

类目	淡水盐场	大洲盐场	碧甲盐场
建立年代	宋代	清代	清代
场署位置	平海所城	盐洲岛人和墟	稔山范和港

续表

类目	淡水盐场	大洲盐场	碧甲盐场
盐田数（塥）	777	1287	1109
年产量（道光年间）	126214 包以上	176744 包	68961 包
产盐率（每年，包/塥）	162	137	62
分厂数（个）	5	7	3
分厂名	港尾厂、东洲厂、四围厂、黄甲厂、葵坑厂	大洲厂、三洲厂、东涌厂、西涌厂、霞涌厂、沙桥厂、小漠厂	范和厂、稔山厂、麻西厂

值得注意的是，淡水盐场虽用地有限，盐塥总数最少，但其产盐量并不低。盐田高达1109塥的碧甲盐场虽然在生产面积上有着绝对的后天优势，但其盐产量仅有淡水盐场的一半；加之碧甲盐场和大洲盐场都是从淡水盐场分出的，制盐工艺以及盐塥尺寸都接近一致，按照每塥每年的产量来衡量产盐率的话，可计算出淡水盐场每塥每年可产162包盐（每包约75千克盐），大洲盐场每塥每年可产137包盐，碧甲盐场则最低，产盐率仅有62包/塥，由此可以推断，盐田面积并不是决定盐产量的唯一因素，各大盐场的选址差异同样会影响盐产量的高低，因而稔平半岛盐场的选址规律也成为值得深入探讨的另一话题。

2.3　稔平半岛盐场选址三大规律

史书有载："川、滇之盐汲井，闽、粤之盐积卤，淮南之盐煎，淮北之盐晒，山东之盐有煎有晒。"不同品类的盐所需要的生产要素、自然要素都是不同的。对海盐而言，并非所有的滨海区域都适合晒盐，盐场选址仍需遵循某些特定的选址规律，选址的差异将直接影响盐场的生产质量及生产效率。根据淡水、大洲、碧甲三大盐场的地理分布，可总结出盐场在选址时应具备的四大自然要素以及三大选址规律。

2.3.1　盐场选址的四大自然要素

海盐产区资源包括滩涂、海水、风能以及日照四大自然要素

（图 2-10）。滩涂是国土资源的组成部分，也是开垦盐田的主要用地。广东沿海的 42 个县都拥有滩涂，主要集中在珠江口两岸、粤西东部、雷州半岛两岸和粤东地区。稔平半岛作为滨海丘陵地带，其滩涂占地相对较小，大部分集中在考洲洋附近，其中滩涂面积约 1373 公顷，以泥质为主。

(a) 滩涂　　　　　(b) 海水　　　　　(c) 风能与日照

图 2-10　滩涂、海水、风能与日照
资料来源：惠东县自然资源局网站。

海水是海盐生产的原料，海水盐度与海盐生产有着密切的关系。盐田晒盐需要将海水引入晒池，经自然蒸发、浓缩到饱和析出结晶盐。不同季节、不同区域的盐度不尽相同，最低盐度出现的季节也不同，粤东海岸段秋季盐度最高。生产 1 吨盐，用 10‰ 的海水晒盐需 163.52 立方米，用 20‰ 的海水只需 74.95 立方米，海水用量相差一倍多。由此可见，海水盐度高低与海盐产量有着很大关系，掌握海水盐度变化，选择高盐度海水区域制盐，更加有利于海盐生产。

日照和风能为晒盐的生产动力，日晒法制盐需要借助自然的光照和风能对海水进行蒸发。日照时间越长，温度越高，越能促进海盐的结晶，生产效率能够大大提高。稔平半岛春季日照时间最短，夏季降水较多甚至出现雷暴天气，秋冬两季则晴天最多，少雨干旱，可能会有秋旱的发生，但对于晒盐来说则是利好天气。风能对于晒盐来说有利有弊，强度适中的风能够加速海水蒸发，但过于强劲的风暴潮则会摧毁盐田带来损耗。

2.3.2　规律一：临海靠湾、盐度较高

其一，稔平半岛三大盐场选址有着临海靠湾的特点，盐业聚落主要集中于平海港、考洲洋以及范和港等海湾附近，且均在距离海岸线

1000米的缓冲区内。以500米为一个梯度，用稔平半岛海岸为线划分出0～500米、500～1000米、1000～1500米三个缓冲区，可以看到大洲盐场的绝大多数盐业聚落都分布在0～500米的缓冲区内，淡水盐场与碧甲盐场则在500～1000米缓冲区的较多。总体来说，接近90%的盐业聚落和盐田距离海岸线均不到1000米，临海靠湾的特质使盐田能够较为便捷地获得海水资源，同时港湾作为盐田的庇护，能为海水纳入创造更加平稳的环境（图2-11、图2-12）。

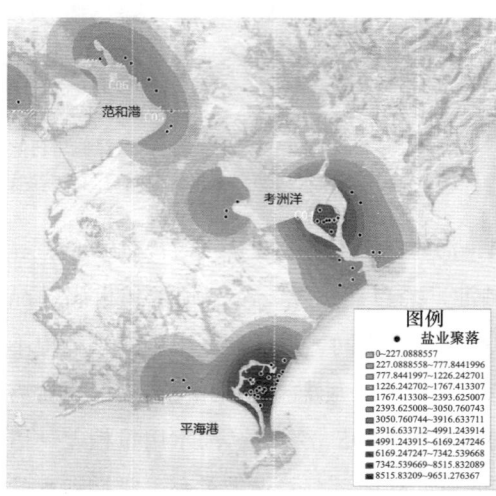

图2-11　盐业聚落核密度分析

图2-12　盐业聚落离海岸的距离分析

其二，盐场选址更青睐盐度较高的海域，且海水盐度越高盐场分布越密集，产盐率也越高。从稔平半岛沿岸海域冬季盐度测量数据可以看出，沿岸海域海水盐度在 30.6‰ 左右，各盐场附近海域海水的盐度可以高达 32‰，整体盐度相对较高。稔平半岛最南端的淡水盐场盐度最高，在其东南侧甚至出现了高盐度点，大洲盐场的海水盐度次之，距离大洋最远的碧甲盐场则相对前两者较低（图 2-13）。淡水盐场优越的高盐度海水环境，使其产盐率（162 包 / 埠）远超碧甲盐场（62 包 / 埠）。

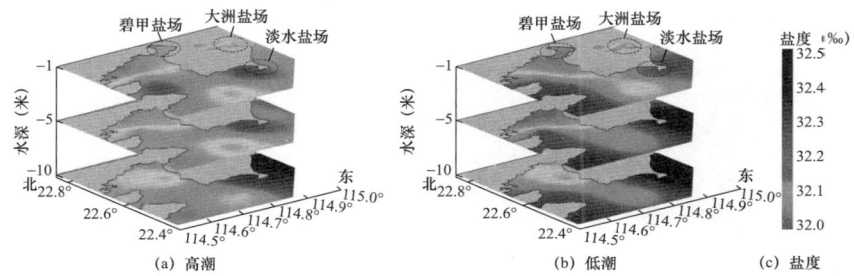

图 2-13　稔平半岛沿岸海域冬季高潮与低潮盐度图
资料来源：根据《粤中见闻》中图改绘。[65]

《惠州（东江）盐务志》中对于稔平半岛三大盐场的盐度分别做了较为详尽的记载。如表 2-6 所示，在稔平半岛三大盐场水域共取 6 个点，进行海水盐度测量，淡水盐场 C01 即东海纳潮站夏秋季盐度达到 2.5 度（1 度海水盐度约为 10‰），冬春季则可高达 3.2 度，该盐度与大洋盐度持平，由此可见季节对于海水盐度有着较大的影响。

表 2-6　稔平半岛三大盐场盐度测量表

盐场	落点	地点	季节	
			夏秋季	冬春季
淡水盐场	C01	东海纳潮站	2.5	3.2
淡水盐场	C02	平海内港湾	1.0	3.0
大洲盐场	C03	盐洲岛东南面	2.0～2.5	3.0
大洲盐场	C04	盐洲岛西北面	1.0～1.5	2.0
碧甲盐场	C05	大埔屯、四民、和平	1.5～2.5	2.5～3.0
碧甲盐场	C06	芙蓉、范和、大墩、长排	0.5～1.5	2.0

资料来源：《惠州（东江）盐务志》。

大洲盐场东南面盐度高而西北面盐度低，其内部的小盐场随之呈现"东南密、西北疏"的分布规律。如表 2-6 所示，落点 C03 和 C04 海水盐度具有较大差异，主要表现在盐洲岛东南面盐度高，冬春季可高达 3.0 度，而西北面在全年都比东南面向低 1 度左右。盐洲岛西北面距离出海口最远，并且汇集了内陆三条河流的淡水，咸淡交替容易将海水冲淡（图 2-14）；加之考洲洋的洋面大而港门狭窄，使得降水后河流中的淡水和四周群山冲刷下的淡水大量聚集在西北面，与海水混合后无法及时排出，最终导致西北海域盐度低（图 2-15）。

图 2-14　大洲盐场附近海域咸淡水交替图
资料来源：《惠东县考洲洋地区发展概念规划 2014》。

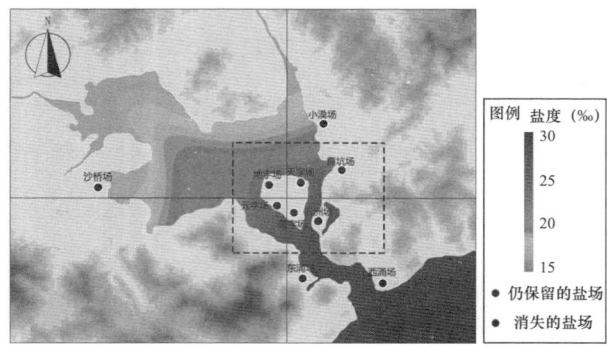

图 2-15　大洲盐场附近海域冬春季盐度图
资料来源：《惠州（东江）盐务志》数据改绘。

碧甲盐场中落点 C05 大埔屯、四民以及和平位于范和港的东南方位，距离大亚湾更近，且周边淡水河较少，盐度整体较场区内其他海域更高，冬春季以及长晴天盐度一般在 2.5～3.0 度。落点 C06 芙蓉、范和、大墩、长排等地区位于范和港的最北面，由于背靠山体，并且伴有水库以及白云河、竹园河、石桥河、范和河等多条淡水河，蓄水通过地下慢慢渗透，使得沿岸海水不断被冲淡，导致海水盐度整体较低，冬春季在 2 度左右，夏秋两季仅有 0.5～1.5 度，这使碧甲盐场产盐率远不及其他两个盐场。

2.3.3 规律二：滩涂低平、浅海广阔

平坦的滩涂有利于修葺盐田以及排纳海水，因此选址时更青睐低平和广阔的滩涂、浅海地带。如图 2-16 所示，稔平半岛的滩涂区域与三大盐场所在位置基本重合，这些滩涂外围还拥有大量的浅海区域。滩涂的发育与演变主要取决于人类的活动，广阔的浅海区域具备填海造滩的潜力，[50] 这些盐场坐落在低平的滩涂之上，整体地势平坦，为盐田修葺、海水纳潮创造了良好的环境。

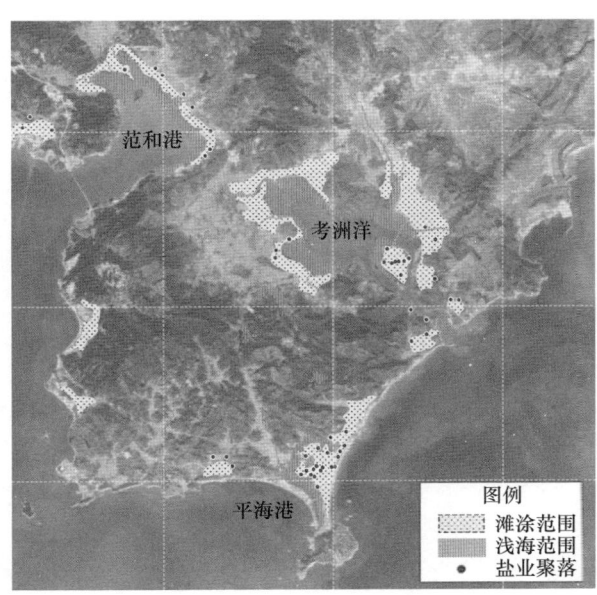

图 2-16 稔平半岛三大盐场滩涂分布图

（1）淡水盐场的滩涂较为集中，位于平海湾的东北侧，面积约

为 10 平方千米，平均海拔在 1～2 米，这块滩涂承载了淡水盐场绝大部分的盐田和盐业聚落。该区域的底层结构简单，主要为中细粒石英层，厚度为 2～10 米，透水性好，以滨海沙土和盐渍土为主。由于淡水盐场周边浅海区域较小，周边海域平均深度 11 米，最深约 21 米，几乎不具备填海造滩的潜力。因此清代随着淡水盐场的不断发展，只能选择稔平半岛其他区域进行盐田围垦，这是大洲盐场和碧甲盐场在清朝盐田面积剧增的原因之一。

（2）大洲盐场内的考洲洋整体水深较浅，除了红海湾的河道水深可达 8 米外，其余平均深度在 2～6 米，其西北海域的水深仅不到 2 米，具备良好的天然滩涂和浅海优势（图 2-17、图 2-18）。核心产区盐洲岛的海岸线长达 11.1 千米，滩涂在岛屿外围分布广阔，主要由第四纪细砂、砂砾层构成，性质较为疏散，形成和消亡的速度较快，只要动力条件发生改变，就会影响岛屿的缩小和扩大，这也使盐洲岛具有可塑性。传统时期，在盐洲岛面积有限的情况下，盐民只要将河流及海底泥沙流搬运来就可扩充盐田面积，起到缓解生产空间不足的作用，这是盐洲岛成为大洲盐场制盐核心区的另一原因。考洲洋沿岸大量栽植红树林，红树林密集交错的根系可沉降浅海中的悬浮颗粒，促进土壤形成，进一步起到扩充滩涂的作用，这为大洲盐场盐田的开垦提供了较好的自然条件。[51]

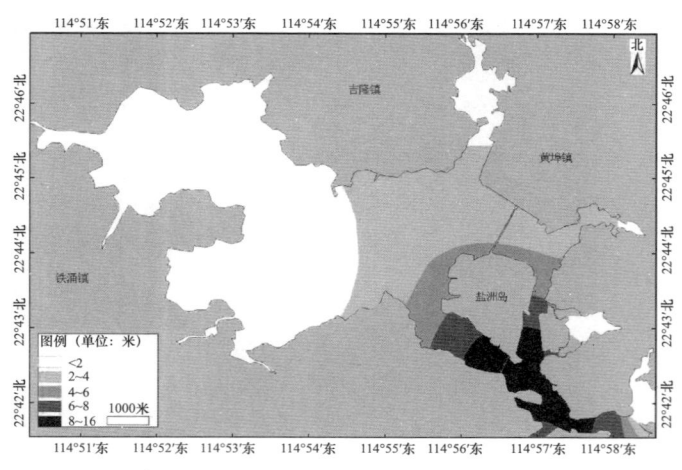

图 2-17 考洲洋水深分布图
资料来源：《惠州好招楼市级湿地公园工期工程项目可行性研究报告》。

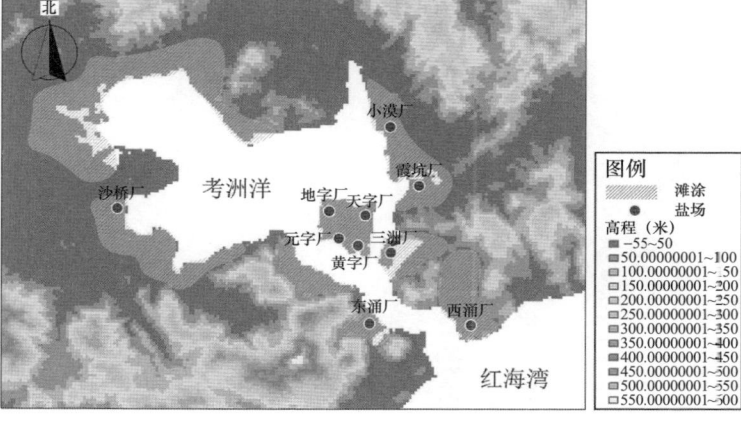

图 2-18 考洲洋滩涂分布图

（3）碧甲盐场位于范和港以东，拥有长达 36 千米的大亚湾黄金海岸线，可利用浅海滩涂面积 1300 多公顷，主要分布在长排、五配、联丰、竹园、范和、大墩、芙蓉、大埔屯、稔石、稔居等 10 个村的辖区内。范和港是大亚湾的内港，位于稔山镇辖区内南部，其水域面积高达 3180 公顷，水深 2～6 米，浅海面积广阔。底土是软淤积土，滩涂土地以石质土、滨海砂土、滨海盐渍沼泽土为主。长排村的陈氏塎①主在稔山沿海一带填海造盐田，填海近 6.3 公顷，后各地盐民纷纷效仿，填海造盐田发展扩大至稔山镇 9 个自然村，1300 多人参与盐业生产，造盐田面积 200 多公顷，碧甲盐场广阔的浅海为盐田扩张创造了有利条件。

2.3.4　规律三：背山面港、抵风抗浪

海盐生产为户外作业，海水的蒸发和浓缩动力主要来自海风和日照，风速过大会引发海堤崩塌或盐田摧毁，风速过小又无法促进海水的蒸发，因此适当的平稳风速（5.0 米/秒以下）成为盐场选址的另一重要考虑因素。稔平半岛三大盐场都选择背山面港的地带，分别以平海内港、考洲洋、范和港为庇护港，有效减弱了海上来风，并且周

---

① 塎：盐塎、在粤东。

围均有山地丘陵环抱，为晒盐创造了更加平稳的环境（图 2-19）。

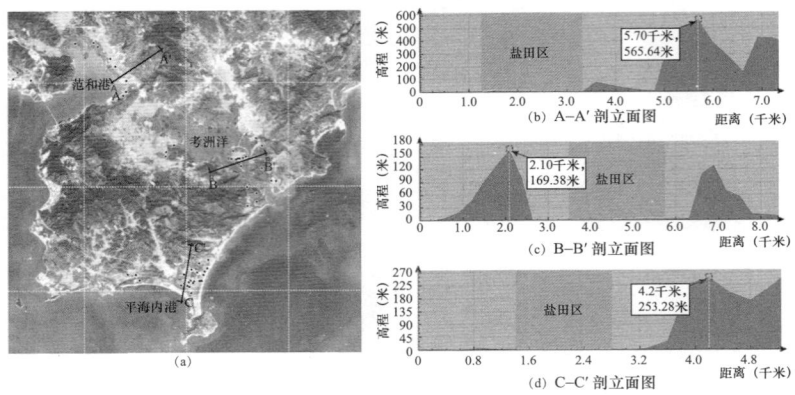

图 2-19　稔平半岛三大盐场高程图

（1）淡水盐场的盐田处于平海内港东岸，西北侧由低山、丘陵组成，为莲花山脉支脉，平均海拔在 200～300 米的山岭有 19 座。盐田北侧为丘陵地区，空气的下垫面非常粗糙，摩擦作用大，加之山脉阻挡，故而秋冬季节吹来的北风风速较小，历年平均风速仅在 1.4 米 / 秒（一级左右），极有利于海水蒸发。由于稔平半岛常年以东南风为主导，淡水盐场的东南面有一条宽约 500 米的海堤将盐田和海洋分割，盐田取水则主要由西南方向开凿的内港引入，这样的布局能够有效减弱东南方向的风浪，确保了从西面引入海水的平稳性（图 2-20）。

（2）大洲盐场周围被丘陵环绕，东南方向的盐洲港水道两岸被观音山、天马山等山丘所环抱，形成了一道东北—西南走向的天然山障，能够有效降低夏季从海上吹来的东南风的风速，从而对盐田起到庇护作用。大洲盐场的西北面为开阔的考洲洋，在秋冬季有助于将西北平稳的内陆风引入，从而增大海水的蒸发量（图 2-20）。

（3）碧甲盐场处于稔山镇，地势东高西低，呈现漏斗状向范和港倾斜，三面环山，东、南、北方向山峰高度可达 565 米。海水通过范和港从大亚湾流入盐田，在范和港的入海口也有山脉夹在两岸，能有效阻挡夏季东南方向的台风（图 2-20）。

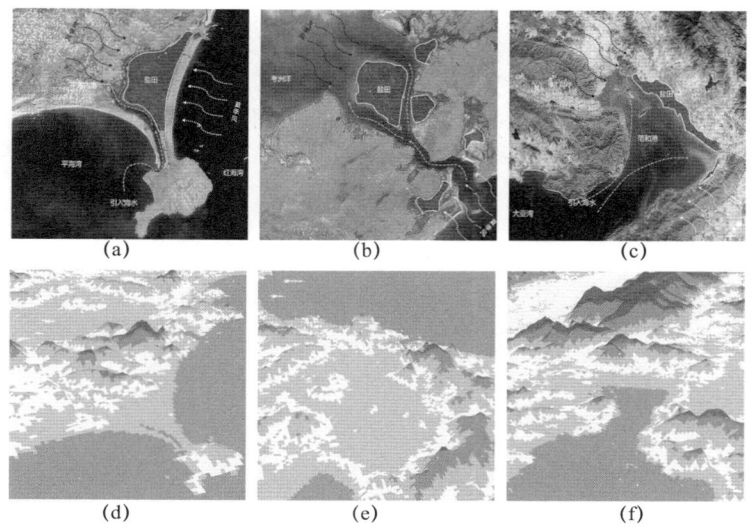

图 2-20 三大盐场风向及地形图
资料来源：根据 1962 年美国地质勘探局
（United States Geological Survey，USGS）卫星云图改绘。

2.4 本章小结

本章首先对稔平半岛盐业聚落所处的自然地理环境、历史人文环境进行了概述。稔平半岛出现最早的淡水盐场建立于北宋年间，至今已有两千多年，清代是稔平半岛盐业发展的鼎盛时期，在此期间大洲盐场和碧甲盐场从淡水盐场分出，形成了稔平半岛三大盐场三足鼎立的局面，这样的格局一直延续了三百多年，给稔平半岛的盐业景观带来了深远影响。

结合稔平半岛自然地理环境和历史人文环境的双重背景，总结出盐场选址需具备四大自然要素，遵循三大选址规律。滩涂是开垦盐田的生产用地，海水是制盐的生产原料，风能和日照是海水蒸发结晶的动力，盐场选址若脱离四大自然要素则无法顺利生产海盐。盐场选址同时需要遵循三大选址规律，选址的不同会直接导致产盐率和盐质的不同。其一，盐场选址更青睐临海靠湾、盐度较高的区域，海水盐度越高，产盐率越高，盐场分布越密集；其二，盐场选址更青睐滩涂低平、浅海广阔的区域，低平广阔的滩涂和浅海不仅能为海水提供更加平稳的纳潮环境,还是围海造田的潜在资源;其三,盐场选址更青睐背山面港、抵风抗浪的区域,港湾和环山是天然的庇护场所,能够有效减弱海上来风,抵抗风暴潮对盐田的侵袭,满足盐业生产的安全需求。

第三章 稔平半岛盐业生产景观

"围之前为盘沿湖，周章远望约二百里……中浮一汕，纵横各二十里，为大汕洲，又曰盐洲。洲人筑盐町五百余塌，汕上编垣于堤家焉，家几及千，皆衣食于盐。"清代黄埠举人薛昶对大洲盐场的盐业生产景观有过颇为详尽的描述，传统盐业的生产模式和农业生产差异较大，因此形成了截然不同的生产景观，平海十景之一的"江天晴雪"就反映了这一独具魅力的盐业生产景观。本章将从中微观层面出发，对盐业生产景观在整个盐业景观体系中的功能作用，以及景观构成进行解读，并通过对防汛景观、纳潮景观、晒池景观、存储景观四个功能单元的逐一分析，归纳总结出稔平半岛盐业生产景观特有的空间形态与特征。

3.1 盐业生产景观构成与肌理分析

海盐生产是盐业景观所承担的最重要的功能，盐民通过对自然滩涂的后天改造营建出适于海盐生产的各类空间。这种生产景观是盐民在人居实践过程中摸索出的一套相对稳定的生产模式，具有生产高效、用地集约的空间特征。这一结构是由盐业生产的运作机制衍生而来的，因此在探究盐业生产景观特征的同时，也需对其构成进行剖析。

3.1.1 盐业生产景观构成

海水为制盐的重要生产资料，整个生产功能重点围绕"引水""晒水""排水"三个问题展开，而海水调节功能的实现依赖于环境与系统本身各个单元间的密切互动，据此形成具有复合单元的盐业生产景观。以稔平半岛的大洲盐场为例，盐业生产景观体系的基本构造根据承担的生产功能的不同分为防汛景观、纳潮景观、晒池景观与存储景观四个功能单元（表 3-1）。

表 3-1　盐业生产景观的功能单元

功能单元	内容实体	各实体名称
防汛景观	挡潮、控制潮水流入盐田的构筑物	防洪堤、闸窦、防风林
纳潮景观	引潮、纳潮的功能空间	引潮沟、纳潮池、排淡沟、闸
晒池景观	晒制海盐的功能空间	晒水池、结晶池、卤水缸、盐水渠、闸
存储景观	储存结晶盐的功能空间	临时坨、集中坨、盐运道路、码头

防汛景观控制海水引入，纳潮景观作为通道排纳及储蓄海水，晒池景观将海水晒制成结晶盐，存储景观负责结晶盐的堆放；它们由防洪堤、引潮沟、纳潮池、闸窦、晒池、盐坨等诸多实体要素组成。[52]四大功能单元在空间上呈现由外至内、相互渗透的结构，在功能上呈现出密切连接、相互配合的特性，任何一个功能单元的缺失都会导致海盐无法顺利生产（图 3-1）。

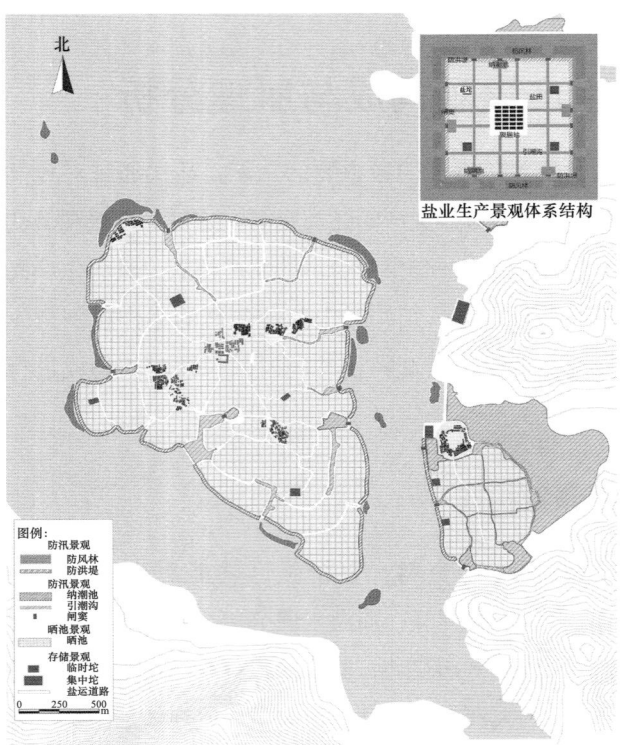

图 3-1　盐业生产景观内容组成

3.1.2 盐业生产景观肌理分析

如图 3-2 所示,在确定稔平半岛三大盐场的生产空间分布后,再对其中典型区域的盐田进行 500 米 ×500 米以及 100 米 ×100 米的样方取样,然后进行不同尺度的肌理分析,即可总结出盐业生产景观的三个肌理特征。

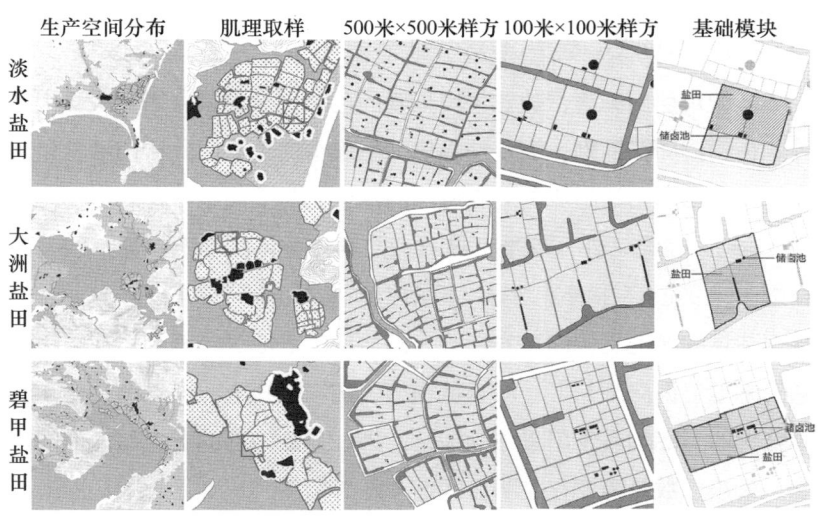

图 3-2　盐业生产景观肌理分析图

3.1.2.1　特征一:大片集中、小片零布。

从宏观层面看,三大盐场内的生产空间大部分集中连片分布,小部分零散分布。淡水盐场的生产空间主要集中在东洲村区域,大洲盐场的生产空间主要集中在盐洲岛,碧甲盐场的生产空间主要集中在长排、范和。除此之外,依然会有小片的生产空间零星散布在附近滨海区域,例如淡水盐场的六乡片区,大洲盐场的三洲、东涌、西涌片区,以及碧甲盐场的盐灶背片区等,这些生产空间也由该区域的盐场管辖,只是生产面积较小,生产景观的肌理特征和功能结构和所属盐场保持一致(图 3-2)。

3.1.2.2　特征二:规则紧凑、均质排列。

从 500 米 ×500 米的肌理样方可以看出,稔平半岛三大盐场内的生产景观呈现较为规整的肌理形态，以矩形的基础模块紧密排列在一起，布局紧凑。每块矩形模块在尺寸和大小上较为均质，它们与引潮沟相互嵌套，由此排布出较为均匀的盐业生产景观肌理（图 3-2）。由于海盐生产工序多且复杂度高，其生产须依赖 2～3.3 公顷的最小生产模块才能进行，因此形态和尺寸相对固定，这样独特的盐田肌理是盐业生产工艺的特殊性所带来的，与传统的农田生产景观肌理较为不同。

3.1.2.3　特征三：色彩丰富、细节多样。

从微观层面来看，盐业生产景观的色彩层次丰富。晒池底面由各种颜色的鹅卵石铺砌，海水结晶后又呈现雪白色，因此盐田通常呈现红、黄、褐、白等组成的五彩斑斓的颜色，与农田相比色彩更为多样（图 3-3）。除此之外，稔平半岛三大盐场在整体肌理上保持一致，但在细节上仍旧存在诸多差异，根据 100 米 ×100 米的肌理样方可知，淡水盐场的晒池更偏向正方形，大洲盐场的晒池更为圆润，而碧甲盐场的晒池更偏向细长形；淡水盐场的引潮沟呈线形，而大洲盐场和碧甲盐场的引潮沟常常串以纳潮池；此外，盐田内部的各类储卤池的形态、大小、数量等都存在明显区别（图 3-2）。

图 3-3　大洲盐场生产景观色彩

图 3-4　淡水盐场生产景观肌理

3.1.3 盐田与农田肌理差异对比

为了更好地理解盐业生产景观的特殊性,在此将盐田肌理同农田肌理进行对比分析。对碧甲盐场片区的盐田和农田进行 1000 米 ×1000 米、500 米 ×500 米以及 100 米 ×100 米的样方格取样,从宏、中、微观三个层面对比分析盐田与农田的差异性特征(图 3-5)。

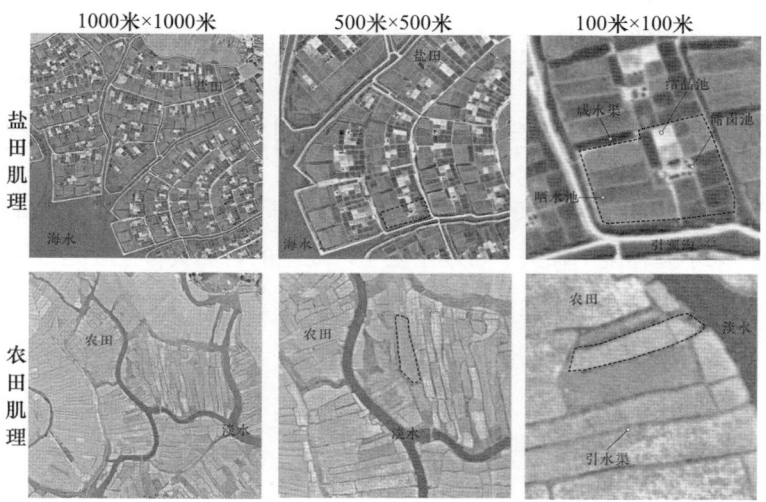

图 3-5　盐田与农田肌理样方对比图
资料来源:根据 1962 年 USGS 卫星云图改绘。

从宏观层面来看,盐田临靠海洋,且多设在距离海岸线 1 千米的范围内;农田临靠淡水河,可呈现出大范围的片状,比盐田更为广阔。两者都倾向于选择平坦开阔的用地,但前者由于受到海水的限制因而对选址的要求更高。

从中观层面来看,盐田形态更规整,大小更为均匀,海水由人工开凿的引潮沟引入,长度较小(普遍小于 1000 米);农田的形态各异,多顺应淡水河的走向紧密排布,淡水由自然形成的河流引入,河道宽而长。

从微观层面来看,盐田内部结构复杂,包含晒水池、结晶池、储卤池等诸多景观要素,需要各部分紧密配合才能完成海盐生产;农田结构简单,功能也更为单一。两者对"水"这一自然要素都有着较高的依赖性,区别在于海水是盐田的生产原料,淡水用于农田作物的灌溉，前者对于水的需求量更大，因此通入盐田内部的咸水渠普遍比通入农田内部的淡水渠更宽，引水量也更大，前者宽约 3 米，后者宽约 1 米。

整体来看，稔平半岛盐业生产方式的独特性导致其形成了与农田肌理截然不同的盐田肌理，呈现出整体统一、细节多样的特点。在接下来的研究中，同样需秉承"从整体视角找共性、从区域视角找差异"的思路，从而更为全面地探究稔平半岛盐业景观特征。

3.2 "堤林结合、防风固沙"的防汛景观

产盐区位于沿海地带，每年灾害性天气的出现都会给盐业生产带来不同程度的损失。影响盐业生产安全的自然灾害主要是台风、暴雨、暴潮，因此在盐业生产过程中，防汛工作显得尤为重要，本部分内容就生产景观中的防汛景观展开探讨。

3.2.1 防汛景观的空间分布

堤坝是海盐生产的安全屏障，也是防汛景观的重要组成部分，它位于整个生产景观的最外围，是保护盐业生产的第一道功能单元。堤坝一方面在涨潮时控制海水引入纳潮池，另一方面在面对雷暴潮时能够阻挡海水的浸灌，起到防汛作用。为了加固堤坝，三大盐场每年春夏季都会在汛期组织盐民进行固堤，从而保障盐业的顺利生产。稔平半岛有海堤、防洪堤、排淡堤共计约 91600 米，主要分布在淡水盐场西侧沿岸、大洲盐场盐洲岛的环岛沿岸以及碧甲盐场的西南沿岸（图 3-6）。

 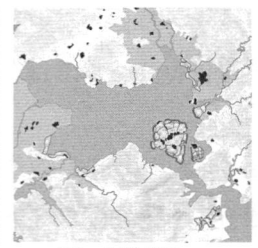 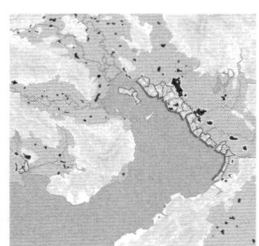

(a) 淡水盐场　　　　(b) 大洲盐场　　　　(c) 碧甲盐场

图 3-6　稔平半岛堤坝分布位置

3.2.2 防汛景观的构成与特征

防汛景观剖面图如图 3-7 所示。

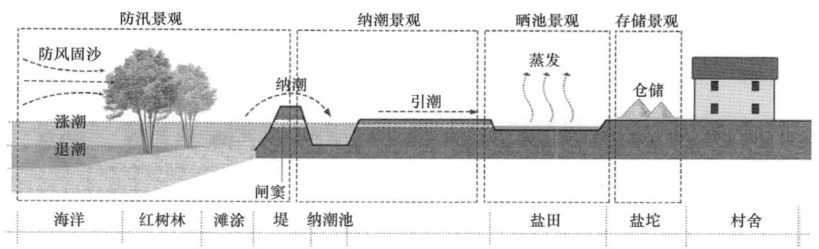

图 3-7　防汛景观剖面图

《广东新语》卷十四《食语·两广盐》对防汛景观有这样的记载："两广盐有盐田。盐之为田也，于沙坦背风之港，夹筑一堤。堤中有窦，使潮水可以出入也。天雨水淡，晴水咸。潮消则放淡水使出，潮长则放咸水使入也。"防汛景观作为盐业生产景观中的第一道功能单元，通过闸窦在退潮时将淡水排出，在涨潮时将高盐度海水引入，实现"控水"的功能。在稔平半岛的三大盐场，堤坝和红树林往往相辅相成，呈现出"堤林结合，防风固沙"的双重保护特点，其组成要素包含海堤、防洪堤、排淡堤、闸窦、斗门以及红树林等耐盐碱植物（图 3-8）。

(a) 盐洲岛红树林保护区　　(b) 红树林　　(c) 海堤　　(c) 闸窦

图 3-8　盐洲岛防汛景观

3.2.2.1　堤坝的景观特征

堤坝根据具体位置和功能又可分为三类：海堤、防洪堤、排淡堤（图 3-9）。海堤是抵御海浪的第一道屏障，它外侧与海洋紧密相连，常有红树林栽植于外侧以抵抗风浪，内侧与引潮沟相接，处于生产体系的最外围；海堤是三类堤坝中体量最大的，一般堤高约 3 米，堤顶宽3～5米，堤底宽5～7米，外围由石块砌成，内层用海泥堆成，其间设有闸窦、斗门用于控水，海堤修葺难度和维护成本较高，抗御台风、海潮能力较强。防洪堤主要分布在引潮沟和纳潮池的两侧，因为涨潮或者暴雨时纳潮景观同样会受到潮水的冲击，因此在两侧设有防洪堤；防洪堤外侧与引潮沟相接，内侧与盐田相连，堤上多栽植各类耐水湿植物，其间设有闸窦、斗门与盐田连通；防洪堤一般堤高2～3米，堤顶宽1.5～3米，堤底宽3～5米，体量略小于海堤。排淡堤位于排淡沟的两侧，是抗风消浪的最后一道屏障，它体量较前两类堤坝更小，表面多覆盖有耐水湿植物，一般高0.5～1米，堤顶宽0.5～1米，堤底宽1.3～2米。

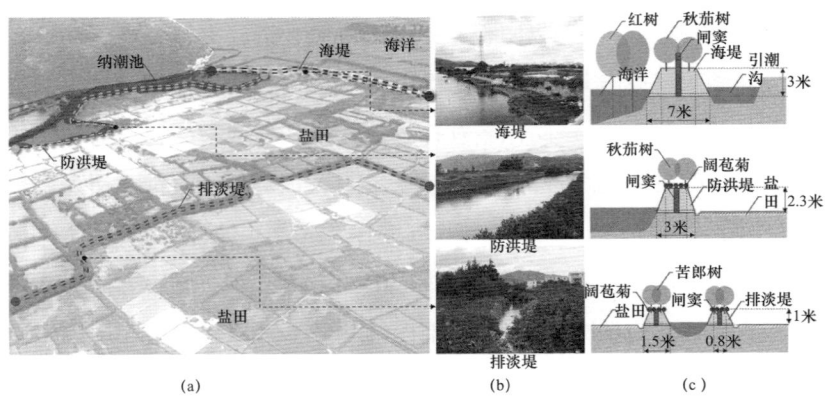

图3-9 堤坝景观结构组成

这三类堤坝承担了防汛抗洪的主要作用，在雷暴雨季节也是最先受到侵害的部分。中华人民共和国成立以来稔平半岛三大盐场曾遭受数十次台风袭击，其中对于盐业生产影响较大的特大台风、暴雨、海潮共计11次，盐田受到海水倾灌的最主要原因是堤坝的损毁与崩塌。以稔平半岛1962年8月31日至9月1日的第十三号强台风为例，该台风所带来的特大暴雨使得盐区海堤大量坍塌，形成260处缺口，长度共计10208米，海堤的断裂直接导致被淹盐田达643.97公顷，占生产面积的90%，导致盐业生产一度被迫中断，后惠东县全县组织盐民、渔民、农民将近四千人，耗费一个月的时间修复并加固坍塌堤坝，才使盐业生产得以恢复。为解决台风、洪水对盐田的威胁，抓好疏淡工程建设,大洲盐场于 1975 年修筑一条环山防洪堤,把来自盘沿山一带的洪水分隔开来,并且兴建排泄淡水大闸,阻止洪水漫入盐田,解决了冬季内涝问题。由此可见,防汛景观与盐业生产关联密切,它作为盐业生产景观的一部分在保障生产安全方面起到至关重要的作用。

3.2.2.2 红树林的景观特征

红树林作为组成防汛景观的另一要素,常常生长在盐田与海洋交界的浅滩或滩涂之上,起到防风固沙的作用。红树林景观中植物种类丰富,草本、藤本、木本皆有,是海洋向盐田过渡的特殊生态系统。稔平半岛三大盐场多栽植红树、秋茄树、苦郎树、阔苞菊这几类常见的红树林植物(表 3-2)。

表 3-2 稔平半岛常见红树林植物

名称	红树	秋茄树	苦郎树	阔苞菊
种属	红树科红树属	红树科秋茄树属	马鞭草科大青属	菊科阔苞菊属
图片				
类别	常绿小乔木或灌木	小乔木或灌木	攀援状灌木	灌木或亚灌木
高度	高度可达 5~10 米	高度可达 1~3 米	直立或平卧高度可达 2 米	直立或平卧高度可达 1~2 米
分布	常生长于陆地与海洋交界的滩涂、浅滩,处于陆地向海洋过渡的特殊生态系统	常生长于浅海和河流出口冲积带的盐滩,从外滩到内滩都有分布	可作为中国南部沿海防沙造林树,常生长于海岸沙滩和潮汐能至的地方	常生于海滨沙地、石缝或潮水能到达之地

这几类红树林植物生长在盐度较高的海滩,对盐土的适应能力强,并且能生长在淡水泛滥的地区。耐盐和耐水湿的双重特性使得红树林植物在盐区迅速成为优势种,它们广泛分布在大洲盐场环考洲

洋、淡水盐场内港一带。其中，红树作为乔木高度可达 5～10 米，通常成群栽植，体量较大，分布于高潮线与低潮线之间的潮间带，随着泥沙堆积导致海岸线外移，红树不断向海岸外缘扩展。以大洲盐场盐洲岛为例，岛屿周围栽植有大量红树，西北侧的白沙村还建有盐洲红树林保护区，面积约为 71369 平方米。红树林作为天然的海岸防护林，根系十分发达，对海浪和潮汐的冲击有很强的抵抗能力，面对西北面辽阔的考洲洋海域，不仅可以护堤困滩、防风固沙，还能为海盐生产提供良好的天然屏障；[53] 秋茄树与红树同属于红树科，拥有与红树相同的植物特性，仅在体量上小于红树，高度通常在 1～3 米，常作为小乔木或灌木栽植于海堤、防洪堤或临近的引潮沟水域；苦郎树作为攀援状灌木，直立高度在 1～2 米，常见于盐田内的防洪堤和排淡堤上；阔苞菊属灌木或亚灌木植物，直立或平卧高度仅在 1 米左右，经常用作覆盖排淡堤的地被植物。

总体来说，稔平半岛盐区中常见的这四类植物，按照体量大小，从乔木到灌木再到亚灌木，依次由外侧海滩栽植进入内部盐田，构成了类似红树林生态系统的植物群落，它们与堤坝紧密配合，共同发挥着防汛抗洪的功能。

3.3 "三级渗透、沟池联动"的纳潮景观

"三级渗透、沟池联动"的纳潮景观是连接防汛景观与晒池景观的中间环节，主要功能是"引水"，通过引潮沟和纳潮池季节性控制淡水和咸水的储蓄，解决海盐生产过程中盐田用水问题。

3.3.1 纳潮景观的构成与特征

纳潮景观主要包含闸窦、纳潮池、引潮沟等景观要素（图 3-11）。引潮沟将海水从海洋引向盐田，作用与农业景观中的各类引水渠相似，其根据功能和尺度可分为干渠、支渠以及毛渠，呈现三级逐渐渗透进入盐田的供水特点。纳潮池与引潮沟相互串联，在涨潮时可以储存海水，在暴雨时还可以充当淡水的排纳池。在组合方式上，纳潮池

通常和引潮沟组合出现，通常一个纳潮池连接一条或多条干渠，体现出"沟池联动"的控水特点。

图 3-10　纳潮景观的构成

3.3.1.1　引潮沟

稔平半岛三大盐场的引潮沟分为三类：干渠、支渠、毛渠。三类引潮沟在尺寸和分布上各有差异，各自承担相应的引潮功能。

（1）干渠。

干渠是将海水纳入盐田的第一级引潮沟，起到连接外部海洋和内部盐田的作用，在平面形态上有着"向心渗透"的特点。如图 3-11 所示，淡水盐场内港的海水通过数条干渠渗透进入淡水盐场；盐洲岛四面环海，干渠从边缘逐渐向中心渗透；碧甲盐场有着相似的规律，干渠从范和港由西至东深入盐田内部。

每个盐区内都有几条干渠，平均在 10 条，宽度 20～90 米，长度在 300～1000 米，干渠数量少，但长度和宽度是三级引潮沟中最大的。其中，淡水盐场和大洲盐场由于盐区成片集中，干渠数量较少，但宽度普遍较大；碧甲盐场的主盐区为线形狭长区域，干渠数量高达20多条，普遍较细窄，且长度较为均匀，普遍在400米左右。

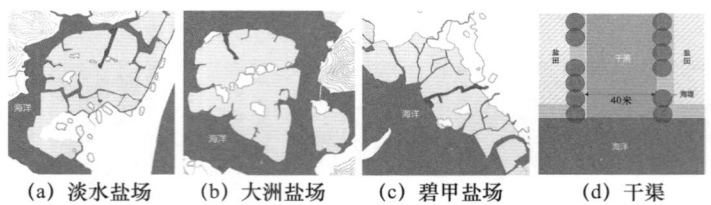

(a) 淡水盐场　　(b) 大洲盐场　　(c) 碧甲盐场　　(d) 干渠

图 3-11　干渠的形态特征

（2）支渠。

干渠将大量的海水引入内部之后，下一级则传递到支渠。支渠和干渠之间设有涵闸控制海水流入，两者之间垂直相连。支渠比干渠要窄，宽度在 5～10 米，长度上比干渠要短，在 150～400 米；支渠数量远超干渠，一条干渠两侧可连接数十条支渠（图 3-12）。

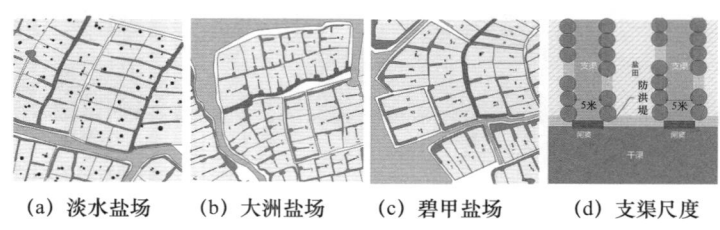

(a) 淡水盐场　　(b) 大洲盐场　　(c) 碧甲盐场　　(d) 支渠尺度

图 3-12　支渠的形态特征

淡水盐场盐区内有一条东西走向的干渠，两侧有数条支渠和干渠相互垂直，支渠呈现南北走向；大洲盐场内的干渠从盐洲岛四周渗透至内部，支渠和这些放射状的干渠相互垂直，最后呈现环状包围式；碧甲盐场内的数条干渠由西至东引入盐田内部，因而与之垂直的支渠多为西北至东南走向，且支渠之间相互平行。

（3）毛渠。

支渠将海水引入毛渠，毛渠是三级引潮沟中的最后一级，直接与盐田中的晒池相连接。三大盐场内的毛渠数量之多难以统计，平均每条支渠连接 5～10 条毛渠，两者相互垂直，宽度多在 0.5～1 米，长度在 40～60 米，尺度是三级引潮沟中最小的。

淡水盐场内的毛渠多平行排布，长度差异大，整体呈细长形；大洲盐场的毛渠排布较为混乱，形态各异，有细长形的毛渠，也有膨胀成圆形的毛渠，更接近于小型纳潮池；碧甲盐场的毛渠排布均匀且相互平行，长度较为统一，多在 60 米左右（图 3-13）。毛渠与支渠、晒池之间都设有闸窦控制海水的纳入，海水从毛渠流出后将离开纳潮景观，进入下一级功能单元晒池景观。

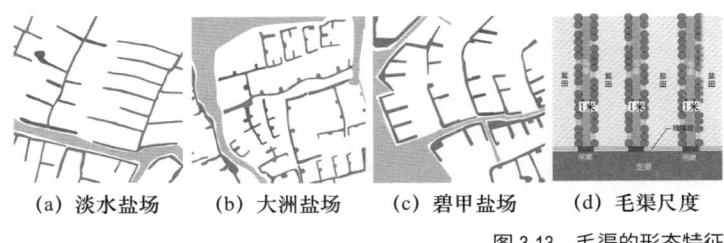

(a) 淡水盐场　　(b) 大洲盐场　　(c) 碧甲盐场　　(d) 毛渠尺度

图 3-13　毛渠的形态特征

总体来说，纳潮景观中的引潮沟如同人体血管一样，逐级有序地将源源不断的海水引入盐田内部，满足了盐业生产的原料供给需求，呈现出三级渗透、层层递进的景观特征。此外，引潮沟作为纳潮景观的重要景观要素，和上一级防汛景观密切连接，与下一级晒池景观紧密联系，发挥了承上启下的关键性作用。

3.3.1.2　纳潮池与纳潮站

淡水盐场纳潮池如图 3-14 所示。引潮沟为了能够在涨潮时排纳更多海水，并使咸淡分离，某些部分扩张成一个开阔的水面，并且专门增设闸窦从而形成了纳潮池。纳潮池虽然数量较少，但容量大，平均直径在 100 米，面积可达 10 亩，在存储海水方面发挥重要作用（图 3-14）。除传统纳潮池以外，中华人民共和国成立后为优化排纳设施还增设数座纳潮站。盐田大多靠山面海，受淡流影响大，自然涨潮流进纳潮池的海水浓度仍旧较低，尤其是雨天时海水浓度常低至 0.1～0.5 度。为纳取高浓度海水，稔平半岛从 1972 年开始在盐区内建设纳潮站。纳潮站利用机械动力直接进行海水抽取，纳进的海水浓度可提升至 2.9 度。1976 年，淡水盐场修建了环角头纳潮站，直接纳入海水，盐度可高达 3 度。三大盐场为解决山洪、内涝对盐业生产的影响，兴修纳潮池、纳潮站、防洪堤，开挖引潮沟，开辟环山排洪渠道，这些都是较为有效的措施，显著增加了盐产收益（图 3-15）。

图 3-14　淡水盐场纳潮池

图 3-15　大洲盐场海水纳潮站
资料来源：《惠州（东江）盐务志》卷首图。

3.3.2　纳潮景观的形态类型

根据稔平半岛三大盐场内纳潮景观要素组合方式的不同，纳潮景观可大致总结为三类：鱼骨形、串珠形、梳形。

3.3.2.1　淡水盐场：鱼骨形

淡水盐场干渠两侧对称连接数条支渠，连接处偶尔设有纳潮池，每条支渠两侧也连接数条毛渠，可多达 8～10 条，再由这些毛渠向盐田供水，整体形态呈现鱼骨形（图 3-16）。这种形态的成因是淡水盐场的产盐区集中成片，形成了几条较为固定的干渠，鱼骨形的组合方式能够在节省干渠和支渠开凿面积的同时，连接数量更多的毛渠，使得海水尽可能触达每块盐田。

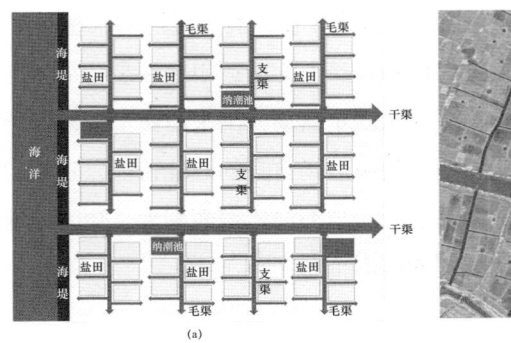
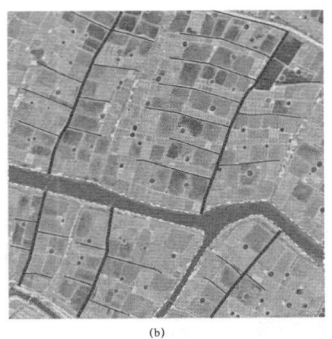

图 3-16　淡水盐场鱼骨形纳潮景观

3.3.2.2　大洲盐场：串珠形

大洲盐场的纳潮景观较为独特，本应该和支渠相连的毛渠缩短并且膨胀成圆形水面，类似缩小版的纳潮池，有的支渠还发散出多条毛渠，毛渠上又串联数个圆形水面，整体形态如同一条条串珠，每一个"珠子"又和盐田尾部的晒池相连。这种形态的成因在于大洲盐场盐民的生产和生活大多在盐洲岛上，生产空间极为有限，而这种将细长毛渠缩短成小型纳潮池的方式，能够使岛内土地资源被更加集约化地使用（图 3-17）。

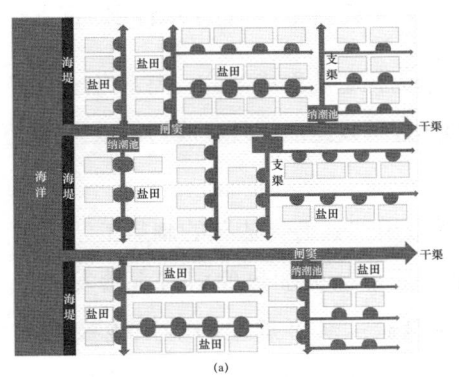
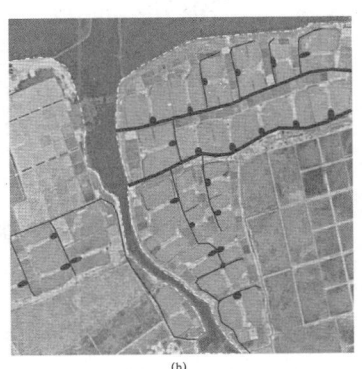

图 3-17　大洲盐场串珠形纳潮景观

3.3.2.3　碧甲盐场：梳形

碧甲盐场在三大盐场中纳潮景观形态最为规整，排布最为均匀，干渠和支渠垂直相连，支渠之间相互平行，并且由海洋向陆地引伸出数条毛渠，渗透进每块盐田。这样的形态整齐且均匀，整体如同梳形。这种结构的成因主要有两点，一方面，碧甲盐场是稔平半岛上形成年代最晚的盐场，在清代时从淡水盐场分出来后做了较为统一且成熟的规划；另一方面，得益于碧甲盐场自身的选址特征，它的盐田多分布在范和港海岸线的滩涂之上，与海洋接触面积大，盐区用地最为富余，用地本身呈现出规则的线形（图3-18）。

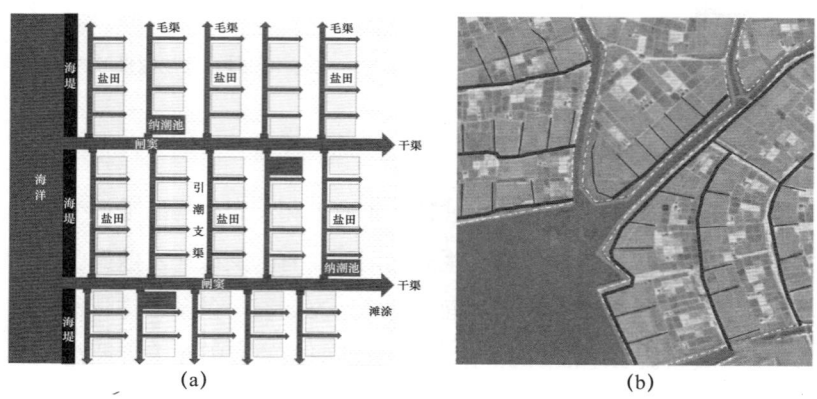

图3-18 梳形纳潮景观

3.4 "池池串联、沙水更替"的晒池景观

　　晒池景观是整个生产体系中最为核心的组成部分，海水经过纳潮景观流入晒池景观，在这一环节通过蒸发结晶而转变成为可以售卖的海盐。

　　元代以前，稔平半岛的盐民采用"煮海为盐"的制盐工艺，用陶器盛纳海水放置于灶台之上，通过柴火加热使得海水蒸发，最后将海盐析出，这种盐常称为熟盐，从事煮盐的盐民也被称为"灶户"，生产在室内的灶寮中进行。现如今稔平半岛沿海仍旧留有一些以"盐灶"为地名的村落以及滩地，例如淡水盐场的古灶村，碧甲盐场的盐灶背村等，这使得曾经的煮盐工艺依稀有迹可循（图3-19）。

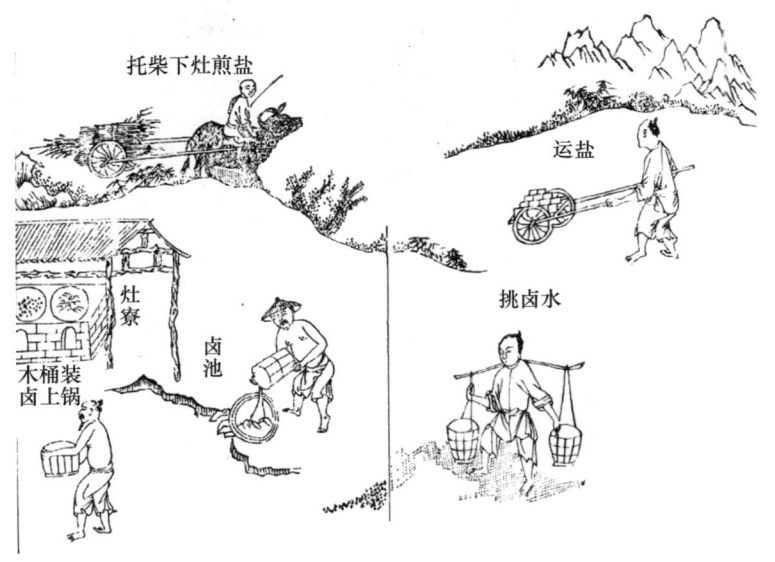

图 3-19 煮盐图
资料来源：根据《(乾隆)两广盐法志》卷首图改绘。

元代以后，煮盐法逐步被晒盐法取代，晒盐法通过兴建户外盐田，借助日照和风能使得海水蒸发结晶形成海盐。到了明清时期，伴随着商品经济的蓬勃发展和朝廷对于盐业生产的放开，盐业得到较大发展，晒盐法更是受到大力推广，这一时期稔平半岛的盐区扩大，盐田面积增加，盐产量也日益增加。直至今日，晒盐法所使用的晒池景观在稔平半岛三大盐场片区内仍旧可见，本部分内容重点以晒池景观为研究对象进行景观特征的探究。

3.4.1　晒池景观的构成和肌理

3.4.1.1　晒池景观的构成

清代《两广盐法志》的绘图集中不仅绘制出了当时稔平半岛晒池景观的大致分布范围，并且对其内部的景观结构和组成要素进行了较为详细的描绘。如表 3-3 所示，三大盐场的晒池景观虽在形态上各异，但是基本结构大体一致，均由四部分组成：晒池、沙幅、储卤缸、结晶池。这一时期的晒盐主要通过"晒沙法"的方式进行，而到了民国时期开始出现"晒水法"，两者最明显的区别在于前者晒池上铺着海水浸湿的咸沙,而后者晒池上则直接用海水浇灌。

表 3-3　清朝晒池景观的分布与内容组成

晒池空间分布		组成要素
淡水盐场		结晶池／储卤缸／晒池
大洲盐场		结晶池／储卤缸／塌床／晒池
碧甲盐场		结晶池／储卤缸／塌床／晒池

资料来源:根据《(乾隆)两广盐法志》图集改绘。

3.4.1.2 晒池景观肌理分析

晒池景观在盐场内占据八成以上的用地，盐民口中俗称的"盐田"以及所看到的大面积盐业景观都是由晒池景观呈现的。盐田一般以"一户一塥"为一个生产单元，图 3-20 中重复出现的矩形模块为一塥，这是古时粤东地区对盐田数量进行统计的特殊量词，一般每小塥为 0.3～0.4 公顷，每大塥为 0.5～0.6 公顷。诸多塥层层叠叠排列在一起，形成了颇具特色的晒池景观。

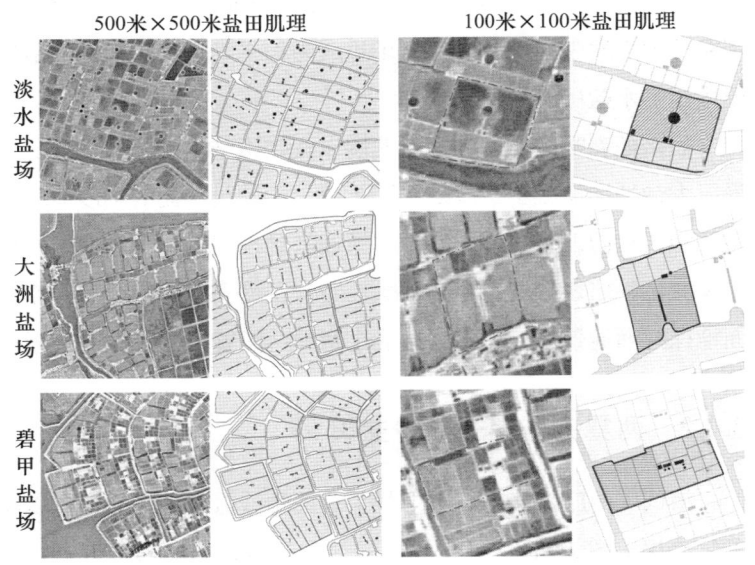

图 3-20　三大盐场盐田肌理对比图
资料来源：根据 1962 年 USGS 卫星云图改绘。

（1）淡水盐场的晒池景观肌理较为规整，多由方正的盐塥紧密排列组成，盐塥坐北朝南排布。其内部分布着清晰可见的圆形储卤缸（又称为泉缸），呈斑点状散落在其中，淡水盐场盐田的储卤缸尺寸较大，形成较为独特的景观肌理（图 3-20）。

（2）大洲盐场的晒池景观肌理更为自由，盐塥并没有固定的排布方向，而是贴合引潮沟的方向随机排布，多为方圆形态，边缘较为圆润，并且盐塥之间面积差异较大。晒池内部的中央设有狭长形的引卤沟，四周配有少量小型储卤池。淡水盐场和大洲盐场在中华人民共和国成立初期（1962 年）所留存的盐田卫星影像和清代《两广盐法志》

图集中所描绘的盐埕的形态基本上保持一致，呈现出较为真实的晒沙盐田的景观肌理（图3-20）。

（3）碧甲盐场的晒池景观肌理规整且均匀，由诸多细长的矩形盐埕拼接在一起，盐埕多坐西向东排布，形态与清代碧甲盐场的盐埕形态存在较大差异。该片区的盐埕形态发生变化主要是由于在1952—1959年七年的时间里，惠阳县为发展盐业生产、提高劳动效率，率先对碧甲盐场旧盐田实施了"沙改水"工程（将晒沙盐田改为晒水盐田），经过约两年的时间，碧甲盐场有544埕沙埕改为水埕，盐田景观肌理随之发生变化，碧甲盐场也成为稔平半岛三大盐场中最早大规模采用晒水盐田的盐场。

后来随着晒盐技术的不断发展以及盐田结构的深入优化，稔平半岛三大盐场均实施了"沙改水"工程。无论是早期的晒沙盐田还是现存的晒水盐田，其日晒法的基本原理都是相同的，仅在盐埕结构上发生了变化，这是盐业生产景观顺应时代发展而改变的印记，想要更全面地探究晒池景观特征，必须从这两类盐田着手进行对比分析。

3.4.2　两翼夹一渠式晒沙盐田

清代《两广盐法志》中记载了有关晒沙盐田的平面形态以及晒盐工艺流程（图3-21）。稔平半岛的盐田和该结构较为接近，结合中华人民共和国成立初期的USGS卫星云图能够进一步推测出三大盐场更为详尽的晒池景观平面图。

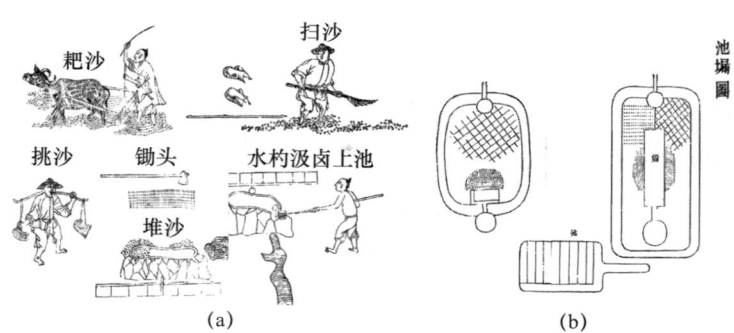

图3-21　清代两广晒沙盐田结构图
资料来源：《（光绪）两广盐法志》。

3.4.2.1 淡水盐场晒沙盐田

淡水盐场晒沙盐田平面图如图 3-22 所示。

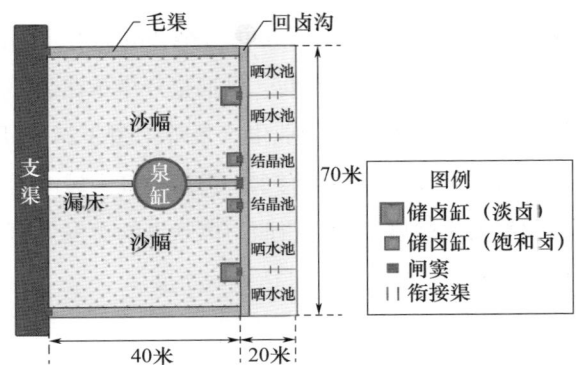

图 3-22 淡水盐场晒沙盐田平面图

《两广盐法志》中对于淡水盐场的晒沙盐田这样描述："淡水场，该场晒池内有沙田、沟浍、卤缸、土坒、晒民居址。每遇晴汛各晒丁在田将沙耙松，用沟水泼咸晒干。复晒两三次，置储塥中，用杓及沟水淋塥，流入卤缸，又在卤缸吸卤，流在池格，摊晒成盐。"如图 3-23 所示，淡水场晒沙盐田整体呈现矩形，长宽在 60～70 米，长宽比例接近 1∶1。在靠近引潮沟的地方设置两块沙幅，面积大致相等且对称布局，沙幅中间设置一长方形塥床，将两块沙幅从中分开。塥床中挖掘一槽沟，沟内用木棍、芒箕草、竹片覆盖。沙幅上铺满沙子后，用海水淋湿并且蒸发得到咸沙，将咸沙铺在塥床之上，用海水过滤出来的卤水从槽沟流至泉缸内保存。

图 3-23 泉缸航拍图

泉缸的作用和储卤缸一致，它用砖块砌筑而成，可储存大量卤水，但其容量要远超普通的储卤缸。普通储卤缸直径多在2米左右，深约2.5米，可容纳7～8立方米的卤水，但泉缸直径可达10米，深度多在2.5～3米，最多可容纳240立方米的卤水或海水，在尺度上更接近于一个小型水塘。泉缸整齐排布在盐田之中，形成了与另外两大盐场较为不同的盐业生产景观（图3-24）。历史上盐民挖掘大体量的泉缸主要用以储存海水，再用泉缸内较淡的海水反复浇淋沙幅从而提高海水盐度，加之日照与风吹下的蒸发作用，泉缸内海水的盐度可达2.5～4度，个别可达6～7度。

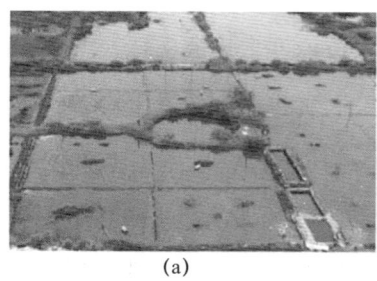 

(a)   (b)

图3-24 　泉缸实物图

泉缸中的高盐度海水通过槽沟通向晒水池，此时的海水盐度在7～8度。每个盐塭有三四块晒水池，分为头、二、三池，晒水池的海水经过层层的日晒蒸发，达到18～20度时，便可流入结晶池。结晶池的块数不一，大盐塭6～7块，小盐塭3～4块，每块结晶池面积约100～200平方米，撒入盐种后可在结晶池内析出结晶盐。冬季长晴，卤源充足时晒水池也可以兼作结晶池使用。

在结晶池和晒水池的间隙空地，设有2～3个八角形的储卤缸，分别储存晒水池中的头水、二水、三水。结晶池附近则设有小型储卤缸，又称卤仔，体量较小，用以收集结晶池内的饱和卤水。储卤缸在下暴雨时用以收取卤水，可防止被雨水冲淡，避免返工。淡水盐场储卤缸多为条石砌成，常为六角形或八角形。缸底装有竹管，使缸与缸相通，便于收卤和上卤，和泉缸在尺寸、材质、功能上都有所差异。

整体来看，晒水盐田中沙幅、晒水池、结晶池三者占据了晒池景观较大的空间。在面积上，每块沙幅面积为1000～1500平方米，两块总面积 2000～3000 平方米。沙幅与晒水池、结晶池的面积比例为 7∶3，晒水池和结晶池的面积比例也为 7∶3（图3-25）。由此可见，随着海水中水分不断蒸发，盐度越来越高，从沙幅到晒水池再到结晶池的面积越来越小，最终凝结成结晶盐。

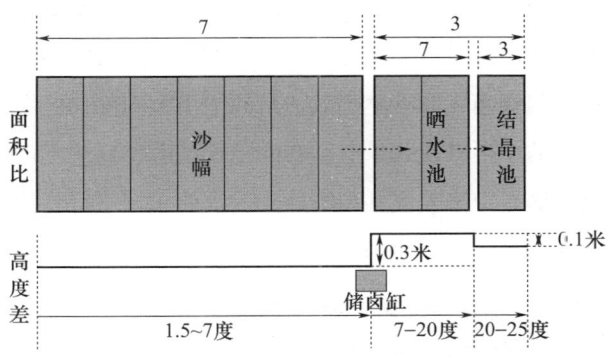

图 3-25　沙幅、晒水池及结晶池结构图

在高度上，晒水池比结晶池略高 0.1 米，这样设置有助于将饱和卤借助高差引流到结晶池；沙幅则通常要比晒水池面低约 0.3 米，可以避免沙幅中较淡的海水倒灌进入晒水池和结晶池，从而冲淡池内的高浓度卤水；沙幅和晒水池利用储卤缸连接，可以有效控制储卤缸内的海水盐度，也可以避免沙幅中的淡水直接流入池内。

3.4.2.2　大洲盐场晒沙盐田

雍正二年（1724 年），大洲盐场开始以晒沙法大规模生产海盐，这些盐田形态不规则，结构分散，呈现梅花点状，大洲盐场共计有盐田 1287 塥，平均每塥 0.3～0.4 公顷。大洲盐场晒沙盐田同样由沙幅、晒水池、晒沙池、储卤缸等景观要素组成，大致结构与淡水盐场一致。

《两广盐法志》中对于大洲盐场的晒沙盐田这样描述："大洲场兼大洲栅。该场塥口具系泥土椿成，池约二丈，高约尺许，中用竹簟间隔，底铺以草，两旁沙田如翼，四周开沟引潮，便于灌溉。池底用石子和泥打平，旁筑小堂栏卤，每逢天汛晴明耙松田沙，上藉太阳晒暴，下得咸潮润滋，至未刻沙始开结，众丁各往该田收沙担置塥中，沙完塌平，汲取沟潮灌塌，沥出卤水入棚，仍将沥过卤沙，挑贮塌旁，俾塌中空虚，以便次日耙收担置沥卤，其在缸卤水，即于次日卯时浇入池内，任日暴晒，迨已午卤热生起盐花，及至卤干凝结成盐"。

在上述描述中说到大洲盐场沙幅"如翼"（图 3-26），大洲盐场的沙幅与淡水盐场的沙幅不同，大洲盐场沙幅更显圆润，形态接近于半圆的扇形。这种扇形沙幅配以四周环绕式的咸水渠，极大增加了与海水接触面，能够更高效地将海水引入内部。但由于大洲盐场长期私有制的小生产模式，这种布局结构疏散，对于土地的集约利用略显不足，这是中华人民共和国成立后政府统一进行"沙改水"工程的重要原因之一。大洲盐场晒沙盐田平面图如图 3-27 所示。

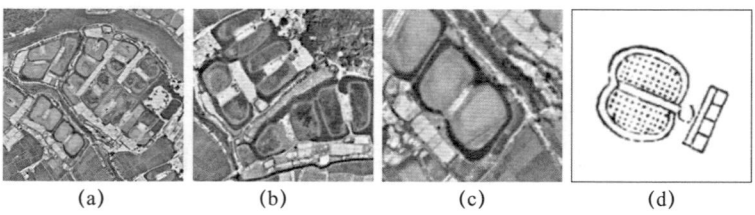

(a)   (b)   (c)   (d)

图 3-26   大洲盐场"翼形"沙幅
资料来源：1962 年 USGS 卫星云图、《（光绪）两广盐法志》。

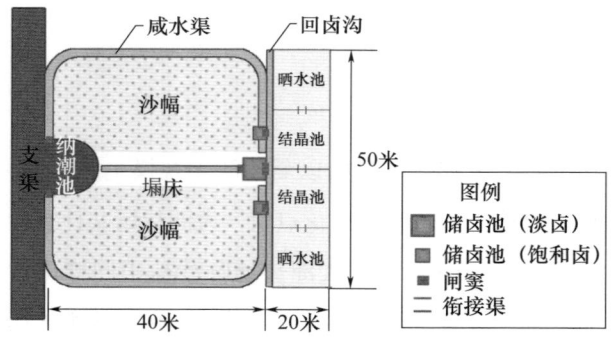

图 3-27   大洲盐场晒沙盐田平面图

晒沙盐田中漏床靠近引潮沟的一端称为塌头，靠近结晶池的一端称为塌尾，塌尾与储卤缸相连。塌床中有一槽沟以木棍、芒箕草、竹片覆盖其上，收沙淋海水后过滤出来的卤水置于储卤缸保存，再浇洒至晒水池进行进一步的蒸发结晶。大洲盐场的结晶池和晒水池一般采用乌泥、黄泥、海泥混合做成，根据各种泥土土质按一定的比例拌和，经过砸压，再在其上面铺上黑色鹅卵石或瓦缸瓷片、碎石等平为池面（图 3-28），结晶池中的鹅卵石需要经常用石捻碾压紧致，这样能防止由于长期使用而导致鹅卵石松动。后续结晶步骤以及晒池景观结构同淡水盐场一致。

图 3-28　结晶池与晒水池池面材质

3.4.2.3　晒沙盐田的盐作工序与盐务器具

与晒沙盐田相适应的海盐生产工序，从元代诞生到中华人民共和国成立初期一直未发生太大变化，整体来说，可以将晒沙工艺总结成 15 个生产步骤：

（1）纳潮。从大涵闸纳进海水，通常在平潮时开闸进水，退潮时排水，刮风下雨时将涵闸关闭。海水一般为 2～3 度，将海水纳进塥头和沙幅四边水沟。

（2）耙沙。用重耙头将沙幅上凝固结实的沙层耙松，平面交叉反复耕耙两遍。然后用轻耙头把耙松的沙面做"井"或"×"形的耕耙，具体根据当日风向、日光而定。将沙耙得细而松散，以扩大蒸发面。

（3）收沙。用推沙板将沙幅上晒咸的沙粒堆成垄，然后用畚箕逐担挑上塥床。

（4）踩塥。以沙耙将挑上塥床的咸沙拖平，再用脚踩实。

（5）戽塥。将引至塥头水沟的海水（一般 2～3 度），用长柄水戽一杓一杓戽上塥床，海水要完全铺盖沙面，使其过滤。出头趟卤水后还得再戽一次。该步骤劳动负荷较大，两次戽水耗费两个多小时，大塥戽水量达 800 ～ 1000 戽。

（6）验卤。用盐民自制的验卤器，在沙塥出卤水时测咸度，根据浓淡程度分别进入晒水池和储卤缸。

（7）出卤水。由沙塥出卤水到储卤缸或结晶池，头水引进结晶池有 18 ～ 22 度，二水或三水进入晒水池，二水 12 ～ 16 度，三水 7 ～ 8 度。6 度以下放入塥尾储卤缸。

（8）挑塥。收沙的次日早上，将塥床已经过滤的沙挑起，堆在塥床两旁。

（9）砸池。用石踩在结晶池或晒水池上面来回砸压，增加池底硬度。

（10）上卤水。按照卤水浓淡，分别将卤水戽上已砸压晒干的结晶池或晒水池。

（11）撒盐种。在结晶池卤水飘花时用水戽盛盐均匀地撒在池面上。小盐塥平均一次撒盐种 50 千克，大盐塥约 100 千克。

（12）淋卤。结晶过程中如卤水不足，应及时渗卤，将卤水泼在露头部分或低洼处。

（13）松盐。当池底盐多时，用木耙子将池底的盐推松，将池面盐花打散。

（14）耙收。结晶池上的结晶盐达到一定厚度时，就可进行耙收，用盐耙将盐刮起，挑到塥堆。盛夏天每天耙收 1 次，平均 2 ～ 3 天一次，冬季长晴天推广期结晶有 7 ～ 8 天，甚至 10 余天才耙收一次。

（15）担垾。每次过滤后堆在塥床边的沙叫垾。连续收沙 12 ～ 14 次后，沙幅底变薄，就将沙垾挑回沙幅均匀铺平，戽上海水，用耙头拖平，沥干后再翻沙，进行再生产。

在晒制海盐过程中，除了必要的盐业生产景观，还需配合使用大量的制盐器具。从晒沙盐田的相关内容来看，可将制盐器具按照"理沙""引水""成盐"三大功能进行分类。其中"理沙"器具主要用在沙幅的位置，用来处理沙幅上的咸沙；"引水"器具主要用在塥床、槽沟、储卤缸、晒水池等位置，用来转移与存放卤水；"成盐"工具应用在晒水池与结晶池，用于结晶盐的收集和转移（表3-4、图3-29）。

表3-4 盐作器具分类

工序	盐作器具	使用范围
"理沙"	沙压、沙挨、沙挑、沙车、耙头	沙幅、塌床等
"引水"	卤缸、池槌、水抖、池帚、水杓、水库	塌床、槽沟、回卤沟、晒水池、储卤缸等
"成盐"	插箕、铁铲、盐车、石捆、耙子	晒水池、结晶池等

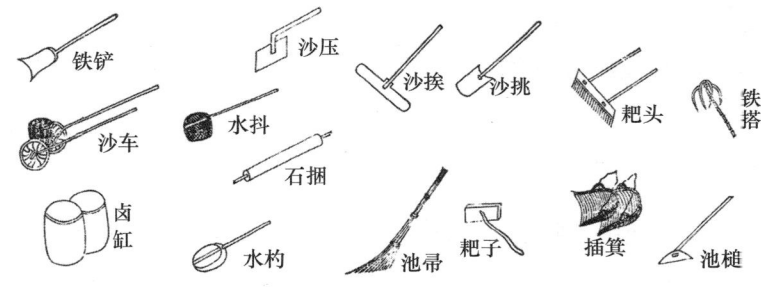

图 3-29 晒沙法器具图
资料来源：《（光绪）两广盐法志》图集。

总体来看，晒沙盐田景观结构精巧，晒盐工序流程复杂，配以繁多的制盐器具，最终得以生产出海盐。晒沙盐田曾长时间被稔平半岛各大盐场广泛使用，具有较高的文化景观价值。但晒沙盐田工序烦琐、劳动负荷大、生产效率低下，且人力成本较高，因而在中华人民共和国成立后逐渐被晒水盐田取代而退出历史舞台。

3.4.3 阶梯式晒水盐田

碧甲盐场在乾隆二十二年（1757年）时从淡水盐场分出，该片区早期同样采用上文所描述的晒沙盐田。民国时期，碧甲盐场晒沙盐田占大部分，晒水盐田开始占据小部分。中华人民共和国成立之后，国家着力对旧盐田进行改造和扩建，碧甲盐场率先参与这次改造，将晒沙盐田大规模改为晒水盐田。本部分内容将以碧甲盐场晒水盐田为例，对该类型盐田的晒池景观特征进行分析。

碧甲盐场的晒水盐田呈狭长的矩形，宽 35～40 米，长 100 米左右，长宽比在 2∶1，整体形态十分规整。晒水盐田和晒沙盐田最大的区别在于制卤过程，晒水盐田摒弃掉晒沙盐田的沙幅结构，将其改造成 3～5 个晒水池，即直接利用晒水池，通过分级蒸发将较淡的海水制成饱和卤水，制成的卤水再在结晶池中形成结晶盐（图 3-30）。

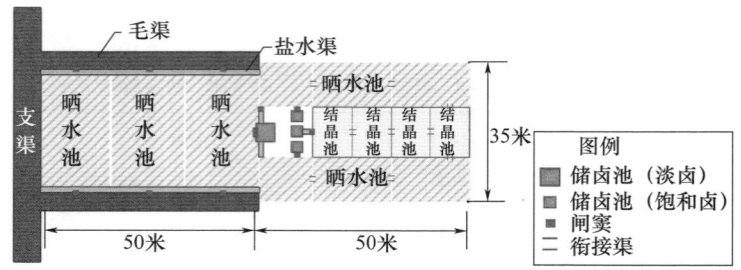

图 3-30　碧甲场晒水盐田平面图

晒水盐田的制盐工艺相对简单，主要依赖 4 种功能池完成海盐生产，下文逐一对这 4 类盐池的景观特征和功能进行解读。晒水盐田工序图如图 3-31 所示。海水储备池、晒水池、结晶池、储卤池如图 3-32 所示。

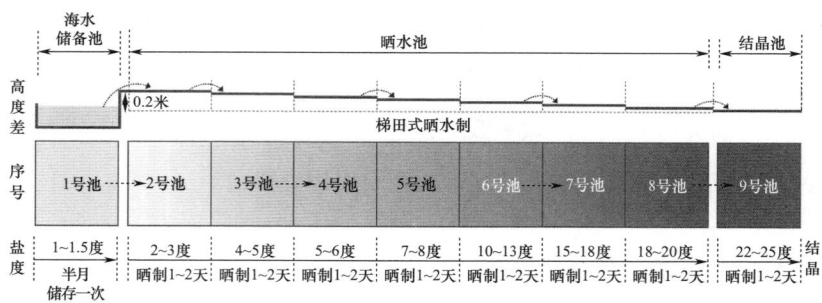

图 3-31　晒水盐田工序图

图 3-32　海水储备池、晒水池、结晶池、储卤池

（1）海水储备池：为确保晒盐质量，通常在农历初一、十五涨大潮时，将海水引入海水储备池内进行静置，使得泥沙沉降，古时多用人力水车引水，后用泵头取水。同时，池内有耐盐碱海草、红树林植物等的枝叶混合，可对海水起到净化作用。

（2）晒水池（2～8号池）：采取梯田式晒水制，每一级晒水池比后一级晒水池高0.1～0.3米，利用高差轮番进行晒水（图3-33）。海水每晒制2天后，用测卤器对池内海水进行盐度检测。当海水盐度达到一定标准时，依次引到下一个晒水池，继续晒制，以此循环。通过2～8号晒水池的7次晒水，不断蒸发海水提高盐度，并沉淀杂质。晒水池的数量和面积在盐田内的占比是最大的。

图3-33　阶梯式晒水池

（3）结晶池（9号池）：结晶池是最后结晶盐析出的位置，其面积远小于晒水池，旁边设有饱和卤的储卤缸。将盐度达到20度的海水注入产盐池，并撒播盐种，加快结晶速度。在晒制1～2天后，卤水结晶达到一定厚度时，即可用盐耙把盐刮起。通过层层的晒水之后，杂质沉淀在前7个晒水池中，最后在结晶池内析出较为洁净的盐。

（4）储卤缸：储备盐度高的海水，以做备用，碧甲盐场的储卤缸多用角石砌成，体量大而深。当遇到雨水天气时，可将盐度为10度以上的海水引入储卤缸，确保其盐度保持稳定，避免被雨水冲淡；低盐度海水没有收集的必要，因而储卤缸通常设置在6号池后浓度较高的晒水池和结晶池两侧。当天气转晴时，通过回卤沟将淡水排到外部，再将储卤缸内的卤水引回到原来的池中继续晒制。

晒水盐田不仅制盐工序更为简单，而且所使用的器具也比晒沙盐田更少，摒弃了之前"理沙"需要的所有器具，在晒水过程中主要使用石捻、耙子、盐箕、水厍等制盐器具。直至今日，这些器具依然在稔平半岛被盐民们所使用（图3-34）。

图 3-34　盐耙、盐箕、石捻

3.4.4　晒沙盐田与晒水盐田对比

晒水盐田与晒沙盐田相比主要有两方面优势，其一，晒水盐田形态规整方正，土地利用率较高；其二，晒水盐田劳动负荷相对较小，晒沙盐田每埫（为0.3～0.5公顷）需要八个盐民共同作业，晒水盐田每0.3公顷仅需一个盐民，劳动力之比约为8∶1，以往晒沙盐田生产时需要大量副工，盐民家属每天都要从事扒沙、担沙等工作，晒水盐田较大程度地节约了人力成本（表3-5）。

表 3-5　晒水盐田与晒沙盐田对比

	晒沙盐田	晒水盐田
形成时间	元代	民国时期
广泛使用	清代	中华人民共和国成立后（1952年后）
兴建顺序	淡水盐场—大洲盐场—碧甲盐场	碧甲盐场—大洲盐场—淡水盐场
盐田面积	0.3～0.6公顷	0.4～0.5公亩
整体形态	形态不规则、结构分散	形态规整、紧凑方正
主要结构	沙幅、晒水池、结晶池	晒水池、结晶池
工艺流程	烦琐	简洁
人力成本	高	低
盐质	较高	较低

晒水盐田同样也具有其缺陷，主要问题在于中华人民共和国成立初期"沙改水"时，大多都因陋就简，将沙幅直接改为晒水池，虽节省人力，但盐田结构仍旧分散，利用率不足；另外，晒水盐田的盐质不如晒沙盐田纯净，晒沙盐田的沙幅和埔床都是很好的天然过滤设备，与晒水池简单的沉降相比，能更好地过滤掉海水中的杂质，因此所产海盐雪白，《盐法通志》中对当时晒沙盐田的盐质进行了记载："各场存储之盐俱系洁白，惟东莞一场向产盐斤。略带黄色，实系水上所出，非人力可以变更。"晒水盐田规模与晒水工艺在后来被不断优化和改进，这两大问题后续都得到了较大程度的改善，大洲盐场和淡水盐场陆续完成了"沙改水"的工作。

无论是晒水盐田还是晒沙盐田，晒池景观都是生产体系中最关键的部分。它一方面满足了海水制盐的结构需求、功能需求，另一方面也反映出稔平半岛盐业生产适应历史发展而不断改进的灵活性。因此，盐业景观不仅是海盐生产适应本土地理条件与时代条件的集中体现，也是生产技艺与环境长期互动的结果。

3.5 "临海傍路、三级管控"的存储景观

"临海傍路、三级管控"的存储景观是海盐从产地运往销区之前的最后环节，发挥着储盐的功能。广东盐场关于海盐的存储最早始于唐代中期，到清乾隆年间广东各地盐场所建盐仓10座，各厂区所生产的海盐则直接户外堆放，这些集中堆放海盐的空地被称为"坨地"或"盐坨"。民国后期，惠阳、海陆丰等地均有大型盐坨80余座。中华人民共和国成立后，国家大力鼓励盐业生产，为适应海盐储存的需求，保证市场供应，提出"平衡调运、加强储备、以丰补欠"的措施，为加强海盐存储能力，该时期在传统的存储设施基础上，又修缮了稔平半岛的各个盐坨。本部分内容着重对存储景观的构成和特征进行分析。

3.5.1 存储景观的构成与特征

存储景观最主要的功能是存储已结晶的海盐,由于海盐的生产地就在户外,存储地便紧靠生产地,也设置在户外。盐坨是存储景观的主要载体,按照尺寸和分布差异可分为三级:临池而建的临时坨、傍路而建的二级集中坨、滨海而建的一级集中坨。

3.5.1.1 临池而建的临时坨

在三级盐坨中,最小等级的为临时坨,它是海盐从盐田生产出来的第一道存储地,也是盐民收取自家海盐所设立的临时堆地。临时坨分布密集,每个盐塥配置一块临时坨,它一般位于结晶池和晒水池交接的空地上,这样不仅便于就近收盐,而且这些空地多在盐田中心位置,能够减少海盐被偷窃(图 3-35)。临时坨呈现方形或圆形,底面积在 20～50 平方米,高度略高于结晶池和晒水池,通常用木棍或者石块打底,堆高底面;也可以用木棍作为支柱架空底面,后用稻草、竹席或棉絮叠加,砖块、石头加以固定,形成一个较为平整的高台面,这样能有效防止海水浸湿盐坨。海盐堆好之后,表层会用茅草或篷布遮盖,以防雨淋(图 3-36、图 3-37)。

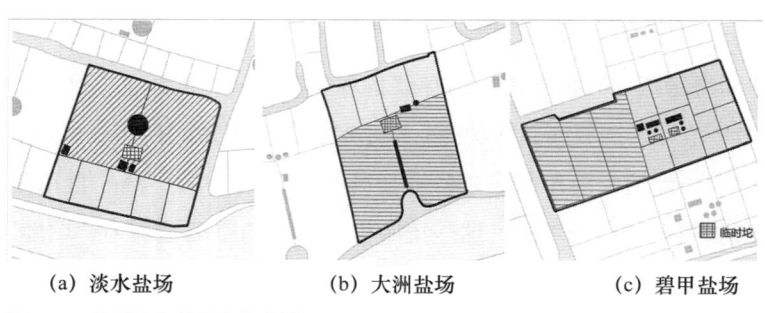

  (a) 淡水盐场   (b) 大洲盐场   (c) 碧甲盐场

图 3-35 临时坨在盐田中的位置

   (a)   (b)   (c)

图 3-36 临时坨

(a)   (b)   (c)

图 3-37　临时坨结构组成

3.5.1.2　傍路而建的二级集中坨

二级集中坨负责汇总周边临时坨的海盐，数量较临时坨少，但面积比临时坨大，在 3000～4000 平方米，可集中存储更多的海盐。二级集中坨的位置基本固定，紧邻盐场内的盐运道路，对外交通便捷（图 3-38）。相比于临时坨的闭塞和分散，二级集中坨能够高效地将盐运至一级集中坨，因此在整个存储过程中，二级集中坨发挥了"承上启下"的作用。

(a)   (b)   (c)

图 3-38　二级集中坨

中华人民共和国成立后为了进一步节约人力、物力、中转环节，加强集中存储，便于管理，很多盐场逐步将二级集中坨这种中小型盐坨取消或者合并。以碧甲盐场为例，1961 年其逐步淘汰尺寸较小的二级集中坨，由曾经的 8 座减少至后来的 5 座；1979 年再次减少到 3 座。

3.5.1.3　滨海而建的一级集中坨

一级集中坨负责汇集盐场内所有的海盐，同时也是海盐从产地运往销区前的最后一个环节，每个盐场仅设置 1～2 座一级集中坨。稔平半岛三大盐场共计 4 座一级集中坨，分别是淡水盐场的平海石角坨、港口坨，大洲盐场的大洲集中坨，碧甲盐场的稔山龙船山坨。古时的海盐属于大宗商品，吨位较大，从产地运出时往往借助海运交通，因此这些一级集中坨都紧邻海洋，和码头相结合，使海盐能够较为便捷地通过船只运出（图 3-39）。

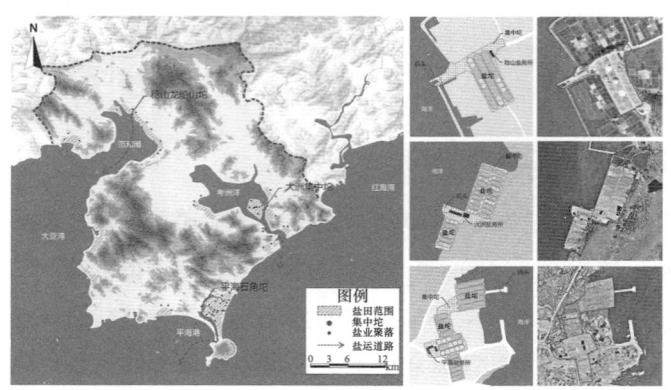

图 3-39　稔平半岛一级集中坨分布

　　一级集中坨的占地面积最大，平海石角坨 17737 平方米、港口坨 11220 平方米、大洲集中坨 17375 平方米、稔山龙船山坨 7776 平方米。除了配有大面积盐坨和盐运码头外，通常政府还配有盐务所对一级集中坨的海盐进行管控。一级集中坨占地较大，通常不设在盐场内部，淡水盐场的平海石角坨设在盐场对岸的平海所城上埠头附近，大洲集中坨设在盐洲岛对岸的霞坑山山脚，这样一方面可以留出更多的空间供给海盐生产，另一方面晒盐的人和管控海盐的人分别是盐民与盐官两拨儿人，因此出现一级集中坨和盐田分离的情况。

　　中华人民共和国成立初期，所建立的一级集中坨仍是泥土地面，和临时坨、二级集中坨一样简单地铺设棉絮或者杂草防水，但这种泥土地面的盐坨，在晴天风沙大，在雨天满地泥泞，对盐质的污染较大，直接影响后期的海盐销售。从 1965 年开始，惠东盐务局对一级集中坨进行整体改造，规范化铺设石板，面积共计 57985 平方米，改造了稔平半岛三大盐场中一级集中坨的大部分空间，也取得了明显的经济效益（图 3-40）。

图 3-40 一级集中坨图片
资料来源:《惠州(东江)盐务志》卷首图。

3.5.2 存储景观的空间特征

存储景观各级景观要素之间呈现"点网密布、三级管控"的空间特点。如图 3-41 所示,以大洲盐场为例来分析存储景观的空间特征。大洲盐场内约有 320 个临时坨,临时坨在盐田内分布密集且均匀,通过盐田之间的田埂与二级集中坨相连;二级集中坨有 9 个,位置基本固定,对于周边临时坨的管控半径约为 500 米,即每个临时坨最远 500 米就可抵达附近的二级集中坨,平均每 0.8～1 平方千米范围设置一个二级集中坨,与临时坨的数量比约为 1∶40(表 3-6)。从临时坨到二级集中坨主要依赖盐民步行拖运或者盐车拖运,运输时长在 10 分钟以内。二级集中坨由数条盐道串联通向临海码头,通过短暂的海运可将盐汇至最后的一级集中坨。

大洲盐场的一级集中坨仅有一座,位于岛外的霞坑山山脚,临靠考洲洋而建,其面积仅次于淡水盐场的平海石角坨,是稔平半岛上第二大一级集中坨;在管控半径上,一级集中坨离周边各小盐场距离适中,对二级集中坨的管控距离在 2000 米左右。

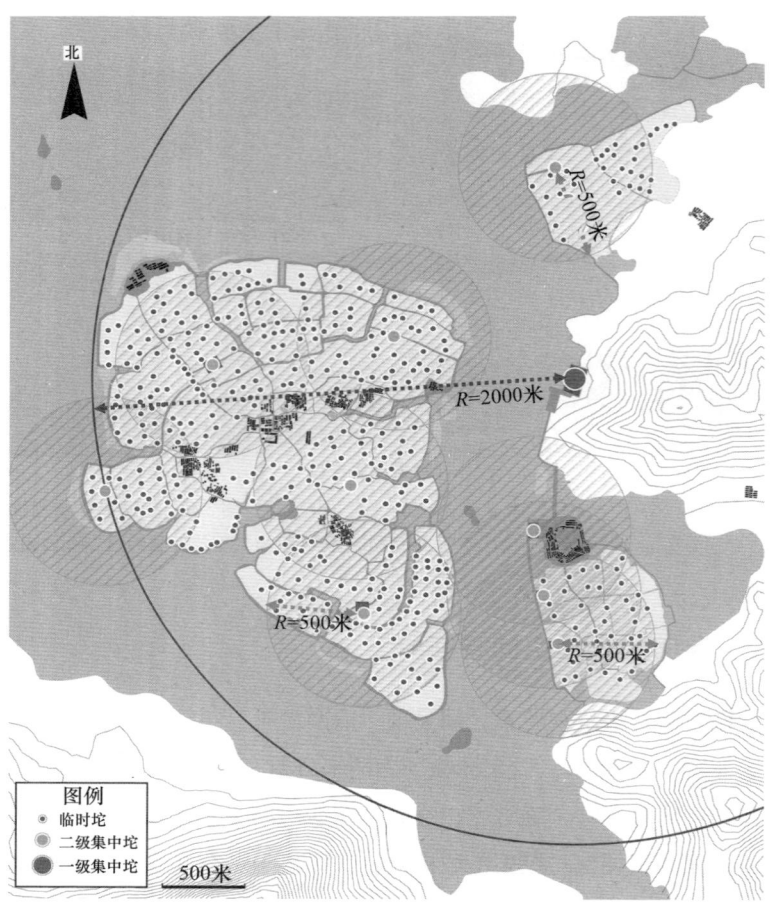

图 3-41 大洲盐场三级盐坨管控图

表 3-6 三级盐坨管控范围

名称	面积（平方米）	数量（个）	管控范围（米）
临时坨	20～60	320	—
二级集中坨	3000～4000	9	500
一级集中坨	17375	1	2000

　　完备的三级存储体系有三大功能，一是有利于海盐的储存保管，减少风雨造成的损失；二是便于运输放销；三是减少驳运中转环节。盐业存储景观体现了盐业生产的集约性及海盐运输的便捷性。

3.6 本章小结

本章对稔平半岛盐业景观体系中的盐业生产景观进行了分析。主要从生产景观的景观肌理、功能单元、景观特征等方面进行了剖析。盐业生产景观包含了防汛景观、纳潮景观、晒池景观、存储景观四大功能单元，它们四者相互作用共同推进了海盐的顺利生产，呈现"大片集中、小片零布""规则紧凑、均质排列""色彩丰富、细节多样"的景观肌理（图3-42）。

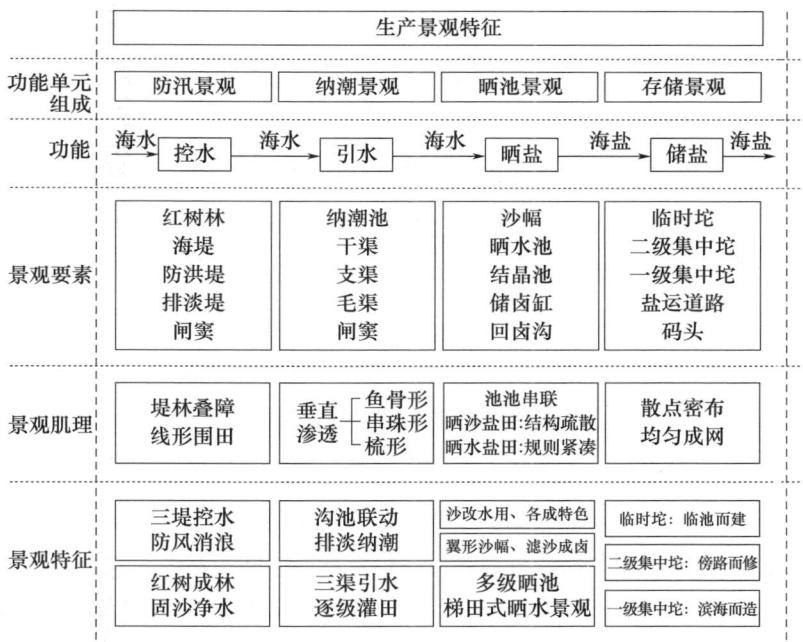

图 3-42 生产景观特征总结

"堤林结合、防风固沙"的防汛景观是保护盐业生产的第一道屏障，同时兼具"控水"的功能，在退潮时通过控制闸窦将盐田内的淡水排出，在涨潮时将高盐度海水引入。防汛景观包括海堤、防洪堤、排淡堤、闸窦、斗门、红树林类耐盐碱植物等景观要素。堤坝由外至内、由高到低依次分为海堤、防洪堤、排淡堤三级，起到三重防浪的作用，它们还与不同品类的红树林植物搭配存在，形成了颇具特色的盐业景观生态系统,在控制海水安全引入、抵抗风暴潮等方面发挥着重要作用。

"三级渗透、沟池联动"的纳潮景观是连接防汛景观与晒池景观的中间环节,主要功能是"引水"。它通过引潮沟和纳潮池能够季节性控制淡水和咸水的储蓄,有效解决了海盐生产过程中的用水问题。引潮沟根据功能和尺度差异可分为干渠、支渠、毛渠。三者垂直连接,逐级渗透供水;引潮沟与纳潮池相互串联,通常一沟串一池或者多沟串一池,呈现出"沟池联动"的控水特点。稔平半岛三大盐场的纳潮景观在空间结构上各有差异,其中淡水盐场的纳潮景观呈现鱼骨形、大洲盐场呈现串珠形、碧甲盐场呈现梳形。

"池池串连、沙水并用"的晒池景观是海水转换成结晶盐的发生位置,它的主要功能是"晒水"。晒池景观包含晒池、沙幅、结晶池、储卤缸、回卤沟等景观要素。根据不同历史时期制盐工艺的区别,盐田可分为晒沙盐田和晒水盐田。晒沙盐田由沙幅制卤,结构疏散,形态各异,沙幅多呈现翼形,同时配以塥床、槽沟来共同制卤,该法制盐工艺复杂,劳动力需求大,且土地利用率低;晒水盐田由晒水池制卤,结构紧凑,形态规整,将沙幅改为多级晒水池制卤,并且采用阶梯式晒水池,利用高差逐级蒸发结晶,该法制盐工艺简单,极大地解放了劳动力,并且土地利用率大大提高。晒池景观作为盐业生产景观中最重要的一部分,满足了海水制盐的基本结构需求、功能需求,也反映出稔平半岛的盐业景观顺应历史发展而不断改革的灵活性。

"临海傍路、三级管控"的存储景观是海盐从产地运往销区前的最后一个环节,主要发挥"储盐"的功能,包含临时坨、二级集中坨、一级集中坨、码头、盐运道路等。临时坨数量多,面积小,分布均匀,每块盐田的结晶池旁都会设有一座临时坨;二级集中坨傍路而建,负责汇总附近的临时坨的海盐,并依赖盐坨旁的盐运道路将海盐运往一级集中坨,起到"承上启下"的过渡作用。一级集中坨面积最大,位置固定,每个场区仅设1~2个,一级集中坨紧邻海洋,与海运码头配套存在,能够便捷地将海盐运往销区。存储景观中的三级管控体系连接合理,分布明确,不仅有利于海盐的储存保管,减少风雨造成的损失，还能减少驳运中转环节。

综上所述，盐业生产景观是盐业景观中最具特色的一部分，它不仅是海盐生产适应本土地理条件与历史时代条件的集中体现，也是生产技艺与外部环境长期互动的表达。防汛景观和纳潮景观满足了引潮的安全需求，晒池景观和存储景观则满足了晒盐的工艺需求，四者共同构建了具有稔平半岛沿海特色的盐业生产景观。

第四章　稔平半岛盐业居住景观

　　清代黄埔诗人谢亨衢的《盐洲竹枝词》道："无禾无麦未为贫，十八盐寮住海滨。但得天公晴一日，朝时是水暮为银"。"十八盐寮"是明清时期盐洲岛上十八个盐业聚落的统称，这些聚落的居民以晒盐为生，建村初期搭盐寮而居，这是传统时期对稔平半岛盐业聚落景观最早的描写。

　　本章所研究的盐业居住景观是指盐业聚落中盐民赖以生存的生活空间，盐民除生产外大部分时间都在此度过，它包含聚落内的街巷、广场、庙宇、宗祠、民居等要素。本章通过对三大盐场内的盐业聚落进行落点，从宏观层面对盐业聚落进行空间格局分析，从中微观层面对盐业居住景观的单元构成进行探究，将其划分成公共空间景观、居住空间景观两个组成部分，并且逐一对其景观肌理以及景观特征进行分析，探究盐业聚落的居住景观特性以及和农业聚落的居住景观特性的差异，归纳总结稔平半岛三大盐场内盐业聚落居住景观特有的空间形态与景观特质。

4.1　盐业聚落时空格局分析

　　盐业聚落是指自宋代以来有过盐业生产经历或者目前仍旧从事盐业生产的聚落，这些聚落内的村民对盐作活动仍旧保留着清晰的记忆，在研究盐业聚落的居住景观体系之前，需要对历史上三大盐场范围内所存留的盐业聚落进行基本信息的梳理和统计。具体内容见附录，根据历史卫星影像地图利用 ArcGIS 对盐业聚落进行落点，并对盐场内的聚落斑块、周边产业斑块等进行描图统计。根据落点统计可知，截至 2023 年 3 月稔平半岛盐业聚落共计 55 个，其中淡水盐场有盐业聚落 19 个，大洲盐场有盐业聚落 21 个，碧甲盐场有盐业聚落 15 个。这 55 个盐业聚落是目前仍旧保留，且能在卫星云图上探寻到的盐业聚落。稔平半岛最早从宋代开始制盐，在这数百年的制盐历史中，一些盐业聚落已经消亡，目前已无法考证，因此本书仅对目前留存的盐业聚落进行整体性分析（图 4-1～图 4-3）。

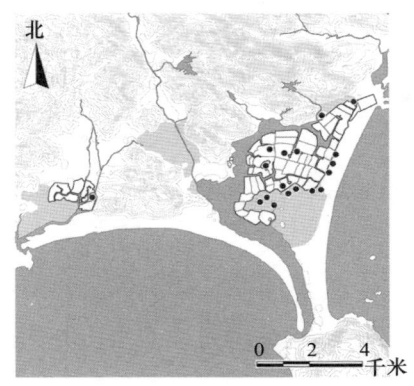

图 4-1　淡水盐场盐业聚落空间落点

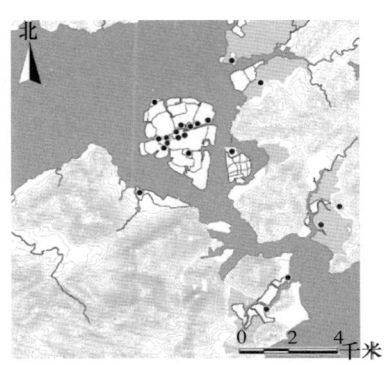

图 4-2　大洲盐场盐业聚落空间落点

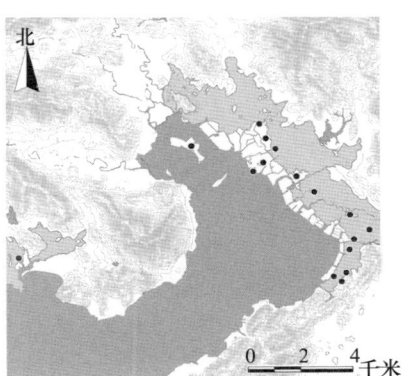

图 4-3　碧甲盐场盐业聚落空间落点

除此之外，对现存的 55 个盐业聚落进行实地调研，对聚落内的老盐民进行访谈，对村落的村名、制盐历史、产业等信息进行收集；对《平海镇志》《黄埠镇志》《稔山镇志》三大志书进行资料汇编，将这 55 个盐业聚落的基本信息汇总，并且罗列成表，如文末附录所示，作为研究盐业聚落空间格局以及盐业居住景观体系的基础资料。

4.1.1　盐业聚落时空发展特征

盐业聚落的形成和发展是一个漫长、动态的过程，在不同的时期有着不同的衍生方向和生长速度，呈现着或集聚或分散的分布状态。稔平半岛现存的 55 个传统盐业聚落按建村年代可分为宋、元、明、清四个阶段，通过核密度测算分析，可以发现在不同的历史时期呈现不同的时空分布特点（图 4-4）。

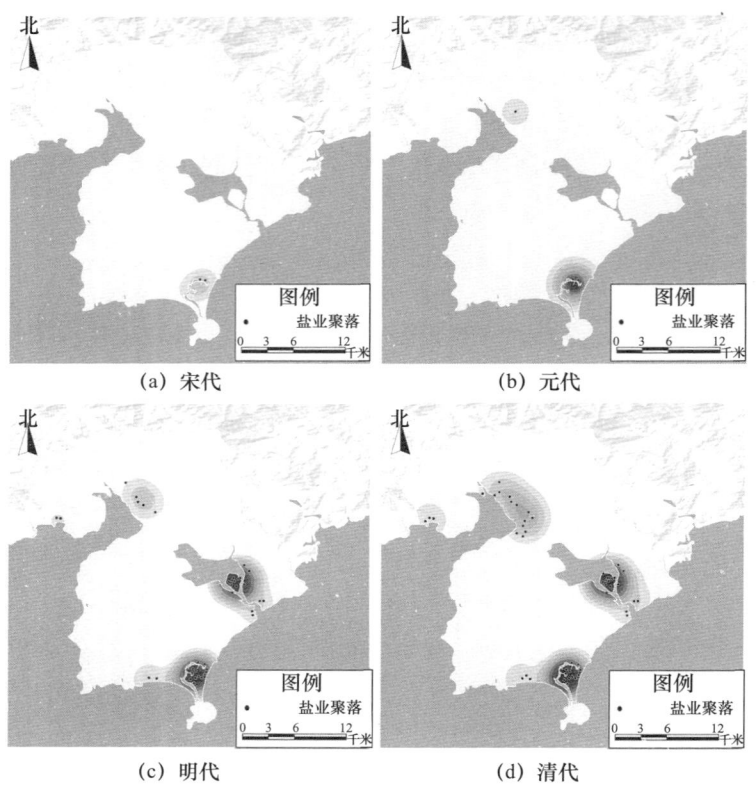

图 4-4 稔平半岛盐业聚落时空扩张图

4.1.1.1 宋代：煮盐聚落在淡水盐场初步萌芽

宋代稔平半岛淡水盐场已有盐业聚落。北宋前期广南东路有盐场、栅计十八处。惠州则有归善县淡水场与海丰县石桥场、古龙场，《宋史》有载："石桥场六万石。淡水场二万五十石。古隆场七千一百石。"这是关于淡水盐场晒盐最早的记载。当时以煮盐为主，盐民多被称为盐户、灶户、亭户。《夷坚志》中关于淡水盐场的盐业聚落有记载："元善与尝监惠州淡水监场，场在海滨。左近居民数百户，皆渔人也。"可见当时盐业聚落并不仅靠盐业为生，还伴有渔业。根据调研走访，可以探寻到淡水盐场现存的古灶村和港尾村的定村年代均可追溯到宋代。

4.1.1.2　元代：煮盐聚落在淡水盐场逐渐转换为晒盐聚落

元代，淡水盐场内的盐业聚落数量持续增加。在这一时期，淡水盐场初步开始改煮盐为晒盐，增加了例如上新村等晒盐聚落；此时碧甲盐场范围内已经开始形成聚落，例如范和村内的高、王、郭姓氏就相传于元初落籍范和，村内最大的陈氏家族于元末迁入范和罗冈围，但当时这些聚落以农、渔为主，还不从事盐业生产。

4.1.1.3　明代：晒盐聚落在淡水盐场和大洲盐场的迅猛形成

明代，由于商品经济的发展和资本主义的萌芽冲击着传统且古老的封建盐业，盐业发展迅猛，盐商势力逐步扩大，淡水盐场和大洲盐场范围内的聚落数量呈现出惊人的扩张趋势。在这一时期，煮盐逐渐退出历史舞台，被晒盐取代。由于晒盐需要在户外开垦盐田，面积广阔，因而在盐田周围诞生了很多由小盐寮发展起来的盐业聚落，这些盐业聚落集中在淡水盐场和大洲盐场。明朝中末期，盐洲岛先民纷纷进驻岛上高地，刚开始以捕鱼为业，后逐步围海造盐田，开始从事盐业生产，盐业聚落数量得到快速发展，此时明朝政府也在盐洲境内修筑东西两座炮台，派兵驻防。

4.1.1.4　清代：晒盐聚落在三大盐场的同步扩张

清代，碧甲盐场内的盐业聚落数量激增，淡水盐场和大洲盐场内的盐业聚落持续壮大。清朝是稔平半岛盐业发展最为鼎盛的时期，伴随淡水盐场产盐规模的不断扩张，1724年，淡水盐场分出委员对大洲盐场进行专门管理，稔平半岛第二大盐场由此诞生，大洲盐场内的盐业聚落数量也较明代有所增加。1740年，淡水盐场分出委员对碧甲盐场进行专门管理，这一时期碧甲盐场的盐业聚落数量激增，清朝政府对盐场有了更为系统化和规模化的管理，诞生了蟹洲村、海洲村、后洲村等诸多纯盐业聚落。

4.1.1.5 盐业聚落生成规律

总体来看，稔平半岛三大盐场内的盐业聚落的诞生分为了宋、元、明、清四个历史时期。值得注意的是，这55个盐业聚落在诞生之初并不一定就从事盐业生产，更多的是伴随历史发展，聚落产业发生相应的变更和转换，由此可以将盐业聚落划分成4种生成方式，见表4-1。

表 4-1　稔平半岛盐业聚落生成模式

类别	生成模式	转变路径	聚落规模	淡水盐场	大洲盐场	碧甲盐场
第一类	"生"	无→盐业聚落	小	√	√	√
第二类	"增"	渔业聚落→盐渔聚落	小	×	√	×
第三类	"增"	农业聚落→盐农聚落	大	×	×	√
第四类	"转"	煮盐聚落→晒盐聚落	小	√	×	√

（1）第一类：从无到有的盐业聚落。

第一类生成模式最为普遍，是随着晒盐工艺的成熟，逐步由小型盐寮扩张而来的纯盐业聚落，聚落规模普遍较小，广泛分布于三大盐场中。这些聚落本身的形成年代较晚，主要集中在明末清初，例如淡水盐场的罗段村、大洲盐场的李甲村、碧甲盐场的革新村等。

（2）第二类：在渔业基础上扩增而来的盐渔聚落。

第二类是在原先的渔业聚落的基础上发展而来的盐业聚落，以大洲盐场内的盐业聚落最为典型，盐洲岛先民在明代逐步上岸，最早以捕鱼为业，后开垦盐田进行盐业生产，这类聚落规模同样较小，聚落最早的形成年代大约在明代，在明末清初时逐步演变为盐渔兼作的盐业聚落，例如大洲盐场的前寮村、施甲村、好安村等。

（3）第三类：在农业基础上扩增而来的盐农聚落。

第三类是在原先的农业聚落的基础上发展起来的盐业聚落，以碧甲盐场内的盐业聚落较为典型，这些农业聚落普遍规模较大，诞生年代久远，后随着明清时期整个稔平半岛盐业生产的发展，这些靠海的农业聚落开始向外扩张修葺盐田,逐步转变为盐农兼作的盐业聚落,例如碧甲盐场的范和村、长排村等。

(4)第四类:由煮盐转型而来的晒盐聚落。

第四类是由原先的煮盐聚落转变而来的盐业聚落,这类聚落的诞生年代普遍较早,主要在宋元时期,聚落建成之初还采用室内煮盐等方式来生产海盐,但随着明代晒盐法的技术普及,户外盐田晒盐逐步取代曾经的煮盐工艺,这类聚落在明末清初时期通过围海造田,转变为晒盐聚落,例如淡水盐场的古灶村,碧甲盐场的盐灶背村等。

4.1.2 盐业聚落与产业的互动关系

如图 4-5 所示,通过 ArcGIS 对三大盐场范围内盐业居住地斑块、盐田斑块、农田斑块进行面积统计,淡水盐场与大洲盐场的盐业聚落主要分布于盐田内部或边缘,而碧甲盐场的盐业聚落则分布在盐田外部,聚落和盐田之间多被农田分隔。

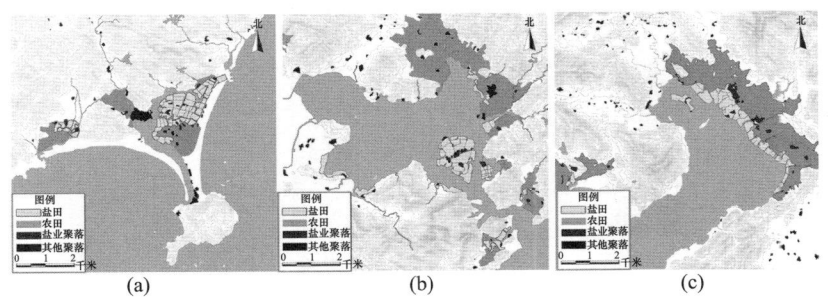

图 4-5 盐业聚落斑块及周边产业斑块分布图

碧甲盐场的居住地斑块面积最大,面积总数远超另外两大盐场,其次是大洲盐场,淡水盐场居住地斑块面积最小;而盐田斑块面积与居住地斑块面积呈现相反的趋势,即居住地斑块面积最大的碧甲场盐田斑块面积最小,而居住地斑块面积最小的淡水盐场盐田斑块面积最大(图 4-6、图 4-7)。除此之外,碧甲盐场的农田斑块面积也远超另外两大盐场。以上表征和三大盐场内盐业聚落的产业属性、诞生先后顺序有着密切关联。

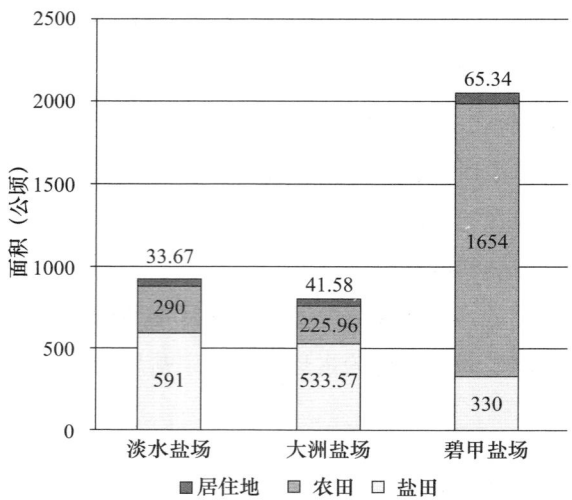

图 4-6 三大盐场各类斑块面积

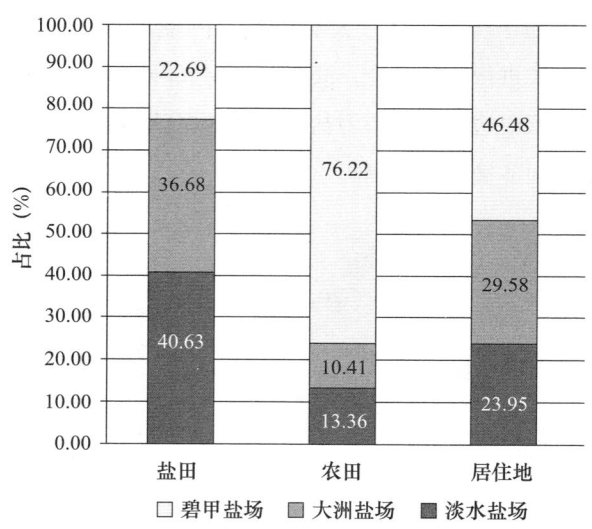

图 4-7 三大盐场各类斑块面积占比

根据聚落产业差异可将这 55 个盐业聚落分为四类，即纯盐业聚落、盐渔兼业聚落、盐农兼业聚落、盐农渔兼业聚落。通过 ArcGIS 将这些产业聚落进行落点，如图 4-8～图 4-10 所示。可发现淡水盐场以纯盐业聚落、盐农兼业聚落为主，大洲盐场以纯盐业聚落、盐渔兼业聚落为主，碧甲盐场以盐农兼业聚落、盐农渔兼业聚落为主。

如图 4-11、图 4-12 所示，盐业聚落中包含农业成分的数量和周边农田面积呈现正相关的关系，即聚落中从事农业生产活动的居民占比越高，周边农田面积越大，其中以碧甲盐场的农田面积最为广阔，盐农兼型聚落的数量最多，几乎所有的盐业聚落都含有农业成分，这和碧甲盐场所在的稔山镇的农耕历史是密不可分的。

图4-8　淡水场盐业聚落产业类型落点图

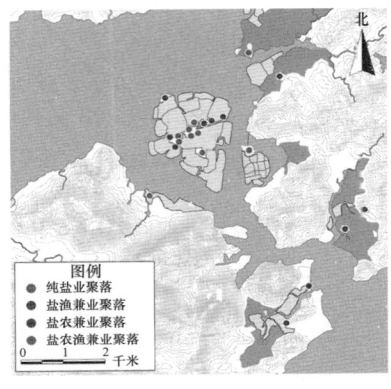

图4-9　大洲场盐业聚落产业类型落点图

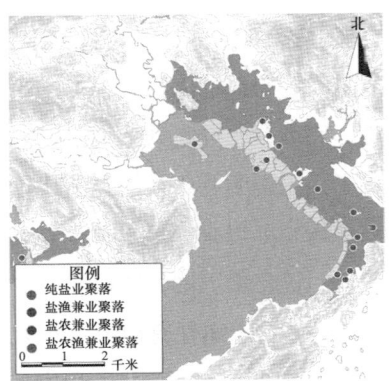

图4-10　碧甲场盐业聚落产业类型落点图

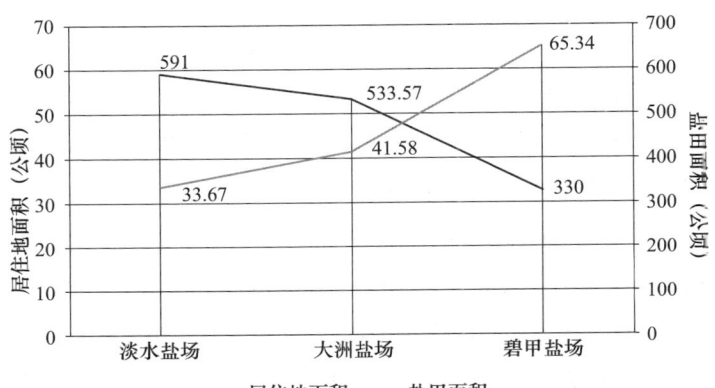

图4-11　三大盐场居住地面积与盐田面积对比

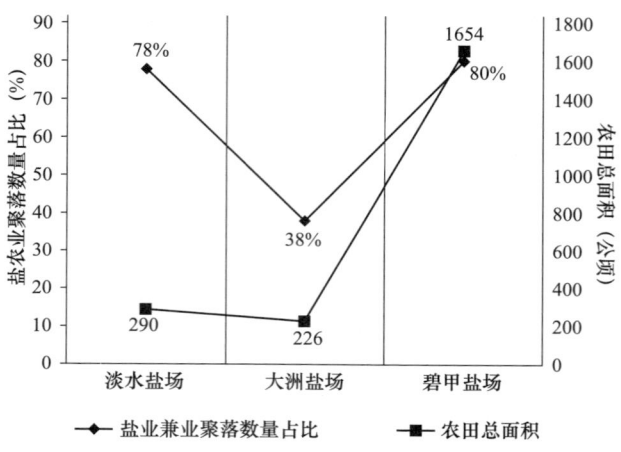

图 4-12 三大盐场盐农兼业聚落数量与农田总面积对比图

洪武年间驻平海城的杨勋将军将此地作为囤积征集到的稔平半岛粮食的粮仓，清代康熙年间归善知县邱嘉穗巡察惠东沿海地区时所作《题稔山公馆》一诗中有言："昔提海上半屯军，今幸时平疍户纷。"大意是说，曾经稔山片区沿海一带多用于驻军屯田，例如大埔屯和陈田屯，而现在已经是众多海上疍户和渔民聚集生息、忙于晒盐打渔的地方了，这说明碧甲盐场在清代以前就早已具备了优越的农业环境。碧甲盐场长期以来都是稔平半岛重要的粮食生产基地，而盐业则是在清代以后逐步增入的，所以碧甲盐场大多数的盐业聚落都有着盐农兼作的属性。这一属性有别于另外两大以盐业为主要产业的盐场，"先农后盐、盐农并重"的特质对碧甲盐场的聚落特征产生了较为深远的影响。

4.1.3 盐业聚落与盐田的空间关系

通过 ArcGIS 对盐业聚落做缓冲区分析，将聚落斑块的 0～250 米、250～500 米、500～750 米、750～1000 米、1000 米以上设置成 5 个梯度的缓冲区，并对缓冲区内的盐田面积进行数据统计（图 4-13～图 4-15）。如图 4-16 所示，淡水盐场与大洲盐场 90% 的盐田都集中在距离盐业聚落 0～250 米、250～500 米的缓冲区内，在 500～750 米的缓冲区内盐田面积出现骤减趋势，几乎没有盐田距离盐业聚落 1000 米以上。整体来看，淡水盐场与大洲盐场盐场内的聚落几乎直接被盐田包围，盐作条件极为便利。缓冲区内盐田面积占比如图 4-17 所示。

第四章 崖平半岛盐业居住景观

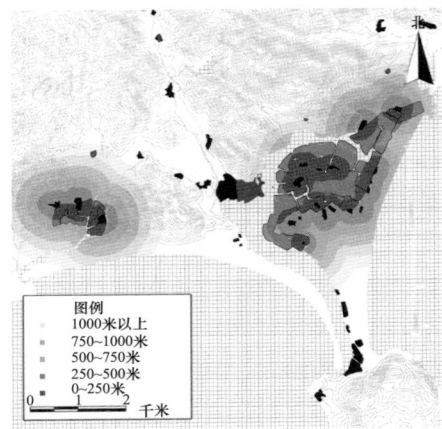

图 4-13 淡水盐场盐业聚落与盐田距离分析图

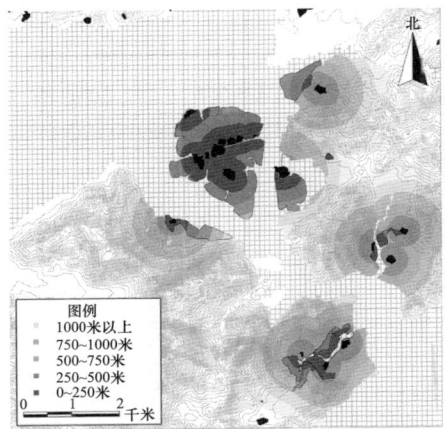

图 4-14 大洲盐场盐业聚落与盐田距离分析图

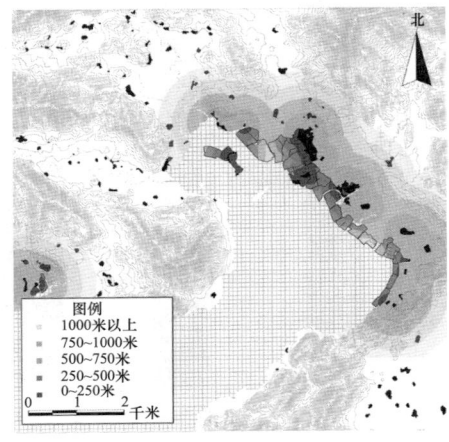

图 4-15 碧甲盐场盐业聚落与盐田距离分析图

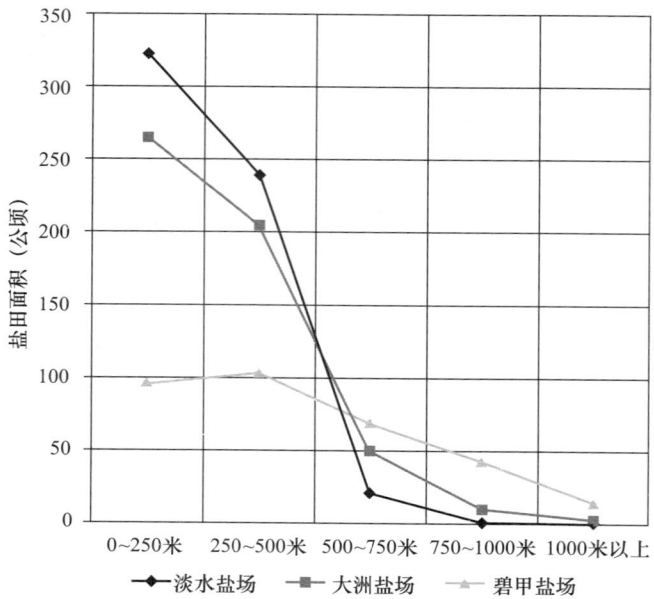

图 4-16　盐业聚落与盐田距离缓冲区的面积对比图

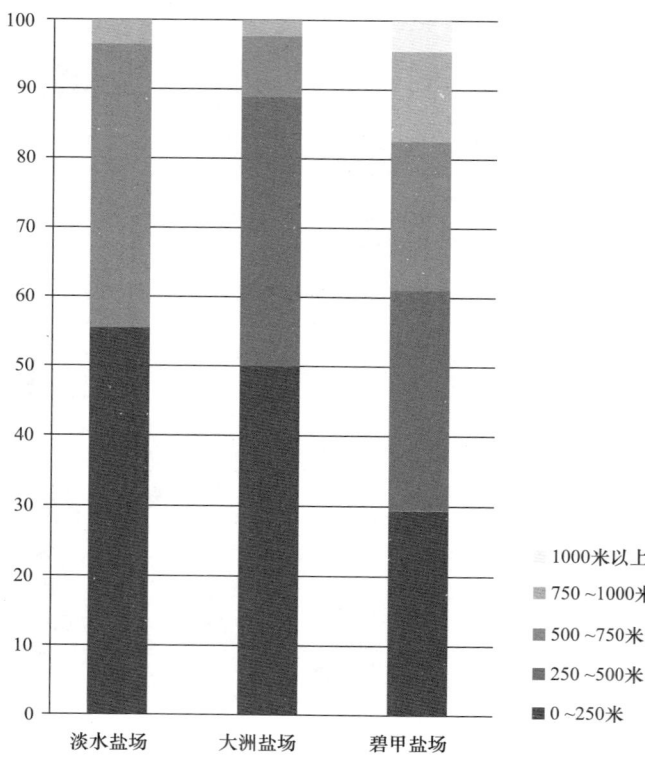

图 4-17　不同缓冲区内盐田面积占比

碧甲盐场内的盐业聚落与盐田之间的距离呈现出"先缓增，后匀减"的趋势，即盐业聚落与盐田的空间距离在 250 ～ 500 米缓冲区内达到峰值，后平缓递减，约 95% 的盐田与盐业聚落之间的距离集中在 1000 米范围内，盐业聚落的盐作条件较为便利，但由于碧甲盐场"先农后盐"的开发时序，不少盐业聚落和盐田被农田分隔，使得其便捷性不及淡水盐场和大洲盐场。

由上述盐业聚落产业的特征分析以及盐业聚落与盐田空间关系的特征分析，可以将三大盐场聚落与盐田的空间关系总结为三大类，即淡水盐场的渗透式、大洲盐场的向心式、碧甲盐场的分层式。淡水盐场的盐业聚落和盐田呈现出渗透并且融合的关系，盐业聚落直接散点分布在盐田中，周围几乎不掺杂其他产业用地，达到"出门即作"的程度；大洲盐场以盐洲岛最为典型，也是盐业聚落分布最为密集的区域，这些盐业聚落与盐田之间呈现向心融合的规律，盐业聚落由内至外依次散布，并且分布于盐田之中；碧甲盐场的形式为分层式，和前两者的融合表象略有不同，该区域的盐业聚落并不直接融合于盐田，而是多分布于农田之中，农田阻隔在盐业聚落与盐田之间，更接近于传统的农业聚落（图 4-18）。

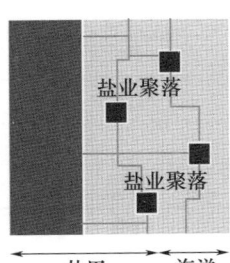
(a) 淡水盐场：渗透式

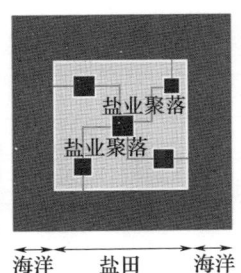
(b) 大洲盐场：向心式

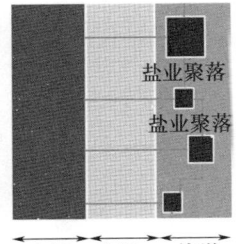
(c) 碧甲盐场：分层式

图 4-18　盐业聚落空间关系图

4.1.4　盐业聚落地名的形成与空间特征

地名是人们赋予一特定空间位置上自然或人文地理实体的专有名称，是人们为了交往而产生的语言代号。对稔平半岛盐业聚落地名的探究，有助于理解盐业聚落的发展过程和分布特征。如图 4-19 所示，对稔平半岛三大盐场中的 55 个盐业聚落常用的地名进行统计，可知以"寮"字命名的盐业聚落共计 7 个，集中出现在淡水盐场和大洲盐场，"寮"是指小屋、棚屋，而"盐寮"原指盐田旁临时搭建的盐民栖身之所，后逐步发展成为盐村，于是保留"寮"字，在大洲盐场的盐洲岛即有"十八寮"的传说；以"洲"命名的盐业聚落共计 7 个，"洲"是指水中的陆地，周围临水，例如大洲、三洲、海洲等都是四周被海水包围的岛屿聚落；以"坑"命名的盐业聚落有 4 个，盐业生产都在沿海地势低洼区域，或挖地为坑，因而引申出以"坑"为名的聚落，例如田坑村、霞坑村、松坑村；以"甲"命名的聚落有 4 个，主要集中在大洲盐场，通常以姓氏与"甲"字组合，例如唐甲村、施甲村、翁甲村等，"甲"是盐业管理的最基层单位，盐民被称为"甲丁"，甲丁的人数历代都不同，如宋代一甲 3～5 户，按照每户 2～3 个甲丁计，一甲在 10 丁左右，但清代一甲有近百人，由此也可以判断这些盐业聚落的人口数量。

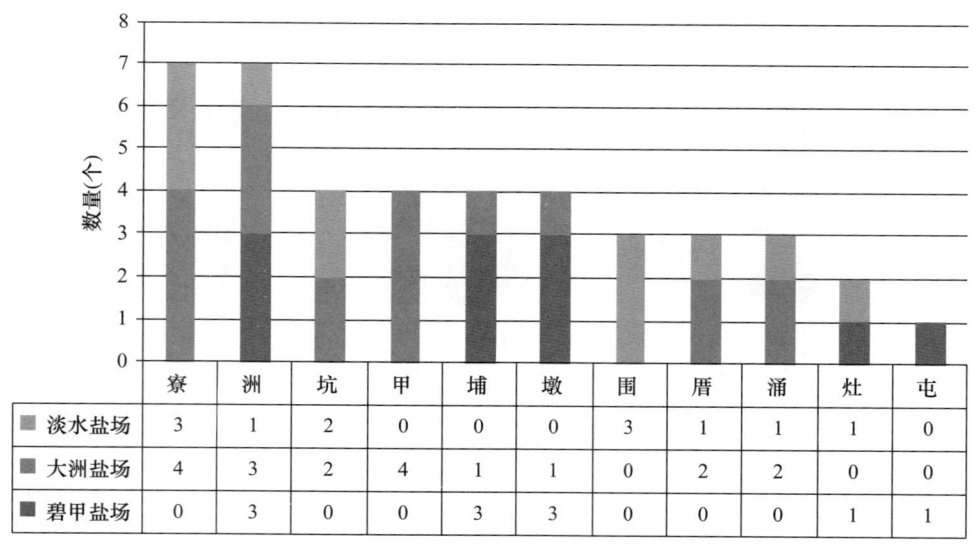

图 4-19 稔平半岛盐业聚落名称统计图

除此之外还有盐业聚落以"埔""墩""围""厝""涌""灶""屯"等命名,在此汇总于表 4-2。

表 4-2 稔平半岛盐业聚落名称明细表

名称	数量(个)	名称含义	取名依据
寮	7	由小的盐寮发展而来	产业
洲	7	指水中的陆地,周围临水	地形
坑	4	海盐生产在海边地势低洼地带,或挖地为坑	地形
甲	4	盐场内按盐丁人户划分的行政组织,相当于现今村下面的组	产业
埔	4	指河边平坦的沙洲	地形
墩	4	指土堆成的高台,高居其上免受水患,地势比周围高	地形
围	3	为固沙,在盐田周围多建有"池埝",称为围田	产业
厝	3	福佬话中"厝"指代人居住的房屋	来源
涌	3	指河涌旁的空地	地形
灶	2	明代之前多用灶煮盐,盐民也称作灶户	产业
屯	1	大部分由兵屯、粮屯演变而来	产业

总体来讲,稔平半岛的 55 个盐业聚落多以盐产业设施、盐业管理制度、盐田选址的地形以及盐民来源来命名。通过对盐业聚落名称的统计,能从中发现稔平半岛盐业聚落空间分布的一些规律,为接下来探究盐业居住景观特征提供一定的参考价值。

4.2 盐业聚落群格局分析

根据三大盐场内的盐业聚落的分布规律,可将淡水盐场、大洲盐场、碧甲盐场中的盐业聚落群依次总结为三种布局方式:均匀散点式布局、向心散点式布局以及带状斑块式布局。选择盐业聚落群中最为典型的东洲村、唐甲村以及长排村作为案例对盐业聚落内的空间结构进行分析。

4.2.1 淡水盐场：均匀散点式布局

淡水盐场的 19 个盐业聚落呈现均匀散点式布局，它们自成一体零散分布，盐业聚落之间的沟通性较弱，没有非常明确的道路相互连接；盐业聚落和盐田的路网关系更为明确。以东洲村为例，村内的主要道路都直接通往盐田，或者通向引潮沟附近的小码头，传统时期可从小码头划船收盐并运往对岸墟市（图 4-20）。淡水盐场的盐业聚落规模普遍偏小，村与村之间面积接近，例如东洲村、应大村、罗段村等，聚落规模在 0.73～3.01 公顷，平均规模在 1.67 公顷，面积极小。

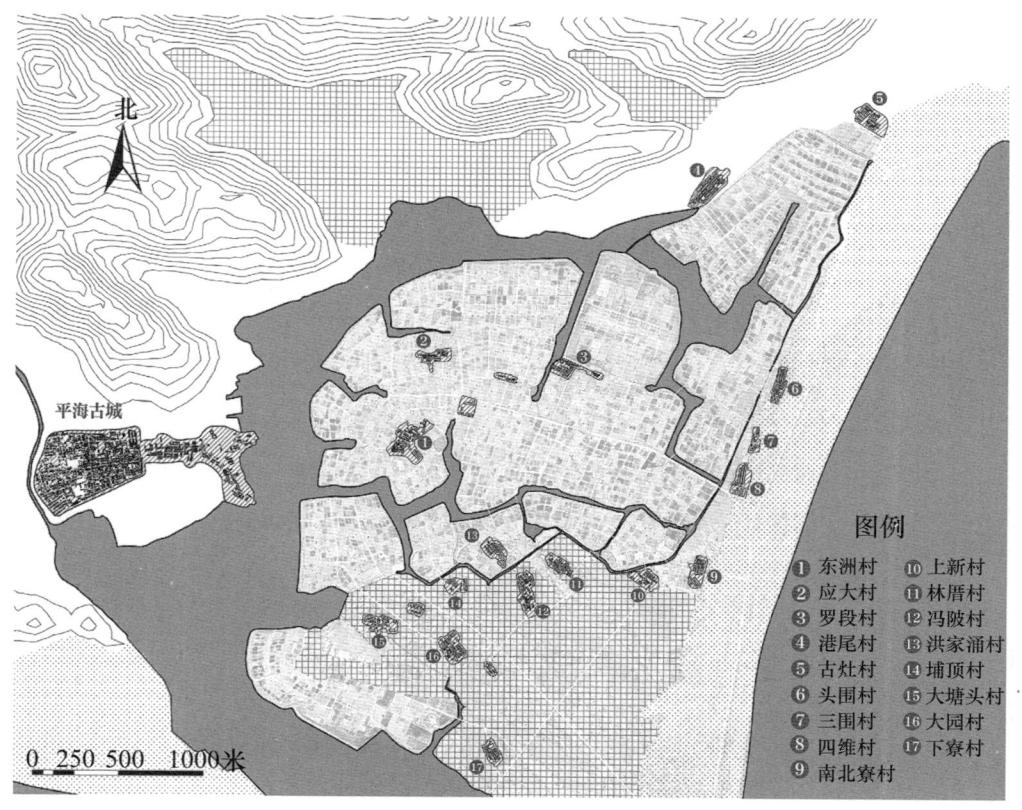

图 4-20 淡水盐场聚落分布图

盐业聚落内部拥有较为独立的公共空间，包含活动广场、晒坪广场、水井以及庙宇建筑等。东洲村的公共空间位于聚落南侧，以武帝庙为核心展开，武帝庙前设置有晒坪广场、戏台、水井以及古树等景观要素，盐民民居围绕该公共空间排列式展开。由于淡水盐场的盐民大多分批次从海上迁徙至此，聚落内为多以杂姓混居，例如东洲村内拥有张、李、林等姓氏，每个姓氏均会在村内设数座祠堂，但体量普遍较小，均不是村内的核心空间（图4-21）。每年农历五月十三为关帝诞辰日，东洲村村民都会在作为聚落中心的武帝庙开展集体祭拜活动。根据走访调研，淡水盐场内的每个盐业聚落或者距离较近的几个盐业聚落，都会有各自祭拜的神庙，并且村与村之间各有不同。由此可见，宗族信仰并不是该类聚落的核心信仰，以神庙建筑展开的祭祀场所将整个盐业聚落串联，从而增强聚落凝聚力和文化认同感。

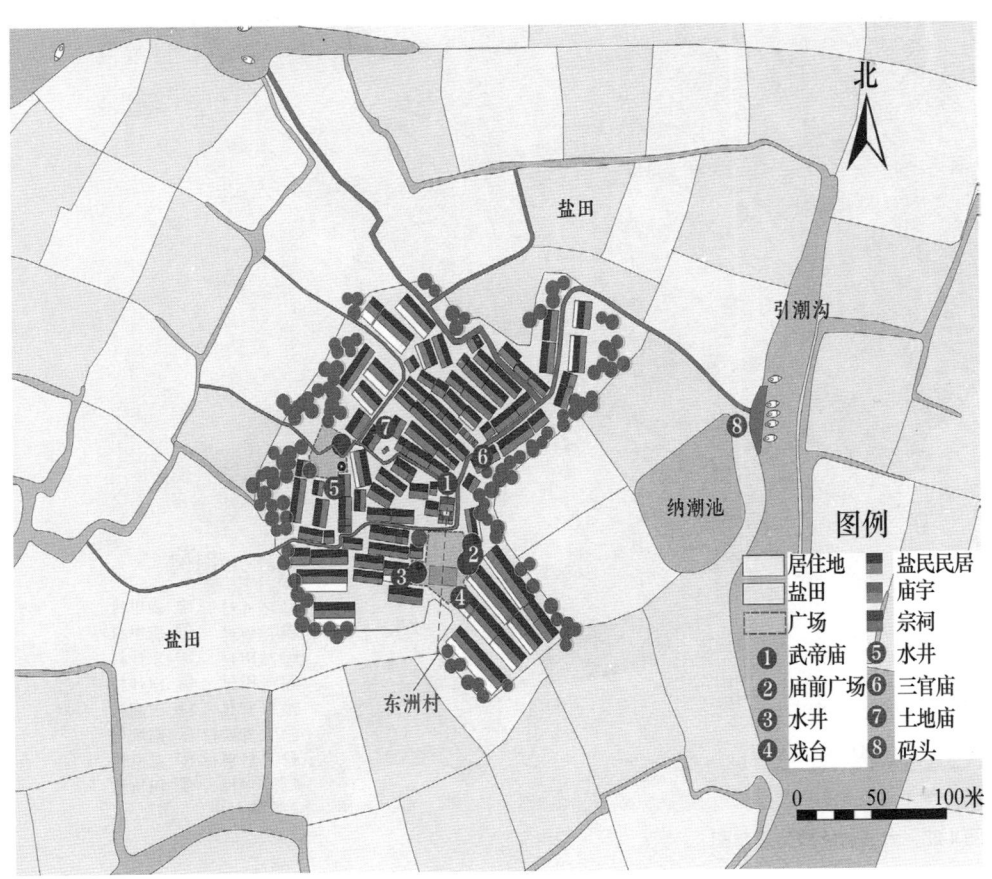

图4-21 淡水盐场典型盐业聚落东洲村

4.2.2 大洲盐场：向心散点式布局

盐洲岛为大洲盐场的核心产盐区域，岛上目前存在十三个盐业聚落，这些聚落围绕岛中心的墟市人和墟展开，聚落与人和墟之间建立起较为明确的路网，因而整个岛上的交通呈现放射状。聚落之间的沟通性由于人和墟而大大增强，整体呈现向心散点式布局（图 4-22）。大洲盐场内的聚落规模在 0.51～6.31 公顷，平均规模 2.02 公顷，面积较小。以大洲盐场的唐甲村为例，村内主要道路呈现东西走向，向西可达中心的人和墟市场，向东可达引潮沟附近的码头。

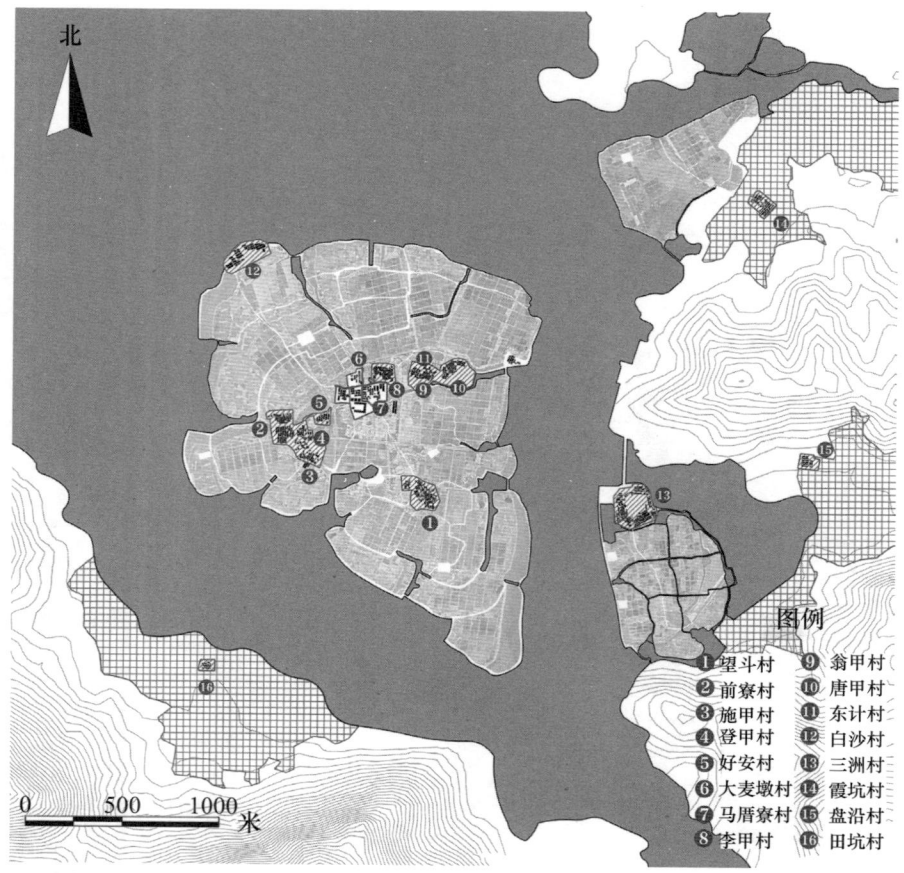

图 4-22 大洲盐场聚落分布图

唐甲村的公共空间位于聚落东南侧，以协天宫为核心展开，协天宫前设置晒坪广场、戏台以及古树等景观要素，盐民民居围绕该公共空间排列式展开（图4-23）。大洲盐场的盐民在明清时期迁至此，同属多姓氏杂居的聚落，唐甲村内拥有林、纪、唐等姓氏，每个姓氏均会在村内设祠堂。盐洲岛上曾有"大洲十八寮，寮寮十八巷"的说法，当时有十八个盐业聚落存在于岛上，目前仍能探寻到其中的十三个盐业聚落，无论聚落规模多大，其内部都拥有各自的公共空间，包含晒坪广场、水井、戏台以及庙宇建筑等，每个村子都有各自祭拜的专属祖庙，村与村之间各不相同，这一点与淡水盐场的聚落极为相似。与淡水盐场不同的是，人和墟的天后宫是岛上十三个盐业聚落共同信奉的神庙，并且信仰程度远超出本村神庙。如果说本村祖庙能够增强聚落内的文化认同感，那么中心墟市的天后宫则将十三个盐业聚落串联，强化了聚落之间的凝聚力。

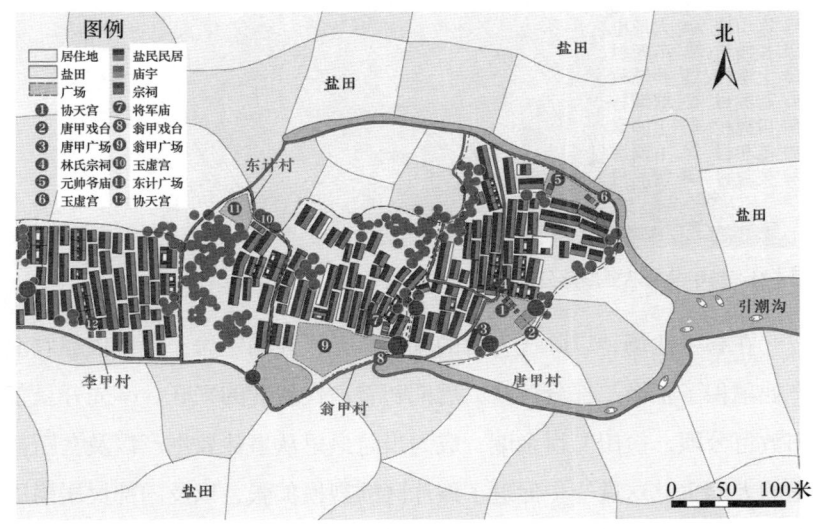

图4-23 大洲盐场典型盐业聚落唐甲村

4.2.3 碧甲盐场：带状斑块式布局

碧甲盐场内聚落形成年代较早，早期以农业聚落为主，后转型为盐业聚落，因此盐场内的聚落规模整体偏大，聚落之间规模差异也较大，规模在 1.51～16.28 公顷，平均规模 4.55 公顷。如图 4-24 所示，碧甲盐场中的 15 个盐业聚落环绕范和港分布，聚落之间依赖农田之间的道路进行沟通，整体呈现带状斑块式布局。

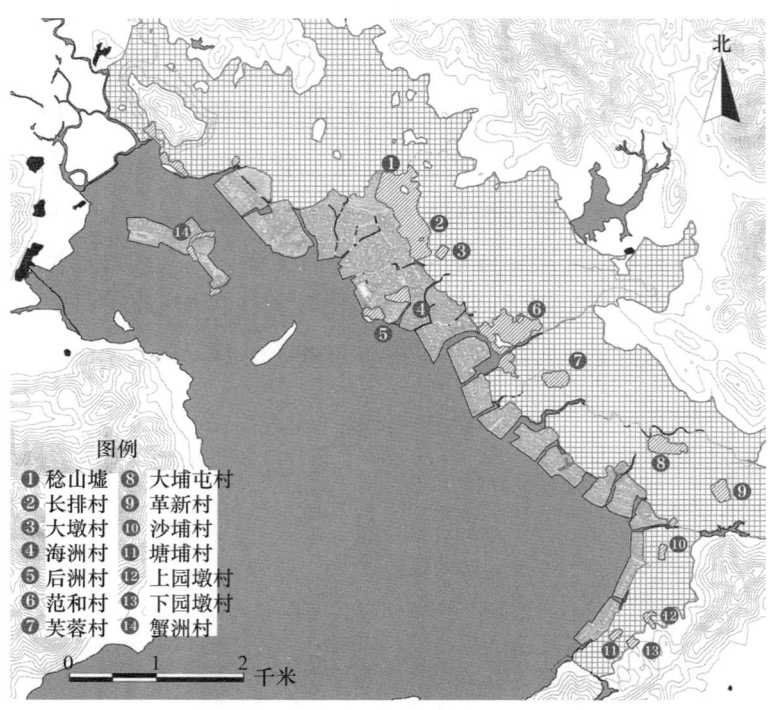

图 4-24 碧甲盐场盐业聚落分布图

图例
① 稔山墟　⑧ 大埔屯村
② 长排村　⑨ 革新村
③ 大墩村　⑩ 沙埔村
④ 海洲村　⑪ 塘埔村
⑤ 后洲村　⑫ 上园墩村
⑥ 范和村　⑬ 下园墩村
⑦ 芙蓉村　⑭ 蟹洲村

在碧甲盐场，以陈氏为首的家族自元代开始定居于此，依靠农渔产业累积了相当一部分财富，后期随着清代盐业的兴旺，率先开垦荒田数百公顷，盐田二百余埕，成为当时最早从事盐业生产以及垄断盐田的大埕主，这进一步促进了该片区的规模扩张，以及内部民居格局的多样化。碧甲盐场的盐业聚落规模大，公共空间也偏大，聚落围绕大型宗祠建筑展开，通常包含风水塘、活动广场、晒坪广场、宗祠建筑及庙宇建筑等。以长排村为例，其公共空间位于聚落以南，以陈氏祖祠为核心展开，祖祠前设置晒坪广场、古树以及风水塘。长排村居民的主要姓氏为陈、林、吕、余等，又以陈氏最早迁入并且定居，繁衍生息成为村中大姓，成为当时最大的盐埕主，目前村内仍旧有 50% 人口为陈姓。长排村以"风水塘—晒坪广场—陈氏祖祠—陈氏围肚（围屋）"为中心轴线对称分布，且聚落内还有多座大规模的陈氏祠堂，宗族祠堂成为此类大型聚落中不可忽视的存在（图 4-25）。淡水盐场与大洲盐场中规模较小的盐业聚落的凝聚力主要依赖于神庙信仰，而碧甲盐场中形成年代久远，且某一姓氏的家族规模远超其他姓氏，宗族祠堂则成为聚落居民文化认同感的主要来源。

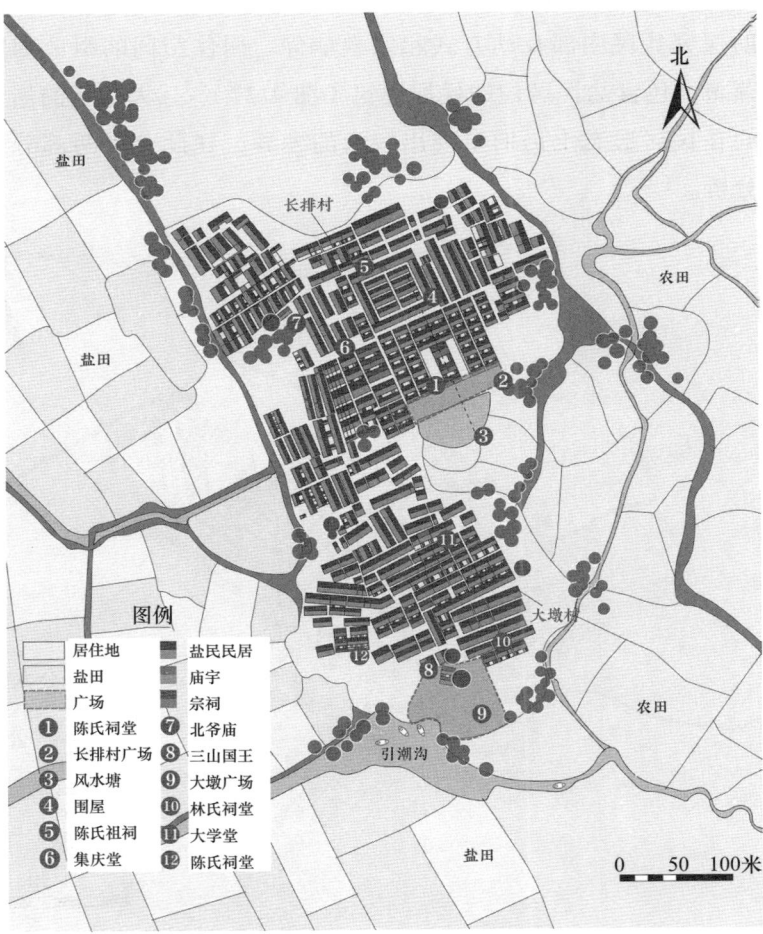

图 4-25　碧甲盐场典型盐业聚落长排村

4.3 盐业居住景观构成

根据盐业居住景观的组成，可将盐民赖以生存的空间分为两类，一类为公共空间景观，另一类为居住空间景观。前者是盐民生活时必不可少的公共区域，后者则是盐民居住的私人空间。以淡水盐场的东洲村为例，其公共空间景观包含街巷空间、广场空间等景观要素，还包含庙宇、祠堂等公共建筑要素（图4-26）。这些公共空间不仅能够反映盐业聚落与外界的连接关系，还能帮助探究盐民内部互动方式和宗教信仰。居住空间的组成则相对简单，包含盐民居住的民居建筑（图4-27）。三大盐场的居住空间在民居形态上仍旧呈现出较大的差异，在此分为两部分逐一分析。

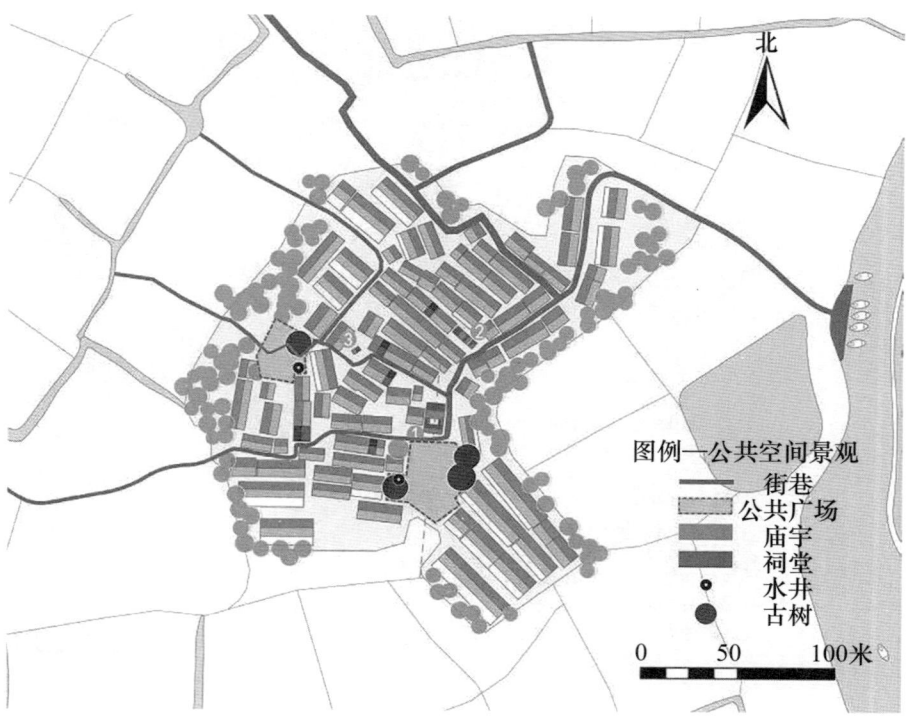

图4-26 公共空间景观

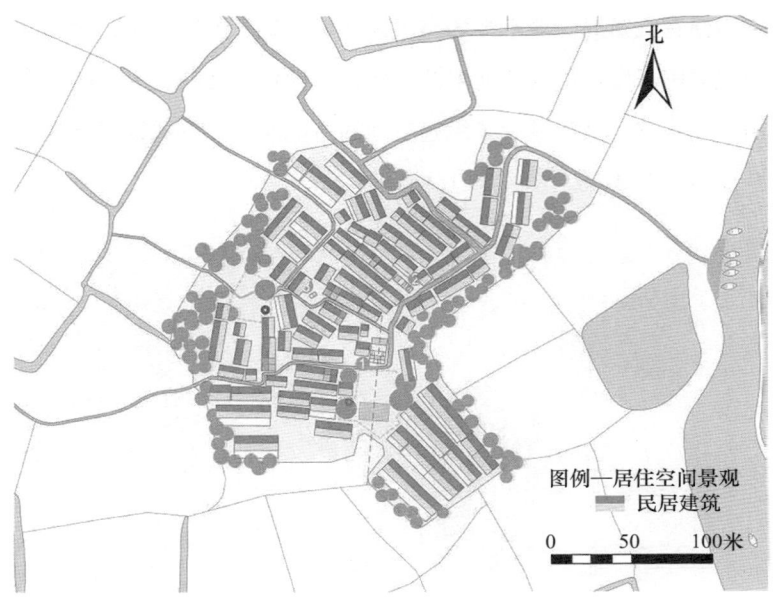

图 4-27 居住空间景观

4.4 公共空间景观

公共空间景观包含聚落街巷、活动广场、戏台、水井、古树、庙宇建筑以及宗祠建筑等诸多要素，在本部分将这些要素划分为街巷空间、广场空间、公共建筑三类并逐一分析其空间特征。

4.4.1 街巷空间

盐业聚落中的街巷空间是对内组织居住地组团、对外沟通生产空间和墟市的道路用地。根据街巷的走向以及街巷之间的连接方式，将稔平半岛盐业聚落的街巷肌理分为横巷式与围团式两种，并就盐业聚落的街巷空间与外部环境的连接关系做出分析。

4.4.1.1 街巷肌理

（1）横巷式布局：淡水盐场与大洲盐场。

横巷式的街巷肌理常出现在小规模盐业聚落中，横巷长度要大于纵巷长度，街巷结构较为简单，淡水盐场和大洲盐场的盐业聚落街巷均为横巷式布局。淡水盐场与大洲盐场的生产区域集中，大部分土地用以盐田开发，使得盐业聚落的建设用地极为紧缺，为此盐民通常共用一面山墙，从而减少了纵巷空间的占地面积，形成以横巷为主的街巷体系（图 4-28、图 4-29）。

图 4-28　东洲村横巷式街巷肌理

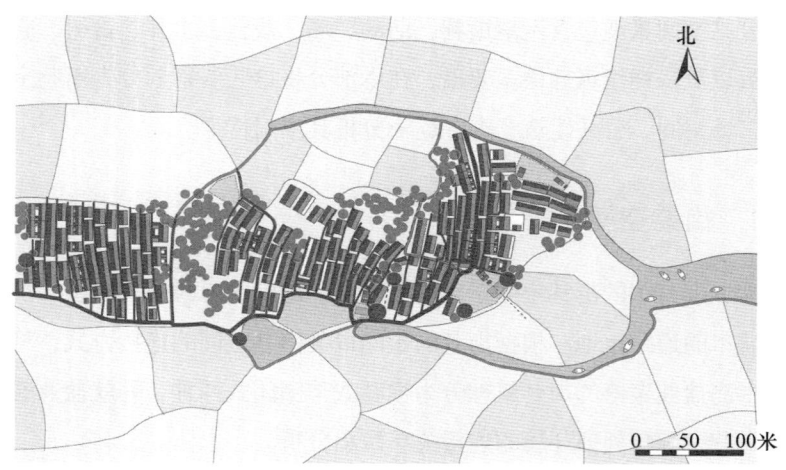

图 4-29　唐甲村横巷式街巷肌理

横巷多用于屋前通行，宽度在 2～2.5 米，能保证两人同行，两侧民居檐口高度在 2.8～3 米，D/H 值在 0.6～0.8。横巷分为首尾两端，首端通常与村内的公共空间相接，尾端则与盐田相接，这种连接方式使盐民的外出盐作和日常交往活动都极为便捷（图 4-30、图 4-31）。纵巷数量较少，多用于连接不同高程的横巷，化解村落高差并帮助村落排水。纵巷宽度在 0.8～1.2 米，两侧民居山墙面高度在 4～5 米，D/H 值集中在 0.2～0.3，整体较为狭窄。纵巷通常具有一定的坡度，其间常设有辅助排水的暗沟或者明渠，雨水顺应纵巷可排到外部盐田（图 4-32、图 4-33）。

图 4-30　东洲村横巷　　　　　　　图 4-31　唐甲村横巷

图 4-32　纵巷排水　　　　　　　　图 4-33　纵巷高差

（2）围团式街巷：碧甲盐场。

围团式街巷集中出现在碧甲盐场的大规模聚落中，以长排村、范和村以及芙蓉村为典型（图4-34～图4-36）。碧甲盐场所处的稔山镇是广府、福佬、客家三大民系汇流之地，镇域范围内的大型聚落中可见多处围屋式建筑。[54] 围团式街巷以聚落中的围屋为核心，外部街巷环绕围屋展开，平行于建筑正立面的街道为横巷，平行于建筑山墙面的街道为纵巷，该类聚落中的横巷与纵巷的长度较为接近。

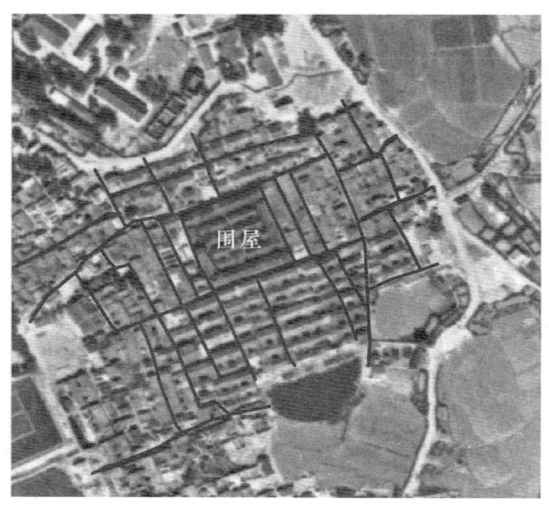

图4-34　长排村围团式街巷肌理

图4-35　范和村围团式街巷肌理

图 4-36　芙蓉村围团式街巷肌理

围屋中的街巷体系较为独立，以范和村内的罗冈围为例，围内有 10 条巷道，横巷 3 条，宽度约在 3 米，D/H 值约为 1，门前较为开阔；纵巷 7 条，其中 3 条主纵巷宽度约 3 米，D/H 值约为 0.6，另外四条小纵巷宽度在 1 米左右，D/H 值为 0.2（图 4-37～图 4-39）。围屋中心轴线上的两条巷道作为主路十字交叉，分别通向围屋的东、西、南三个门，以及北端的陈氏祖祠（图 4-40）。

图 4-37　范和村罗冈围内街巷肌理

图 4-38 纵巷

第四章 稔平半岛盐业居住景观

图 4-39　横巷

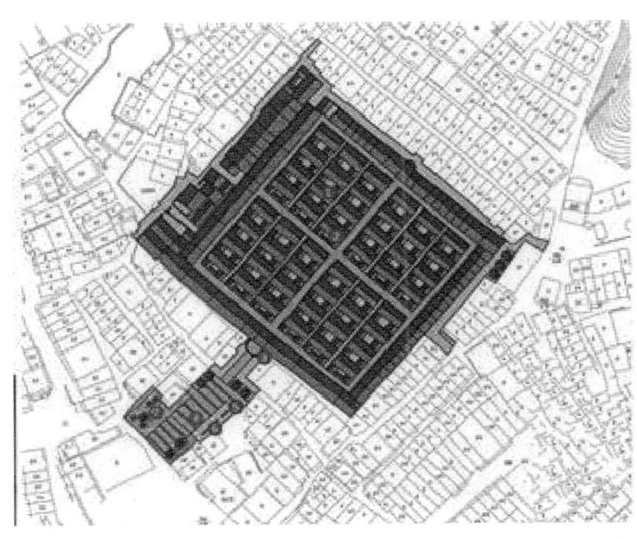

图 4-40　罗冈围平面图

资料来源：《惠东古村落保护规划案例探讨》。[55]

围屋外的街巷环绕围屋纵横交错，宽度较为接近，在 2～3 米。体量较小的民居多以横巷作为主路进行沟通，纵向为辅；在靠近体量较大的宗祠建筑或民居处，则多以纵巷为主路进行沟通，横巷为辅，纵巷通常具有坡度，尾端常接风水塘进行排水（图 4-41～图 4-44）。在公共空间入口以及庙宇建筑附近，街巷较为宽大，越往内越狭窄。

图 4-41　围外纵巷

图 4-42　围外横巷

图 4-43　围外纵巷

图 4-44　围外横巷

　　大规模聚落由于其内部民居体量差异较大，街巷肌理相较于小规模聚落更趋于复杂，但整体都围绕着围屋展开。由此也能看出，以长排村、范和村为代表的聚落开村之初定居于围屋，后续在不断发展中逐步向外扩张，从而呈现出围团式的街巷肌理特征。

4.4.1.2 街巷与外部的连接关系

盐业聚落中的街巷空间一方面能作为网络组织居住地组团，另一方面也在连接外部空间环境、沟通邻里上起到重要作用。探寻三大盐场盐业聚落中主要街巷与外部空间环境的连接方式，有助于理解盐业居住景观、盐业产业景观以及盐业运销景观的互动关系。

（1）淡水盐场中盐业聚落的主干道对外通向码头，对内通向盐田。由于淡水盐场内部没有形成墟市，最近的墟市为内港对岸的平海墟，对外交通在淡水盐场显得尤为重要。在中华人民共和国成立前淡水盐场和平海墟之间还未架桥，盐民利用船只进入对岸的墟市进行交易。如图 4-45 所示，淡水盐场的大多数盐业聚落靠近引潮沟，引潮沟宽可行船，最高可达 90 米，常设有小码头用以停泊盐船，以此达到对外沟通的目的；其他的数条主要街巷用以连接聚落和盐田，这些街巷并不直接通往其他盐业聚落，聚落之间的联系较为薄弱。

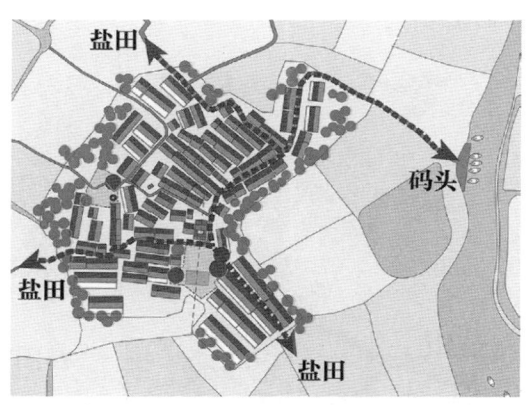

图 4-45　淡水盐场东洲村对外关系

（2）大洲盐场的盐业聚落主干道对外连接码头，对内连接盐洲岛中心的人和墟以及周边盐田。如图 4-46 所示，大洲盐场中的盐业聚落同样会设置在距离引潮沟较近的地方，通过街巷将聚落和引潮沟的码头进行连接,成为盐洲岛通向外部的出口;对内则有主干道将聚落与岛中心的人和墟连接,使村民能够进行盐渔贸易或购买生活物资,剩余的主干道则通向盐田。

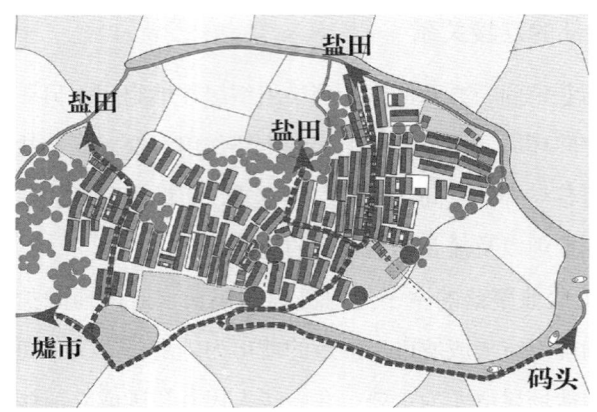

图 4-46　大洲盐场唐甲村对外关系

(3)碧甲盐场的盐业聚落主干道外接墟市以及惠潮古驿道,内接聚落周边的农田以及盐田。以长排村为例,聚落对外街巷连接北侧的稔山墟,稔山墟是当时沿海盐道与惠潮古驿道的重要交汇点,是盐业聚落对外贸易的出口,其他主干道则通向聚落附近的农田和盐田(图4-47)。

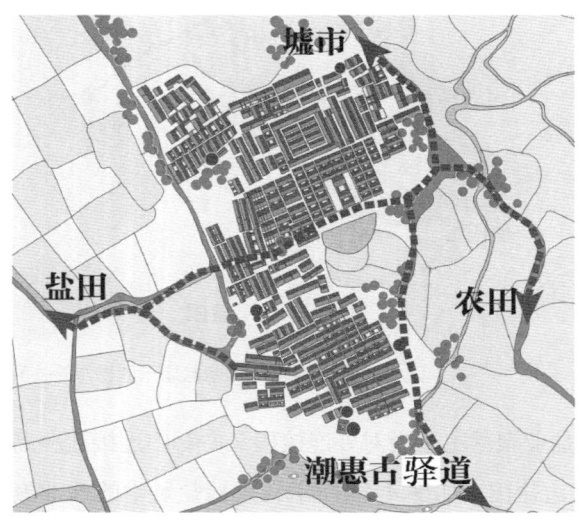

图 4-47　碧甲盐场长排村对外关系

盐业聚落与外部空间连接的主要街巷可归纳为两种类型，一类是连接生产空间，例如盐田或农田的街巷；另一类是连接墟市空间的街巷。由此可见，生产空间和墟市空间是盐业聚落主干道对外沟通的两大重要组成。

4.4.2　广场空间

盐业聚落的广场空间是盐民日常交往的户外场所，也常用于举行村内的各种祭祀活动，它不仅是人流疏散的场地，也是乡村环境意象中不可缺少的组成部分。盐业聚落中的广场空间常以庙宇建筑或宗祠建筑为轴线展开，在建筑前方设有较为开阔的前广场、晒坪及活动广场、公共水井或风水塘、戏台广场以及林荫广场等景观要素（图4-48、图4-49）。

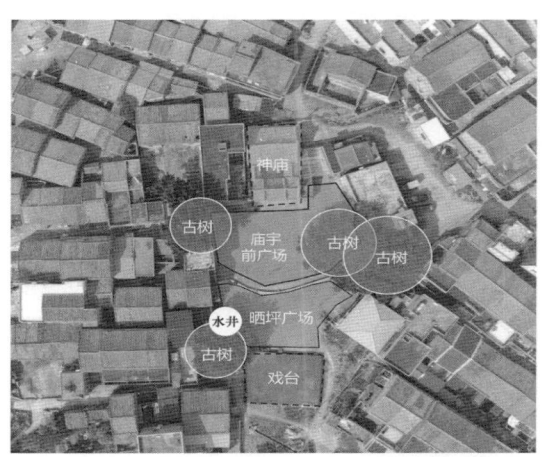

图4-48　广场空间分布

图4-49　东洲村庙宇前广场鸟瞰

4.4.2.1 庙宇及宗祠前广场

盐业聚落中的庙宇或宗祠前广场是村内举行大型祭祀活动的主要场地，通常利用砖块将庙宇或宗祠前的空间进行简单的围合，或者抬高约 30 厘米，形成一个半包围式、界限分明的户外祭祀空间（图4-50）。其面积大小与广场前庙宇或宗祠的规模以及被重视程度有关，广场的面宽和进深一般与其所对应的建筑接近，形态多为圆弧形（图4-51）。若是村民格外信奉的庙宇或者祖祠，例如施甲村的天后宫、长排村的陈元公祠，则其建筑在村内具有较高地位，其门前的广场面积会大很多。在该类前广场上有时还会设置户外祭拜台、焚香炉等设施，以便村民随时开展祭拜活动。

图 4-50　庙宇前广场

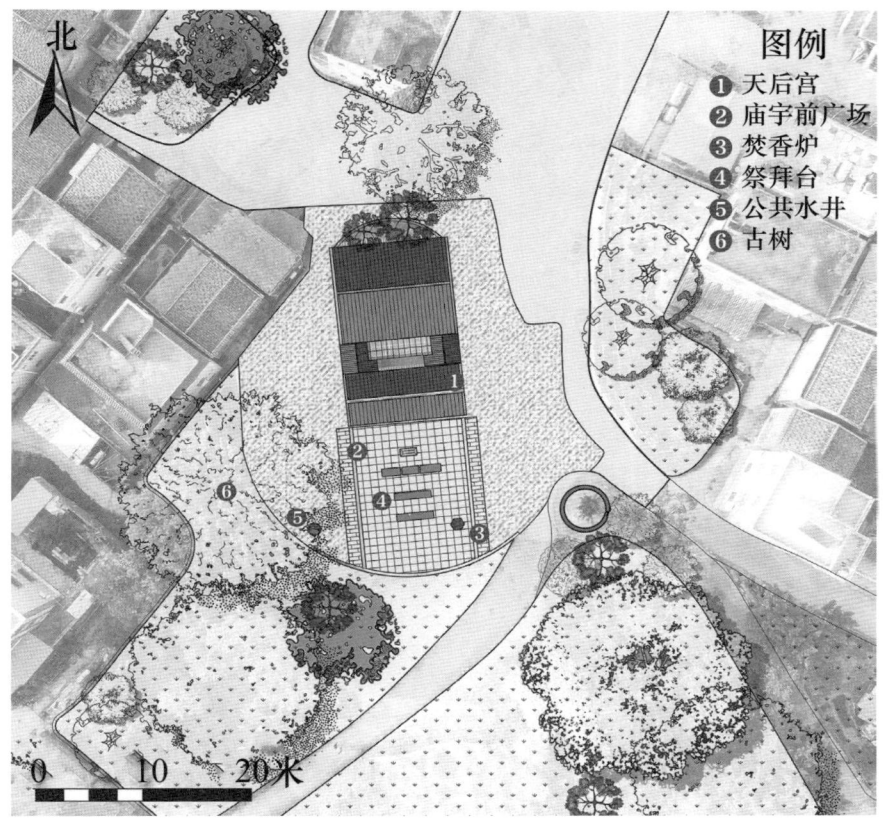

图 4-51 望斗村天后宫前广场平面图

4.4.2.2 戏台广场

戏台是公共空间景观中的重要组成要素，几乎每个盐业聚落中都可见到戏台的存在。根据走访调研，按照构造差异，戏台可大致分为两类。

（1）露天式戏台。

该类戏台是所在村落内村民举办各类集体活动或者办理红白喜事的露天场地。露天式戏台的构造较为简单，通常以砖石砌筑，高出地面 50～80 厘米，以矩形居多，常常与晒坪广场、活动广场组合存在，可用作看戏空间（图 4-52～图 4-54）。当村内不筹办活动时，该类戏台也可用作晒坪空间晾晒谷物或衣物，或作为开敞的活动空间，功能属性较为灵活。

图 4-52　东洲村戏台广场鸟瞰

图 4-53　东洲村戏台广场

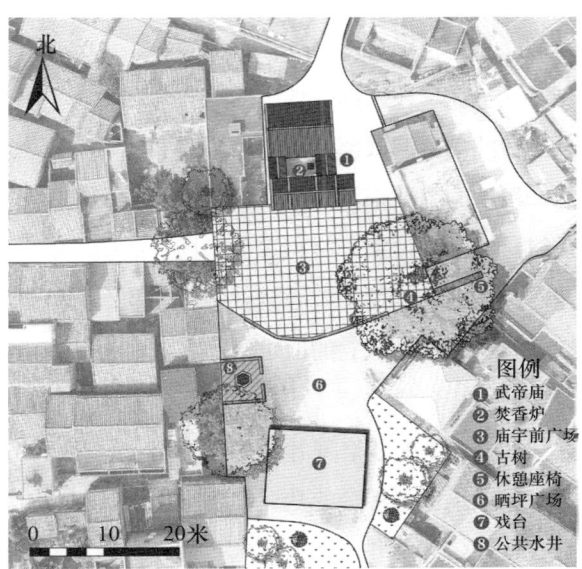

图 4-54 淡水盐场东洲村平面图

（2）半露天式戏台。

半露天式戏台与庙宇建筑组合出现，是开展宗教活动的专属场地，该类戏台建造精良，并且设有屋顶，甚至会有专门的庙宇管委会进行管理，例如天后宫戏台、水仙宫戏台、协天宫戏台、城隍庙戏台等（图 4-55）。以碧甲盐场范和村的水仙宫戏台为例，该戏台建立于道光十一年（1831 年），为砖木结构，在其正前方约 30 米处，有一座与戏台同年代建立的水仙宫，里面供奉水仙爷，每年农历十月初十（水仙爷诞辰）前后，都会请戏班来此做戏，场面极其宏大。

(a)　　　　　　　　　　(b)

图 4-55 半露天式戏台

4.4.2.3 水井广场

淡水盐场和大洲盐场中的盐业聚落大多不临靠淡水河和山脉，尤其是盐洲岛上的聚落，淡水资源极度匮乏，使得水井成为这些聚落饮水、用水的主要来源。盐业聚落中一般设置1～2个公共水井，多位于村落较中心位置，与庙宇前广场、活动广场以及戏台同时存在；有些设置在田边，可用于灌溉农田。公共水井旁会利用砖石围合出一块空地，形成较为独立的取水空间，有时还植有大树遮阴，村民可在此进行取水和日常交流，形态以圆形、六边形以及八边形为主，直径在1～2米，并设立祭拜井神的小型神龛（图4-56）。在传统时期，水井对于淡水资源稀缺的盐业聚落来说极其重要，每个盐业聚落都会拥有各自的公共水井，其数量远多于风水塘，成为盐业聚落最为普遍的用水来源。

(a)　　　　　　　　(b)　　　　　　　　(c)

图4-56　水井广场空间

4.4.2.4 晒坪及活动广场

晒坪及活动广场位于村口，是村内晾晒谷物以及村民开展休闲活动的公共场所。是村落入口空间以及公共景观空间的标识，常与村落的核心庙宇或祠堂前广场、戏台共享空间轴线（图4-58）。晒坪及活动广场相对平整且开阔，占地面积较大，大规模盐业聚落会设置更大的晒坪及活动广场，与庙宇前广场、戏台直接相连，对聚落中的公共空间起到整合的作用。

图 4-57　晒坪及活动广场

4.4.2.5　风水塘及其前广场

大规模盐业聚落通常利用风水塘解决村内的淡水问题，碧甲盐场中的聚落，例如长排村、芙蓉村、革新村等，处于背山面海的平原地带，淡水资源较另外两大盐场更为丰富，具备形成风水塘的先天优势。风水塘多呈半月形，位于公共景观空间轴线的最末端，地势处于整个聚落的最低洼处，聚落规模越大则风水塘面积越大。[56] 半圆形的风水塘不仅是盥洗、消防、养殖鱼鸭等生活用水的来源，也可以调节聚落小气候，具有排水、汇水、降温的好处。[57] 风水塘及其前广场分布如图 4-58 所示。聚落中的风水塘及其前广场如图 4-59 所示。

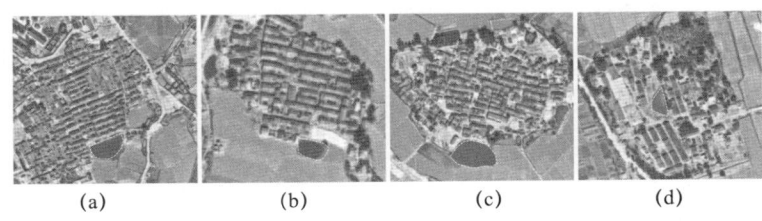

图 4-58　风水塘及其前广场分布

图 4-59　聚落中的风水塘及其前广场

4.4.2.6 古树林荫广场

古树在聚落内的公共活动空间中经常出现,位置靠近庙宇前广场或者活动广场,这些古树树龄在 100～400 年,与聚落诞生的年代接近,品种以小叶榕为主,平均冠幅可达 20 米,古树下形成了较大的荫蔽空间,村民在此修葺纳凉的台阶座凳,此处成为村内休闲活动空间重要的组成部分。

(a)　　　　　　　(b)　　　　　　　(c)

图 4-60　聚落中的古树林荫广场

4.4.3　公共建筑

盐业聚落中的公共建筑主要分为庙宇建筑和宗祠建筑两种,在淡水盐场以及大洲盐场的小规模盐业聚落中,核心公共空间围绕庙宇建筑展开,呈现出"重庙宇而弱祠堂"的特点;而在碧甲盐场大规模的盐业聚落中,核心空间则围绕宗祠建筑展开,呈现出"祠庙并重"的特点。本部分内容针对这两类公共建筑做进一步的分析。

4.4.3.1　庙宇建筑

通过对稔平半岛三大盐场内的盐业聚落进行走访调研,对每个聚落中所营建的庙宇建筑类别与数量进行统计,可以看出,稔平半岛盐业聚落中普遍信奉妈祖,在三大盐场可以看到广泛分布的妈祖庙或天后宫,说明妈祖在盐民心中占据着较为重要的地位;除妈祖庙或天后宫以外,土地庙、列圣宫以及关帝庙也是盐业聚落中较为常见的庙宇建筑(图 4-61、图 4-62)。

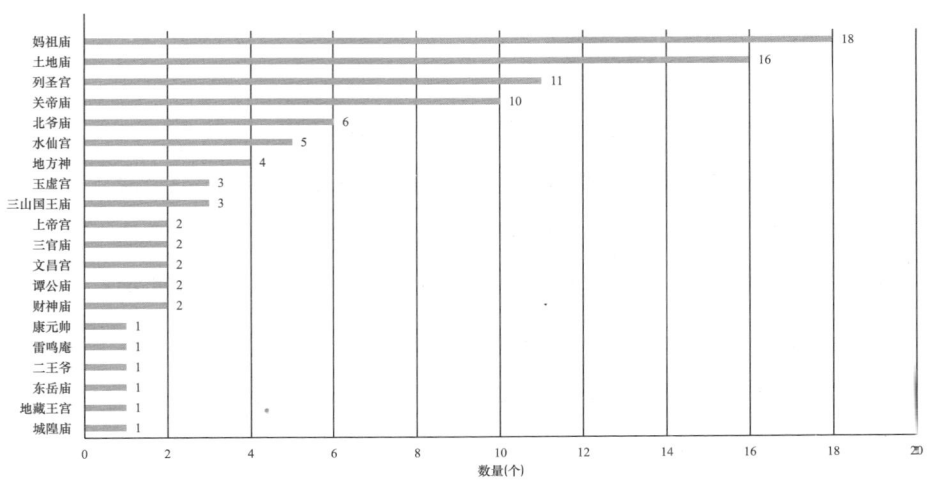

图 4-61 稔平半岛盐业聚落宗教建筑统计

(a) 天后宫　　(b) 土地庙　　(c) 列圣宫　　(d) 关帝庙

图 4-62 稔平半岛数量最多的四类庙宇建筑

（1）妈祖庙遍布稔平半岛的三大原因。

其一，盐业聚落中最早的先民大多从海上迁移而来，大多是由渔民上岸而定居于此，这些渔民从福建以及潮汕一带迁徙而来，保留了曾经信仰妈祖的传统。例如碧甲盐场的范和村最早从福建莆田、泉州、潮汕一带迁徙而来；大洲盐场的白沙村最早的先民是以捕鱼为业后陆续上岸的福建人；淡水盐场的头围村、三围村以及四围村是明代从海陆丰地区迁徙此地的福佬人。

其二，盐业聚落大多临海，渔业仍旧是聚落产业中占地非常大的组成部分。妈祖庙成为盐民的精神皈依也在于滨海的地理位置使得村落的海洋文化浓郁，很多盐业聚落同时具备盐渔兼业的属性，妈祖作为海上女神能够保佑渔民顺利出海捕鱼，因此成为这些聚落的普遍信仰。

其三，传统时期海盐从产地运往销区通常采用海运的方式，海上盐商在出海前也需要祭拜妈祖，向妈祖祈祷出海运盐的顺利归来，因而信仰妈祖。

（2）大洲盐场"各建祖庙、普拜妈祖"的庙宇文化。

大洲盐场的盐业聚落主要集中于盐洲岛内，岛上现存的十三个盐业聚落平均规模较小，但每个聚落仍旧拥有独立的公共空间，并且建有各聚落专属的庙宇建筑，仅供本村人单独供奉（图4-63）。这些神明在本村具有较大的影响力，遇到神明诞辰等庆典，大多由各村自行举办。例如三月初三前寮村的北爷生；三月初九翁甲村的将军生；四月初八三洲村的水仙爷生；五月十三白沙村、唐甲村的关帝生；六月十六施甲村的元帅爷生；六月十九李甲村、登甲村的观音生（表4-3）。这些活动依托本村内的庙宇建筑和戏台独自承办，多以演戏酬神（或放电影）、宴请宾客为主。

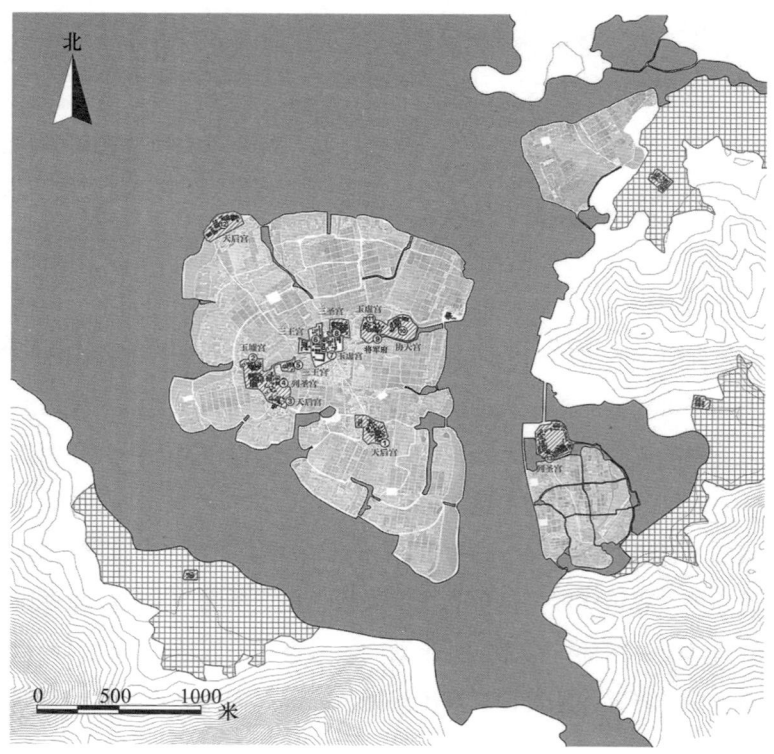

图4-63 盐洲岛各村祖庙分布图

表 4-3　盐洲岛各个盐业聚落祖庙

序号	聚落名	祖庙
1	望斗	天后宫
2	前寮	玉虚宫
3	白沙	协天宫
4	李甲	三圣宫
5	唐甲	协天宫
6	翁甲	将军府
7	寮仔	二帝宫
8	施甲	天后宫
9	登甲	列圣宫
10	好安	三王宫
11	大麦墩	三王宫
12	马厝寮	玉虚宫
13	东计	玉虚宫

　　盐民在聚落中不仅祭拜本村的神庙，而且都信奉妈祖。盐洲岛上的人和墟就建有一座天后宫，这是盐洲岛上最重要的庙宇建筑（图 4-64）。在盐洲岛外，还有一座位于考洲洋出海口处的天后宫，称为"海口天后宫"，它位于距离盐洲岛东南面 2 千米处的盐洲水道与三洲水道汇合点，建于清康熙年间，占地面积 900 平方米，建筑面积 800 平方米。海口天后宫和盐洲岛隔海相望，与望斗天后宫以及人和墟天后宫形成一条明确的轴线关系，是整个大洲盐场片区等级最高的妈祖庙，在盐民心中有着无法替代的地位（图 4-65）。古法制盐时期，海口天后宫是渔盐船的必经之地，进出海港的渔民和盐商对海口妈祖有着强烈的敬畏和依赖心理，加之盐洲岛居民是海上渔民定居而来，在这种情感驱动下，海口天后宫逐渐成为盐民心中的"圣地"。

图 4-64　人和墟天后宫

图 4-65　海口天后宫

每年农历三月二十二是妈祖诞辰,俗称"请阿妈"。盐洲岛每年都要将海口天后宫的妈祖神像利用船载到盐洲岛上,巡游线路为先从盐洲岛的下寮港上岸,再途经唐甲村、翁甲村、东计村、李甲村和马厝寮村等数个盐业聚落,与人和墟天后宫的妈祖共同庆生,整体线路如图 4-66 所示。在诞辰期间,盐民纷纷前往岛屿中心的人和墟天后宫参与多天的妈祖祭祀活动。因而对于盐洲岛的盐业聚落来说,天后宫是有别于其他庙宇建筑的,在宗族组织相对不发达的小规模盐业聚落中，盐民对妈祖的共同信仰不仅强化了众多盐业聚落的集体认同感，还将盐洲岛上的 13 个盐业聚落联系成一个自成组织的社区。[58]

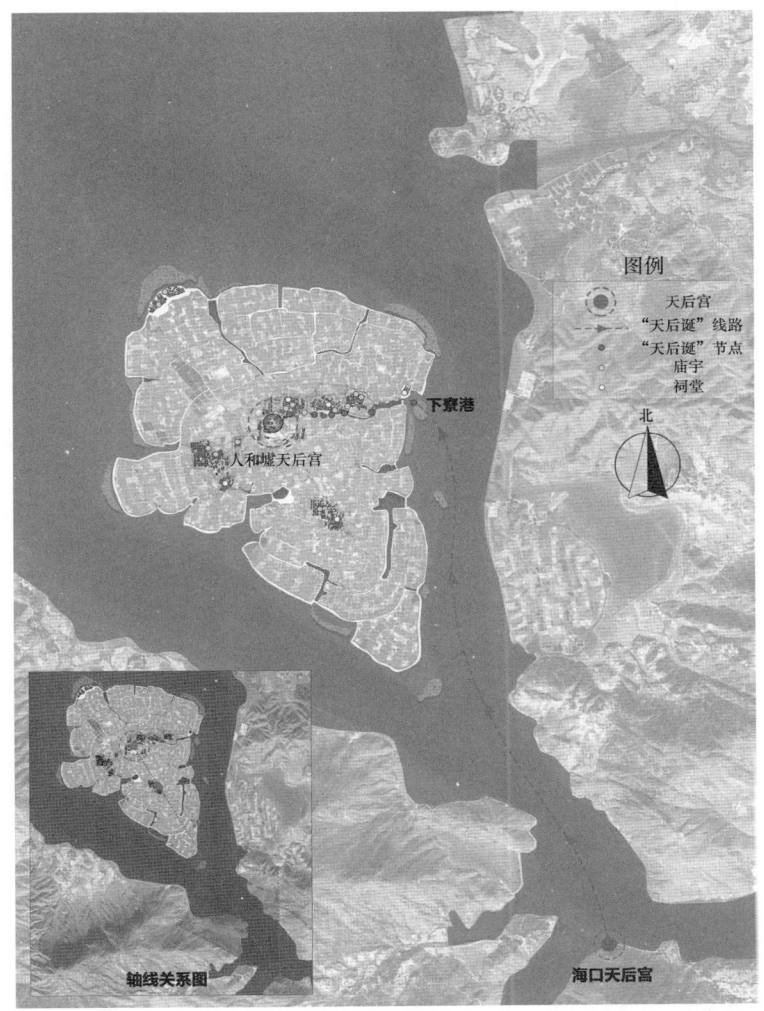

图 4-66　盐洲岛"请阿妈"游神线路

4.4.3.2　宗祠建筑

　　稔平半岛盐业聚落普遍为多姓氏杂居聚落，村内往往存在数座不同姓氏的宗祠建筑。小规模与大规模盐业聚落中宗祠建筑的形态和分布较为不同。如图所示，淡水盐场和大洲盐场的小规模盐业聚落，不以宗祠建筑为聚落核心，村内的各姓氏小祠堂零散分布于聚落之中；

碧甲盐场的大规模聚落，通常以村内最具权势的宗族的宗祠建筑为聚落核心，其他姓氏祠堂零散分布于村内，前者的体量和规模远大于后者（图 4-67、图 4-68）。

图 4-67　淡水盐场东洲村宗祠建筑分布图

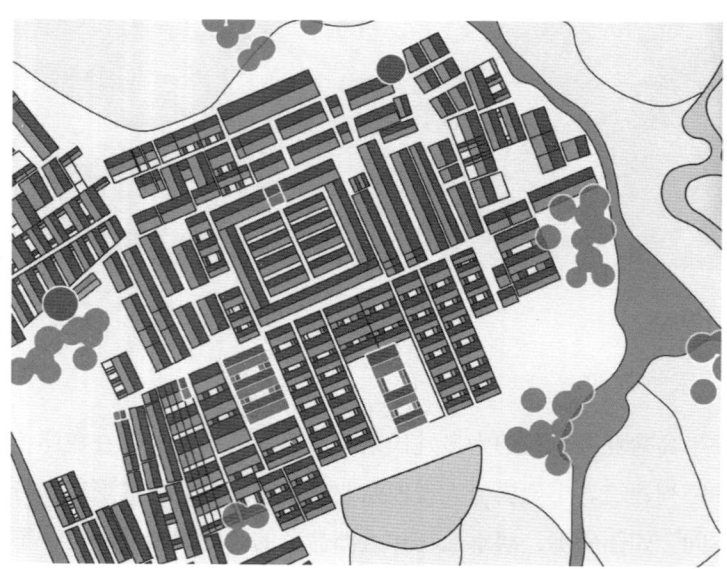

图 4-68　碧甲盐场长排村宗祠建筑分布图

（1）淡水盐场与大洲盐场：杂姓小型宗祠建筑零散分布。

淡水盐场和大洲盐场各村居民来历复杂，上岸定居时间不一致，形成的村落大多数是杂姓村，大多数村民世世代代皆为盐民，未能形成富甲一方的大姓宗族，在宗族组织相对不发达的环境下，这使得村内以庙宇建筑为中心的地缘组织远远强于以宗祠建筑为核心的血缘组织。以大洲盐场的盐业聚落翁甲村、唐甲村为例，即使是同村姓林的盐民，也没有共同的始迁祖，彼此之间没有宗祠认同感，彼此建有各自的林氏祠堂。这些宗祠建筑零散分布，建筑体量较小，多为单开间建筑，面宽在 3～4 米，进深在 8～10 米，通常由盐民民居改建而来，结构较为简单。大洲盐场渡头村翁氏盐官堂如图 4-69 所示。大洲盐场三洲村刘氏宗祠如图 4-70 所示。淡水盐场小型宗祠建筑如图 4-71 所示。

图 4-69　大洲盐场渡头村翁氏盐官堂

图 4-70　大洲盐场三洲村刘氏宗祠

图 4-71 淡水盐场小型宗祠建筑

（2）碧甲盐场：以大型宗祠建筑为核心，杂姓小型祠堂零散分布。

碧甲盐场的盐业聚落以陈氏宗族为首，宗族团结且资金雄厚，在长排村和范和村都能见到建筑体量庞大的陈氏宗祠，例如陈元公祠、陈氏集庆堂、陈氏锡庆堂、陈氏诒远堂等（图 4-72）其他杂姓宗祠规模远不及陈氏，分布也相对零散，例如吴氏祠堂、郭氏祠堂、黄氏祠堂等（图 4-73）。范和村和长排村都是碧甲盐场的大规模盐业聚落，最早到范和村的是郭、黄、高 3 姓人家，陈氏在这之后迁徙而来，后率领工人开辟盐町二百余埔，至此从事盐业生产，成为碧甲盐场最大的盐埔主垄断当地盐田。后来百姓多迁至此，共有 50 姓先人在范和村长居，发展成为农盐渔兼业的大型村落。长排村的陈氏更是在清代道光年间担任朝廷盐官，在陈元公祠内有一块"艖使第"匾额，由此可知陈氏宗族在长排村定居后日益壮大，渐入仕途，其后代陈氏长房十二氏陈大恩担任盐课大使。因此，在碧甲盐场虽多姓氏杂居，但以陈氏宗族支系最为庞大，其宗族建筑也成为聚落中的核心空间。

(a) 陈氏祖祠　　　　(b) 陈氏祖祠道光二十八"艖使第"匾额

图 4-72 碧甲盐场大型宗祠建筑

第四章 稔平半岛盐业居住景观

(a) 吴氏祠堂　　　　　　(b) 郭氏祖祠　　　　　　(c) 黄氏祖祠

图 4-73　碧甲盐场小型宗祠建筑

4.5　居住空间景观

盐民民居是居住空间中的重要组成部分，由于受到地理环境、产业发展、封建礼制和等级制度等多方面的影响，该片区存在多种盐民民居形制，主要包括竹竿厝、下山虎（又称爬狮）、四点金、五间过、三座落等五种基本民居形态（表 4-4）。

表 4–4　稔平半岛盐业聚落基本民居形态表

类别	竹竿厝	下山虎	四点金	五间过	三座落
平面示意图					
淡水盐场	✓	×	×	×	×
大洲盐场	✓	✓	✓	×	×
碧甲盐场	✓	✓	✓	✓	✓

资料来源：《广东民居》。[59]

157

三大盐场民居建筑的基本形制略有不同，淡水盐场中的盐业聚落仅包含竹竿厝这一种民居形制，类别较为简单，民居规模整体偏小；大洲盐场则包含竹竿厝、下山虎、四点金三种形制，但大多数民居仍旧以竹竿厝为主，相较于淡水盐场类别更为丰富，民居规模整体中等偏小；碧甲盐场中盐业聚落所包含的民居形制最为丰富，包含了以上五种基本形制，大多数民居以下山虎为主，其间穿插竹竿厝排屋和大体量的五间过和三座落民居。三大盐场的聚落民居在组合模式、形态细节上仍旧存在较大差异，各具特点，在此分类讨论。

4.5.1 淡水盐场：以竹竿厝为主体的小型民居

淡水盐场聚落本身规模偏小，其内部的民居建筑均为单开间式的竹竿厝。这种民居形态最基本的就是一厅一房的平房，以此为一节，多节连成排屋，形状如竹竿，在潮汕民居中被称为"竹竿厝"，其形态较为均匀，建筑占地面积小，布局紧凑，面宽窄而进深长，外观方正如印，整齐排列。这些民居呈现灰白色，砖木结构。根据空间差异大致可分为两种，一种为不带院落式竹竿厝，另一种为带院落式竹竿厝。

不带院落式竹竿厝与传统的竹竿厝接近，进深约 8 米，面宽约 4 米，长宽比 2∶1 左右，总面积集中在 30～40 平方米。房屋整体较低矮，高度在 4～5 米，以便抵抗台风，屋檐出挑约 50 厘米，可避雨水。不带院落式竹竿厝分为前厅后屋，通常以木板相隔，前厅为生活起居室，中央供奉先祖牌位，后房为卧室，放置床、衣柜等家具，后墙开窗用以采光，空间较为狭小局促（图 4-74）带院落式竹竿厝在原有基础上增加了前院，前院进深在 3～4 米，院内设有洗水池、小型的半开敞式厨房，使用面积比前者大，总进深更长（图 4-75）。淡水盐场居民形态表见表 4-5。

第四章 雷平半岛盐业居住景观

图 4-74 不带院落式竹竿厝

图 4-75 带院落式竹竿厝

表 4-5 淡水盐场民居形态表

形态名称	平面示意图	编号	细分形态	平面图（单位：毫米）	实景照片
竹竿厝		I	不带院落式	8000 × 4000（卧室 4000、厅堂 4000，另 150）	
		II	带院落式	11650 × 4000（卧室 4000、厅堂 4000、院落 3500，另 150）	

如图 4-76 所示，淡水盐场竹竿厝面积狭小，居住环境较差，在传统的潮汕民居中，这种房屋只是在大型府邸外围供给下人或庶支居住的。由此可以看出，当时淡水盐场的盐民生活环境艰苦、社会地位低下，在其中也未能产生较有权势的盐坰主或盐商，因此民居形制单一，空间面积狭小。

图 4-76 竹竿厝内部

4.5.2 大洲盐场：以下山虎和竹竿厝为主体的中小型民居

大洲盐场也以竹竿厝式排屋为主体，同时还包含下山虎、四点金这两类民居形制。大洲盐场盐业聚落的竹竿厝形态与淡水盐场接近，在此不再赘述。由于盐洲岛上的淡水资源极为匮乏，盐业聚落内不仅会开凿大量的公共水井，盐民也会在家中开凿水井以解决饮水问题。根据调研走访，可将水井位置归结为三类，即屋外有井、屋内有井、院内有井。其中前两者是在基本的竹竿厝民居内外设置水井，后者则多见于有院落的民居。大洲盐场盐业聚落中的水井数量多，公共水井和私人水井成为聚落内随处可见的独特景观（表4-6）。

表 4-6 大洲盐场盐业聚落民居水井分布

类别	屋外有井	屋内有井	院内有井
水井位置			
实物照片			

大洲盐场还穿插着少量中等体量建筑，形态结构类似于潮汕民居中的下山虎和四点金。第一类为下山虎，三合院式建筑，面宽约12米，进深在10米左右；它的平面功能布局如表4-7所示，入门为天井和厅堂，天井两侧为厨房和杂物间，厅堂两侧为卧室；通常从天井

中央入户，或者从厨房侧边入户。

　　第二类为四点金，这类民居是在下山虎的基础上增加前座合成的，中间天井四周被房屋围住，格局与四合院相似。四点金的中轴线上布置一前厅、一天井、一后厅，前厅与后厅两侧各设置一房，因其形态如"金"字而得名。四点金大门朝向与大厅朝向相同，平面开间并不大，面宽约为12米，进深在15米左右。在功能布局上，四点金的前厅作为接待之处，后厅则是起居室和家祠所在，天井左右两侧为厨房和杂物间，四角为卧室。在盐业聚落中，能够独立建立起一座四点金建筑的，一般已为小康之家，但在传统时期大多数盐民生活都极其穷苦，在大洲盐场该类民居并不多见。

表4-7　大洲盐场民居形态表

形态名称	编号	平面图（单位：毫米）	实景照片
下山虎	Ⅲ	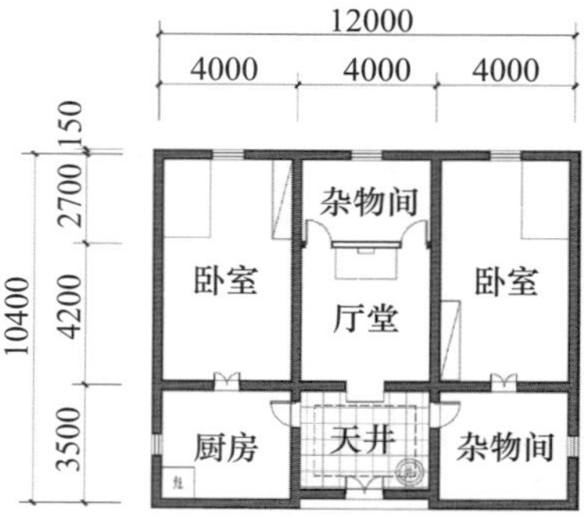	
四点金	Ⅳ		

　　下山虎和四点金的民居体量大于竹竿厝，功能也更为齐全，居住

体验更佳。在大洲盐场盐业聚落中，拥有这两类住宅的人通常是小型盐埕主或盐商，例如唐甲村与翁甲村的林氏，曾是村落中的盐埕主，所建住宅明显大于周围的竹竿厝式排屋，相比普通盐民他们积累了更多财富，因而得以修建规模更大的院落。

4.5.3 碧甲盐场：以大型围屋为主体的中大型民居

碧甲盐场盐业聚落中所包含的民居种类最多，可见的基本形制有竹竿厝、下山虎、四点金、五间过、三座落。其中，以下山虎最为常见，竹竿厝次之，这些民居和前面两个盐场的形制接近，在此不做重复描述，本节重点对五间过和三座落进行分析（表4-8）。

表4-8 碧甲盐场民居形态表

形态名称	编号	平面图（单位：毫米）	实景照片
三座落	IV		
五间过	V		

三座落也叫三厅串，即前厅、中厅、后厅三厅连贯排列，该形制是在四点金的基础上纵向再添加一组下山虎，形成三进院落。在功能方面，前厅作为门厅空间，中厅又叫大厅，用于日常生活起居、客人接待，后厅则用以祭祀祖先，放置牌位；三厅两侧房间用作卧室，天井两侧房间用作厨房和杂物间。三座落的大门位于建筑中轴线的最前端，多朝南向或者西向。开间尺寸与三座落相同，约为12米，进深在24～30米，占地面积较大。五间过是由四点金横向发展而成的五开间建筑。五间过的中心天井较大，前后两排房屋共计两厅八房，前厅接待客人，后厅用于生活起居和祭祀祖先。天井两侧设置厨房和杂物间。五间过进深与四点金接近，约为15米，面宽较宽，多在20米左右。

该区域的聚落规模普遍庞大，诞生了很多大型民居，这些民居在原有的基础形制上相互组合，延伸出多种组合模式，形成了类似围屋、五间过式三座落的组合式民居形态。例如长排村的集庆堂是一座五间过式三座落的组合式建筑，即在五间过的基础上再增加一进院落的组合式院落。这是村中最大盐埔主陈氏的"祠宅一体式"住宅，建造于清代，坐北朝南，通面阔19.8米，通进深30.95米。平面功能布局与三座落相似，分为门厅、中厅、上厅，天井两侧均置庞廊，庞廊前端分别留巷道通左右厢房，建造规模庞大（图4-77～图4-79）。

范和村的罗冈围同属于组合式的大型民居，其外围环绕一圈竹竿厝，东、西、南、北各设25间，除去三座门楼共计97间；围内为48座下山虎式建筑（图4-80、图4-81）。无论是三座落、五间过，还是组合而成的大型民居，都说明碧甲盐场盐业聚落中产生了远富于普通盐民的盐埔主、地主、盐商或者盐官，而出身卑贱的盐民仍旧居住在靠近村落边缘的竹竿厝与下山虎式小型民居中，盐业聚落较大的阶级差异与贫富差异使得碧甲盐场形成了与前述两大盐场不同的居住空间形态。

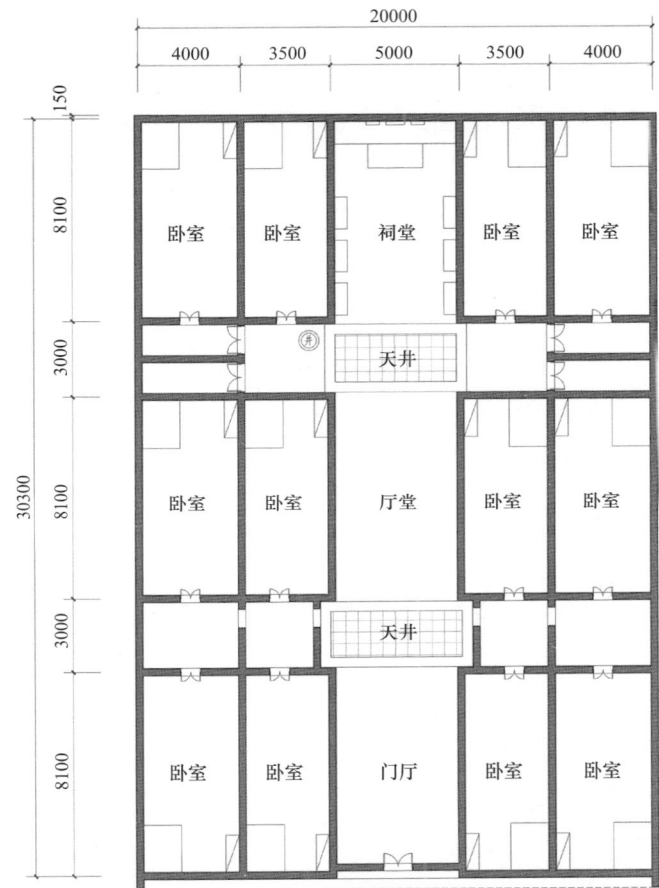

图 4-77　长排村集庆堂平面图

图 4-78　长排村集庆堂侧立面

图 4-79　长排村集庆堂正立面

图 4-80　范和村鸟瞰

图 4-81　范和村罗冈围

4.6 本章小结

本章主要围绕盐业聚落展开，从宏观层面解析了盐业聚落的时空发展，从中微观层面探究了盐业聚落居住空间的景观特征。

稔平半岛上的盐业聚落的诞生大致分为四个历史时期，宋代煮盐聚落在淡水盐场初步萌芽；元代煮盐聚落在碧甲盐场和淡水盐场缓慢扩张；明代晒盐聚落在淡水盐场和大洲盐场迅猛形成；清代晒盐聚落在三大盐场持续扩张。淡水盐场与大洲盐场的盐业聚落以"纯盐业为主、渔农为辅"，盐业聚落分布在盐田内部，外出盐作十分便捷；碧甲盐场"先农后盐"的产业开发历程，使得盐业聚落多分布在盐田外，与农田的空间关系较盐田更为密切。稔平半岛盐业聚落的名称多以周边自然环境特征、盐业设施、盐业管理制度以及盐民迁徙来源地命名。

在聚落群布局模式上，淡水盐场聚落群为均匀散点式布局，聚落之间关联性较弱；大洲盐场聚落群呈现向心散点式布局，聚落之间依靠盐洲岛中央的人和墟进行连接；以上两大盐场中大多都是杂姓村，聚落体量小，也未能形成富甲一方的大姓，因而宗族组织相对不发达，这使得村内以庙宇建筑为中心的地缘组织远远强于以宗祠建筑为核心的血缘组织，聚落组团均以庙宇建筑及其前广场为核心展开。碧甲盐场聚落群呈现带状斑块式布局，盐业聚落之间关联性较强，且聚落规模普遍较大，村内发展起了以陈姓为首的大姓，陈氏为碧甲盐场片区最为庞大的家族，诸多大型盐埠主以及盐官均出自陈氏，大型盐业聚落多围绕陈氏宗祠建筑及其前广场展开。

盐业居住景观指盐业聚落内盐民赖以生活的空间，包含公共空间和居住空间两部分。其中，公共空间包含街巷空间、广场空间、公共建筑。盐业聚落中的街巷肌理有横巷式和围团式两种，小型盐业聚落以横巷式为主，碧甲盐场中的大型盐业聚落以围团式为主，即街巷围绕聚落内的围屋展开；常见的广场空间有庙宇及祠堂前广场、戏台广场、水井前广场、林荫广场等，淡水盐场和大洲盐场的公共广场多设在庙宇建筑前，公共建筑有着"重庙宇而弱祠堂"的特点，庙宇体量大于祠堂，祠堂多为单开间式零散分布在聚落中；碧甲盐场的公共广场多设在大型宗祠建筑前，以村内大姓祠堂为聚落轴线，庙宇建筑和其他小型祠堂零散分布周围（图4-82）。稔平半岛盐业聚落中广泛分布的妈祖庙或天后宫，说明妈祖在盐民心中占据着较为重要的地位。

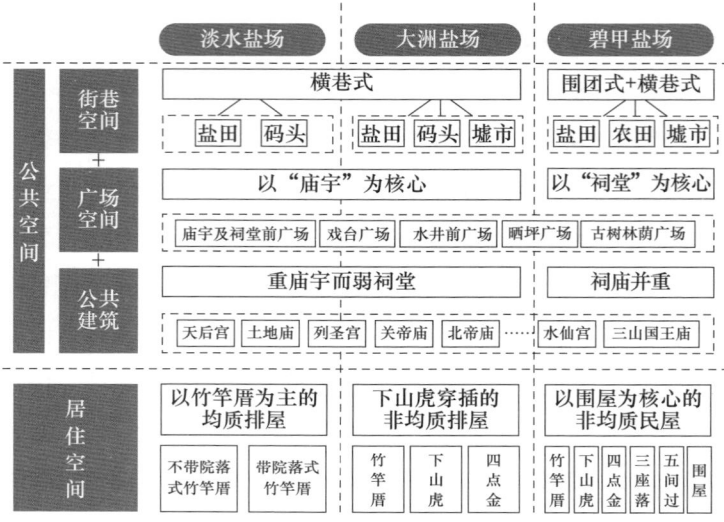

图4-82　盐业居住景观特征总结表

对于居住空间，重点分析盐村内的民居建筑，淡水盐场盐民与平海墟的盐埠主呈现居住空间上的分离，因此淡水盐场多居住贫苦的盐民，民居以单开间的竹竿厝式排屋为主，民居体量极小。在大洲盐场中，盐业聚落与墟市在空间上融合，使得盐民、盐埠主、盐商混住一岛，因此在竹竿厝的基础上还有少部分下山虎、四点金等中型体量民居；由于盐洲岛淡水资源匮乏，水井成为大洲盐场聚落内随处可见的独特景观。碧甲盐场民居形态最为丰富，包含了竹竿厝、下山虎、四点金、三座落以及五间过等，以中大型民居为主；在碧甲盐场中，盐民、盐埠主、盐商、盐官四者混住在一起，聚落内的民居建筑形态明显要比另外两个盐场更为丰富，体量也较前两者更大，这说明碧甲盐场产生了远富于普通盐民的盐埠主、地主、盐商或者盐官，使得聚落中的居民贫富差异巨大，这一点与前述两大盐场形成鲜明对比。

整体来看，稔平半岛三大盐场在地理位置上相隔并非很远，但由于片区内土地资源、制盐历史以及与周边墟市的空间关系等多因素的差异，盐业聚落呈现各自独有的特点，在此对淡水盐场、大洲盐场、碧甲盐场内的盐业聚落差异化特征进行梳理，并就产生差异的原因进行分析总结（表4-9）。

表4-9 稔平半岛三大盐场盐业聚落差异性分析

盐场		淡水盐场				大洲盐场				碧甲盐场			
差异性分析	聚落规模	小（平均规模1.67公顷）				较小（平均规模2.02公顷）				较大（平均规模4.55公顷）			
	聚落结构	以"庙宇"为核心				以"庙宇"为核心				以"祠堂"为核心			
	民居类型	类型单一：竹竿厝				类型较单一：①竹竿厝；②下山虎；③四点金				类型丰富：①竹竿厝；②下山虎；③四点金；④三座落；⑤五间过；⑥围屋			
	产业组成	纯盐业为主、渔农为辅				纯盐业为主、渔农为辅				先农后盐、农盐并重			
	居民类别	盐民	埠主	盐商	盐官	盐民	埠主	盐商	盐官	盐民	埠主	盐商	盐官
		✓	×	×	×	✓	✓	✓	×	✓	✓	✓	✓
	与墟市空间关系	分离				融合				融合			
	聚落经济	极穷				较穷				较富			
原因分析	原因一：稔平半岛三大盐场片区土地资源的差异导致产业发展的异同。淡水盐场和大洲盐场土地主要以滩涂为主，周边缺乏良田，仅能以纯盐业为支柱产业，经济基础较差；碧甲盐场除了拥有辽阔的滩涂和浅海外，还拥有大面积良田，聚落通常以农盐复合型产业为主导，良好的经济基础使得碧甲盐场规模较前两者更大												
	原因二：盐业聚落内居民身份的差异是导致民居类型多样的主要原因。淡水盐场由于与墟市的地理空间相隔，盐场片区内仅存在最底层的盐民，因此民居以小体量的竹竿厝为主；大洲盐场内还产生了小部分盐埠主和盐商，盐埠主和盐商居住在体量更大的民居内，因此民居类型较淡水盐场更丰富；碧甲盐场盐民、大盐埠主、盐商、盐官混居在该片区，因此民居样式更为多元，出现了各类中大型民居建筑												
	原因三：销盐之利大于产盐之利，与墟市的空间位置关系使得三大片区聚落发展出现差异性。淡水盐场与平海墟隔海相望，呈现出空间上的分离状态，盐墟贸易较难带动对岸聚落的经济发展；大洲盐场的人和墟位于盐洲岛中央，周边盐业聚落能够受到盐墟带动，但由于人和墟规模较小，整体发展依然受限；碧甲盐场的稔山墟、范和墟在空间上与盐业聚落融合，销盐之利大大影响了周边盐业聚落，加之多样化的产业发展，使得碧甲盐场片区经济最为发达，聚落规模体量整体偏大												

第五章 稔平半岛盐业运销景观

长期以来渔盐商品的运销促进了盐运线路以及周边墟市经济的蓬勃发展，白居易的《东楼南望八韵》中的"鱼盐聚为市，烟火起成村"，描述的正是这一番繁荣场景。盐为古代最重要、最稳定的专卖商品之一，国家对于盐产地和盐销区都有严格把控。稔平半岛三大盐场作为一个庞大的盐业体系，所产海盐与周边区域发生着广泛联系，尤其与粤北、江西、湖南等地联系密切。如图1-9所示，在盐业景观体系中，运销景观作为"生产—运销—居住"铁三角的重要部分，是将海盐从产地运往销区，并将营收反馈给居住地盐民的必要部分。本章重点对运销景观的结构组成、稔平半岛三大盐场的盐运线路以及销盐墟市进行景观特征分析。

5.1 粤盐运销背景与盐业运销景观构成

5.1.1 粤盐运销历史背景

盐为"食肴之将"、人人所需，若长期不食则四肢乏力，而食盐并非处处可得，加之运盐之利往往大于产盐之利，故自古以来，虽运销方式时有不同，但封建政府对食盐运销的控制越来越严。清代时期，粤盐已经形成了较为固定的运销线路和行盐片区，本部分内容对清代粤盐运销历史背景进行梳理，作为探究稔平半岛三大盐场运销景观的前期铺垫。

5.1.1.1 粤盐运输四大河道：韩江、东江、北江、西江

盐在古代为大宗商品，吨位较大，在陆运交通不发达的古代，多采用水运的方式将盐从产地运往销区。由第二章中广东盐场分布可知，古法制盐时期的广东盐场主要以珠江三角洲为界，分东西两大产区，这两大产区内各大盐场均沿海岸线呈带状分布，并在江河入海口

区域最为集中，成为水运的起点。

两广盐运主要依赖珠江和韩江两大水系，其中珠江水系以广州为盐运中心，沿海盐场的盐沿海岸运输，入珠江口，至广州东汇关，然后分别从东、北、西江转运（图5-1）。东江是珠江水系东北方向汇集而来的支流，发源于赣南，末端汇入广州后从珠江三角洲出海，是粤盐向粤东北片区分销的主要渠道，主要流经惠州、河源、赣州等区域。除此之外，以惠东稔平半岛为代表的三大盐场，也依托东江向北运输至粤东北以及赣南等地区。北江由北向的连江、武水、浈江三条支流汇集而来，是粤盐运向清远、连州、乐昌、宜章、临武等地的主要渠道，行盐区域主要覆盖粤北、湘南及赣西南区域。西江流域范围广，向西辐射整个广西壮族自治区，跨两广后还可抵达黔南和湘西地区。韩江流域较为独立，是广东省第二大河流，上游由梅江和汀江汇合而成，梅江为主流，发源于广东省紫金县，处于与福建交界的粤东地带，韩江的出海口是韩江三角洲，在汕头市注入南海。位于韩江三角洲一带的石桥盐场、隆井盐场、小江盐场都依托韩江北上将海盐运往赣南以及闽西一带。

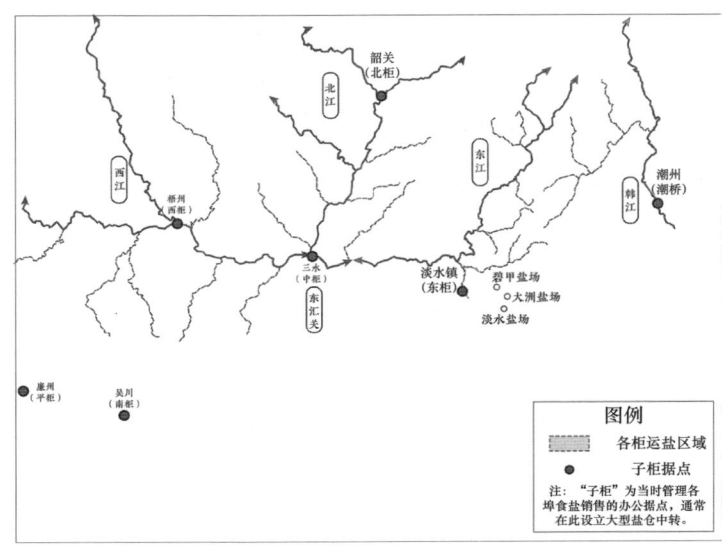

图 5-1 粤盐运输四大河道

5.1.1.2 粤盐七大行盐片区：六柜一潮

清乾隆年间改埠归纲，广东所产食盐运销两广行盐区，其中配商

151

发运点有两个，一为广州东关，二为潮州广济桥。[60] 沿海一带盐场需要将海盐集中运输到两个配商发运点进行集中仓储，再通过东江、北江、西江、韩江统一运销到各埠地，从前者配运的称为省河之盐，从后者配运的称为潮桥之盐，有的盐场离埠地较近，便直接从盐场调配到埠地（图 5-2）。因而粤盐的配送分为三种形式，在广州东汇关配送的称为省配，在潮州广济桥配送的称为桥配，在产盐地直接配送的称为场配（又称坐配）。

图 5-2 "六柜一潮"运盐格局图

改埠归纲共设一百八十八埠，将粤盐销区划分为东、南、西、北、中、平六柜和潮桥区，埠地可达粤、赣、桂、湘、闽、黔六省，这"六柜一潮"的范围涵盖了当时粤盐所有的行销区域（图 5-3）。并设六处子柜，东江设在惠阳淡水镇、北江设在韶州、西江设在梧州、中江设在三水，这些子柜是当时管理各埠食盐销售的办公据点。

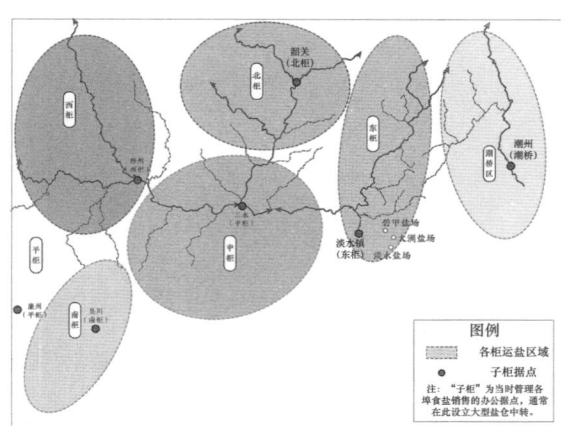

图 5-3 "六柜一潮"行盐范围
资料来源：根据道光《两广盐法志》改绘。

5.1.2 盐业运销景观构成

稔平半岛三大盐场以"线"为特征的销盐网络将产盐、运盐和销盐的聚落"点"联系在一起，以使海盐能够运往内陆各大埠地，从而形成完整的运销景观。"线"（运销线路）和"点"（沿线聚落）之间的关系可以说是盐业经济上"互补"，盐运空间上"联动"，海盐文化上"同源"。运销景观单元构成如图 5-4 所示。

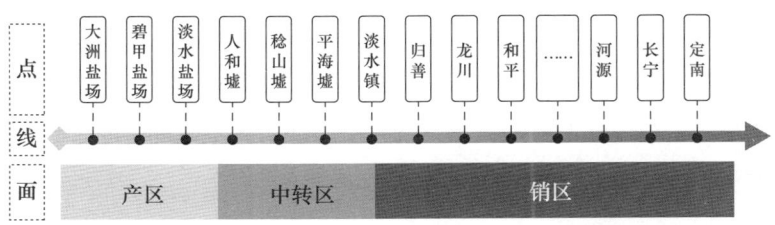

图 5-4　运销景观的单元构成

因而在梳理运销景观时，本书将从"点""线""面"三个维度出发，划分成"以线达面"的运销线路单元，以及"以点串线"的墟市节点单元，把稔平半岛的运销景观解构成两大层面逐一进行分析研究。

5.1.2.1　运销线路单元

从"线"的层面，将海盐从产地到销区的运销线路以淡水镇的东柜小淡水厂为界，划分为"汇集段"和"分销段"两段。在小淡水厂之前，稔平半岛三大盐场将各场海盐以海运为主的方式运输到惠阳淡水镇进行集中仓储；此后，再通过漕运的方式利用东江河道将盐分销到各大埠地。

在下述分析中，将从宏观层面重点把握稔平半岛海运、漕运、陆运线路走向，稔平半岛海盐最终的行盐区域和行盐面积，以及运销线路与周边墟镇的空间联动关系。

5.1.2.2　墟市节点单元

在运销线路上，串联着诸多功能节点，其首端串联起盐产地的各大盐场，中途串联起销盐墟市，末端串联起各大行盐埠地，功能节点与运销线路两者之间相辅相成，缺一不可。

第三、第四章已经对盐场内的生产景观和聚落景观进行了特征研究，在本部分则对销盐墟市进行重点分析。根据墟市所在位置距离盐场远近，可将其划分为"产盐而兴的墟市"以及"运盐而兴的墟市"两类。产盐而兴的墟市，如三大盐场内因盐渔经济而兴旺的淡水盐场的平海墟、大洲盐场的人和墟、碧甲盐场的稔山墟等，均位于盐场内或盐场附近，不仅用以满足周边农业聚落的食盐需求，也是各大盐商以及盐官的所在地，与盐场关系密切。运盐而兴的墟市，如归善县平山墟、吉隆客仔墟、多祝老虎墟、白花口水盐埠等，均是盐运路上的墟市，因盐销而发展兴旺。

5.2 "以线达面"的盐运线路

在陆路交通不发达的古法制盐时期，水运是海盐等大宗商品运输的主要方式，加之两广境内河道密布，深入内地，依靠河道运输不仅便捷，而且成本较低。根据《(乾隆)两广盐法志》记载，稔平半岛三大盐场运销方式主要分为海运、漕运、陆运三种，又以"海漕为主，陆运为辅"。接下来对这三类运销线路的特征进行逐一分析。

5.2.1 海运线路：中转汇集、由少集多

稔平半岛三大盐场均临海而建，但并不临河，海运成为在分销之前将盐汇集到同一地点进行集中配送的第一步。海运线路主要分为两条，一条为场配运往淡水镇小淡水厂，另一条为省配运往广州东汇关。《两广盐法志》对淡水、大洲、碧甲三大盐场的运销线路均有较为详尽的描述：

淡水场在归善之西门内，至省水程七百一十五里，向产生盐；坐配归善、龙川、连平、河源、和平、长宁、永安、安远、龙南、定南、信丰等埠引馀拨艚运省，由平海营大星汛至大鹏经佛堂门、虎门

查验，抵东汇关候配。

大洲场在归善县属之大洲村中，大洲栅在归善县之永盈仓，至省水程俱八百八十五里，向产生盐，坐配安远、龙川、信丰、龙南、定南、长宁、连平、永安、归善、河源等埠。引徐拨艚运省，均由西炮台出口历平海大星过沱沪经佛堂门、虎门查验，抵东汇关候配。

碧甲栅在归善县属之平山，至省水程七百二十五里，向产生盐。坐配和平、龙川、信丰、定南、安远、龙南、连平、永安、长宁、归善、河源等埠。引徐拨艚运省由大鹏经佛堂门、虎门查验，抵东汇关候配。

从上述文字可知，三大盐场的主要运输路径较为一致，一条直接运往粤北以及赣南地区，属东柜所辖的范围，都是借助场配的方式，直接将海盐运往东柜子柜办公据点淡水镇小淡水厂进行集中发配，这是稔平半岛海盐前期汇集的主要方式；另外一条是在海盐有剩余的情况下，再运往广州东汇关集中省配（表5-1）。稔平半岛三大盐场靠近东江支流淡水河，因而直接采用了场配的方式将海盐运输至东柜小淡水厂进行集中配送，该线路比省配线路的行程短，效率更高。总体来看，无论是哪条海运线路，其目的都是将各大盐场分散的海盐进行集中整合，是一个由少集多的过程，也是海盐运销的第一步。

表5-1 海运线路对比表

	场配	省配
重要性	主要线路	次要线路
起点—终点	稔平半岛—淡水镇小淡水厂	稔平半岛—广州东汇关
途径海域	大亚湾—淡水河入海口	大亚湾—大鹏湾—珠江入海口

5.2.2 漕运线路：长途分销、由多散少

稔平半岛的海盐在通过海运集中运输至小淡水厂后，再依托东江水系由南向北运输至粤北以及赣南诸县。小淡水厂作为当时东柜子柜

的所在地，主要将海盐供给惠州府所辖的十三埠，即归善、长宁（新丰）、永安（紫金）、海丰、陆丰、龙川、河源、连平、和平以及江西省沼州府的信丰、安远、龙南、定南（表5-2）。

表5-2 清代东柜食盐配运销售地点表

	配送方式	盐场	埠地
东柜	场配	淡水盐场、大洲盐场、碧甲盐场	广东：归善、长宁、永安、龙川、连平、河源、和平、海丰、陆丰 江西：信丰、安远、龙南、定南
		石桥盐场、溦白盐场、小靖盐场、海甲盐场	广东：海丰
		石桥盐场、海甲盐场	广东：陆丰

资料来源：《（道光）两广盐法志》。

随后海盐依托东江漕运由南向北被运输至粤北及赣南诸县，东江水系长达500多千米，沿线途经归善、长宁（新丰）、永安（紫金）、龙川、河源、连平、和平七个粤北盐埠（图5-5）。海盐越过五岭抵达赣南后，在定南经过短途的陆运可抵达江西的龙南，再经桃江运至最北的信丰，依次涵盖剩下的四个赣南盐埠。

东江这条漕运线路很长，支流很多，是古法制盐时期稔平半岛所产海盐长途分销的主要途径。它供给了当时十三个县市的用盐，供盐面积高达3万平方千米，年吞吐量最高时达2万多吨，是曾经惠州盐业运输的大动脉。

5.2.3 陆运线路：短途集散、辅助运输

陆运线路多为运销线路中的辅助线路，在连接海运和漕运线路上起到重要作用。在分销过程中，局部地区河流不可通达时，则用短途的陆运来替代。惠州府供盐的十三埠中，海丰和陆丰两埠地与惠州府之间被莲花山脉隔开，漕运交通较为不便，于是形成了高潭古道、通平古道、船窝古道等茶盐商道。

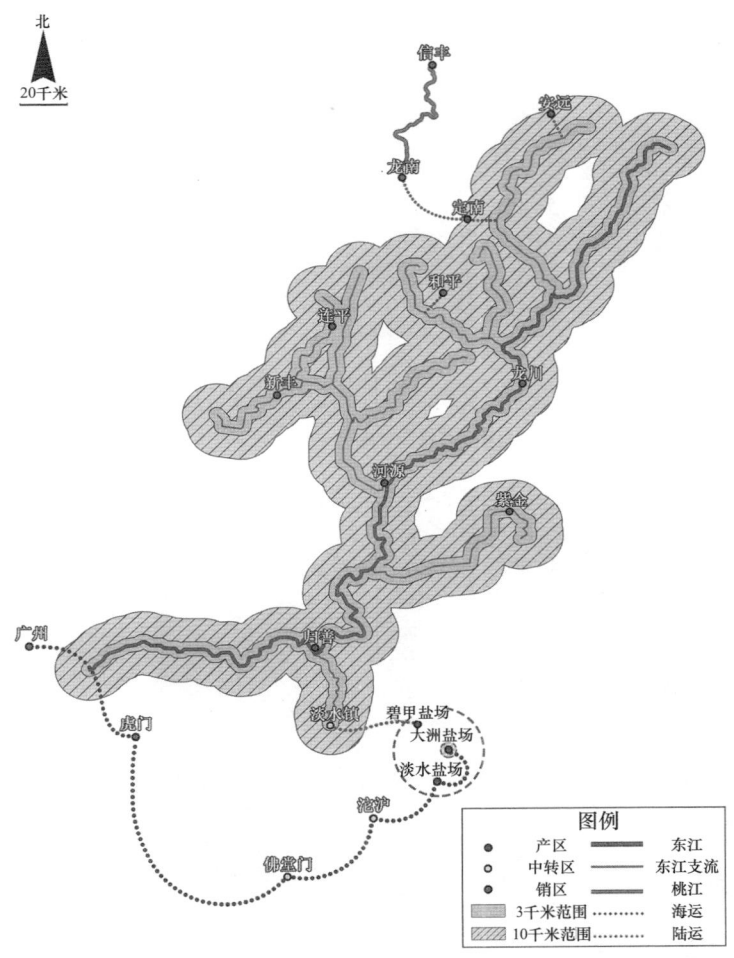

图 5-5 稔平半岛在东江的运输线路图
资料来源：根据清《（道光）两广盐法志》绘制。

  这些陆运古道与东江的支流西枝江上游相接，向西漕运可达惠州府城，向东陆运可达海陆丰，是沟通惠东与海陆丰的重要线路。高潭古道在明末清初时形成，每逢一、四、七圩日，两地村民携带海物山货在此来往交易。高谭古驿道担负着惠东地区与海陆丰地区商贸往来的重任，宽度在 1.5～4 米，以沙石路与土路为主，是较为重要的综合性陆运线路（图 5-6）。通平古道地处莲花山脉的通平溪谷中，是归善多祝墟通往海丰县城茶盐古道的中段，是一条以贩运盐鱼、陶瓷为主的民间商道，古道较窄，宽度 1 米左右（图 5-7～图 5-9）。

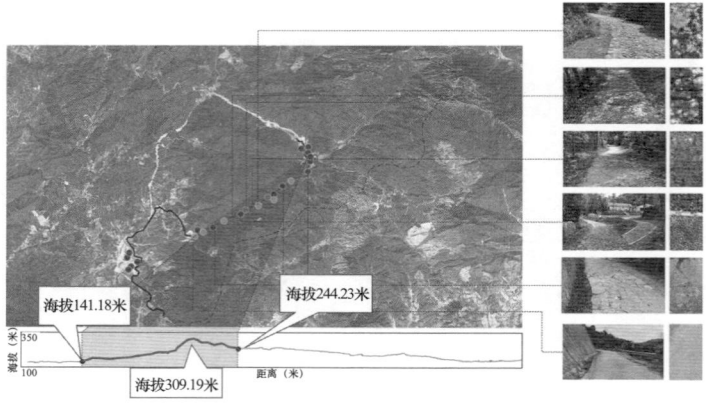

图 5-6 高潭古道陆运线路及古道现状图

图 5-7 高潭古道现状

图 5-8　高潭古道现状　　　　　图 5-9　通平古道现状

以上茶盐商道都靠担佚和木船交替运输，尤其在山路陡峭狭窄的地段，全靠人工肩挑背盐。古道过往的行人较多，高峰时每天有三百多人往返于古道从事盐贸交易，这不仅是当地居民农闲时的一种谋生手段，也是海盐短途集散、辅助运输的一种方式。

5.3 "以点串线"的盐墟节点

"卖盐市聚千家雪，渡水船归四岸烟。"清代诗人陆树英的《盐洲》诗句，道出了稔平半岛因盐而兴的墟市盛况。海盐的运销是推动沿线社会经济运转的主轴，也带动了运销线路上墟市贸易的发展，由此诞生了诸多打上"盐渔"烙印的墟市节点。在稔平半岛附近，由于海盐经济的兴旺，诞生了诸多"产盐而兴""运盐而兴"的墟市节点，本部分以稔平半岛范围内以"产盐而兴"的墟市为重点进行分析，主要包括淡水盐场的平海墟、大洲盐场的人和墟、碧甲盐场的稔山墟以及范和墟。

5.3.1　淡水盐场：一字形平海墟

平海墟是稔平半岛境内形成较早的墟市，东面与淡水盐场隔海相望，利用船舶沟通两岸；西侧紧邻平海所城，所城内设淡水场署（图5-10、图5-11）。平海因拥有盐场、盐仓和商贸渠道，成为归善县所有盐斤交收储存和贸易发运的集散地。平海墟以海盐产业为主的商贸活动最早可以追溯至宋元，随着淡水盐场盐业的发展以及平海所城的建立，墟市在明清得以形成规模。

图 5-10　与淡水盐场隔海相望的平海墟

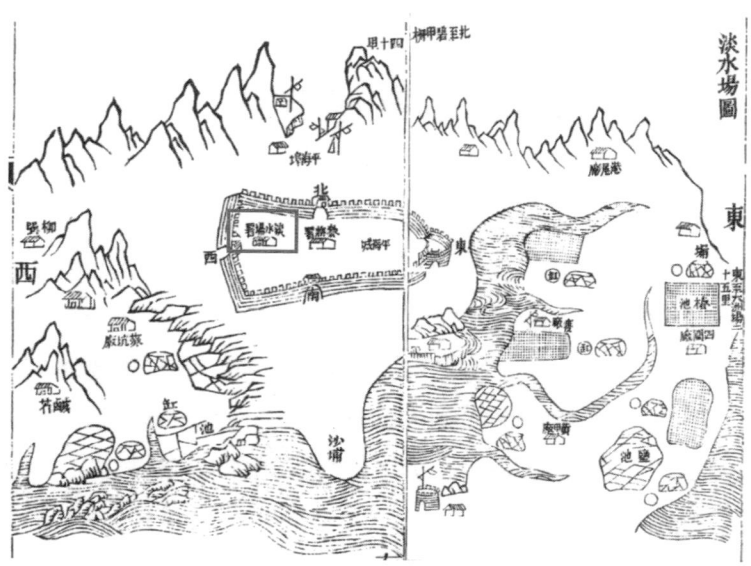

图 5-11　位于平海所城内的淡水场署
资料来源：《(道光) 两广盐法志》卷首图。

盐自古以来是朝廷财政的重要来源，到了明代淡水盐场得到进一步发展，而淡水盐场地处稔平半岛最南端，地形险要复杂，常常是倭寇觊觎之地，因而明朝政府在此修建了所城，一方面保护盐业税收，另一方面保护海上贸易。平海所城建立之后，万历七年（1579年），归善知县林民止在平海所城内设立淡水场署，负责管辖全县盐政和税收，并在城内建置盐仓，隶属平海管辖，由朝廷派兵直接保护，说明平海所城确实负有保护稔平半岛沿海盐场的责任。

平海片区以及淡水盐场因为有朝廷的保护，盐业更加兴旺，商贸更加繁荣。到了清代，平海所城东门的墟市已经逐步发展到了东部滨海，与淡水盐场隔海相望，平海墟在时空上呈现出由西向东、由城内向城外、由内陆向滨海的发展特征。海防和盐业的双重推动，无疑是平海墟不断发展扩张的内在动力（图5-12）。

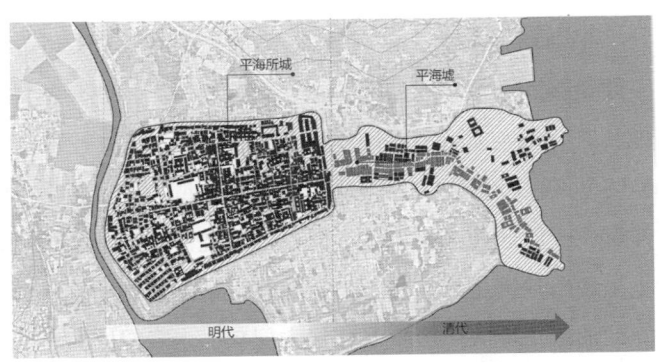

图 5-12　平海所城与东门外平海墟的时空发展

5.3.1.1　平海墟空间结构

平海墟和淡水盐场隔海相望，街巷自西向东，呈现一字形（图5-13）。墟市街两端连接平海所城与淡水盐场，从东市街开始，以码头结束，自清代开始这条街商贾密集，市场热闹繁华，码头船只络绎不绝。随着淡水盐场生产规模的不断扩张，平海墟自明后期以来，逐步成为该片区的食盐贸易中心，因而也吸引了东莞、潮州、海丰等周边县市的工商业者前来，商铺从东门村一直向上中村、西园村、葫角村延伸，形成了以商贾原籍地命名的街道，例如上海街、潮州街、东莞街、海丰街，还形成了以主营商品命名的街市，例如东市街、草街、鱼街、米街、铁街等。直至民国二十七年（1938年），平海共有商贸店铺、商行五百多间，已经成为稔平半岛乃至整个惠州沿海的重大商埠。

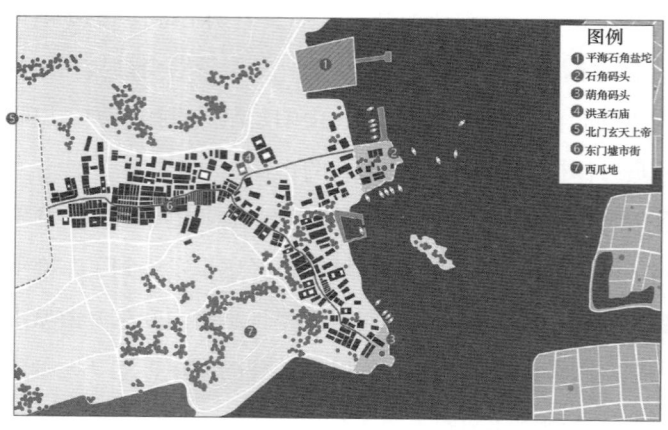

图 5-13　平海墟平面图

平海墟通向海岸的码头有两个，分为上埠头和下埠头。上埠头主要承接淡水盐场的海盐运输，附近设有平海石角盐坨和大片存盐坨地，它一端与墟市街的中段连接，中间途经洪圣古庙（图 5-14、图 5-15）。传统时期，盐田都是归属于盐埔主的，盐民只提供劳动力，盐埔主一般居住在平海墟，而盐民住在对岸的淡水盐场，在居住空间上呈现出盐埔主与盐民分离的状态。平海盐务所会将淡水盐场生产的海盐通过上埠头运至平海墟集中保存，由专门的搬运工和堆工负责运盐和屯盐，等盐坨堆到一定程度后，再从南部的港口镇统一雇用运输船来平海托运海盐，一艘运输船可以装载一万斤左右海盐，等待海水涨潮时从上埠头离港。

图 5-14　上埠头
资料来源：1969 年卫星图。

图 5-15　上埠头

下埠头主要负责平海墟内柴、米、油、盐等日常用品的进出，它是海丰街末端延伸至海岸的码头，是墟市街的最末端（图5-16、图5-17）。从外部进口的铅、锡、洋米等货物驳运到下埠头再由海丰街进入平海城内，再将集中在平海的盐鱼海货、陶瓷茶叶等转运至洋轮出口。古法制盐时期，下埠头乃至其东南片区都是船只集结的地方，往下约1.5千米即可出海。上埠头和下埠头不仅是通向墟市街的起点，也是平海墟和淡水盐场乃至外界发生关系的重要节点。

图5-16　下埠头　　　　　　　　　　　图5-17　下埠头
资料来源：1969年卫星图。

平海墟的主街由若干段组成，总长度约为650米，由西向东依次是东市街、石桥街、铁街、上村街、海丰街。每条街之间设有门坊划分街界，门坊上设有门栅用以防盗。东市街由平海所城内的十字街延伸而来，城内商铺较少，靠近东门外的位置则较为繁华，并且还向南北引伸出草街、鱼街、米街等诸多支路，该片区店铺密集，广行会馆就在东市街和石桥街的交会处，东市街宽度为4～5米，是整条商业中最宽的一段；石桥街和铁街两侧以小开间店铺为主，街长均在50米左右，街巷宽约2米，D/H值为0.67，街巷长宽较为适宜。

铁街的末端与上村街相连，上村街是商业街的核心段，街长80米，街巷宽度约3米，平海墟历史最久远的土地庙"福德祠"便设立于此，在上村街和海丰街的交界处，还引伸出一条支路通向洪圣古庙，这是祭拜盐业师祖的庙宇，再往东走可抵达上埠头，由此可见上村街在整条墟市街中占据重要地位。上村街与海丰街相接，一直通往下埠头，这条街也是商人从港口上岸的第一站，各类商品由海丰街通向内部墟市。海丰街根据自然村域又可分为上中村海丰街和葫角村海丰街，商铺主要集中在上中村段，两段街长共计 300 米左右，街宽 3 米。从街巷长宽来看，这条一字形商业街两端宽而中段窄，两端承接平海所城和下埠头，因人物疏散的需求设置了更加开阔的街巷空间，中部宽窄则较均匀。整体来看，平海墟街巷对整个平海以及淡水盐场的盐贸经济起到支持与推动的作用，为平海个体私营商业的多元化蓬勃发展创造了有利条件。平海墟街巷分布与名称如图 5-18 所示。

图 5-18 平海墟街巷分布及名称

5.3.1.2 墟市空间节点

（1）洪圣古庙。

洪圣古庙的前身是清朝用于管理盐吏的机构，这个机构随着清朝灭亡而被废除，同时，洪圣古庙也是祭拜盐业祖师爷的地方（图 5-19、图 5-20）。它位于平海墟上中村上村街与葫角街的交界处，向东可达上埠头，明清时期洪圣古庙靠近出海口，庙前曾是停泊大量盐船的港口。该建筑为一座三开间悬山顶建筑，面宽 10 米，进深 8 米，中间供奉洪圣大帝，左边供奉关公，右边供奉华光大帝；门前祭祀广场开阔，还建有祭拜亭和香火台，古庙门前曾设有石斗，用作盐斤买卖称量的公斗。

图 5-19　洪圣古庙平面图

图 5-20　洪圣古庙现状图

每年农历四月二十四为盐业祖师爷诞辰，祭拜洪圣古庙的主要有三类人：盐民、盐商、盐塴主。传统时期平海的大盐塴主会率领淡水盐场的盐民去洪圣古庙祭拜祖师爷，以保佑盐田量产，这是淡水盐场所有盐业聚落的共同信仰，在无形之中增强了零散分布的盐业聚落之间的凝聚力。除此之外，平海盐商们也会来此祭拜，祈求出海盐运能够一路顺风。祭拜洪圣古庙是当地盐业从事者的一种普遍做法。

民国时期，淡水盐场的盐民出资在平海墟上村街修建洪圣古庙，盐民在海盐丰收的时候都会前来祭拜洪圣公，那时候洪圣古庙往东即为大海，盐民日常拜洪圣公通常在汛期行船而来，因退潮后会出现大面积滩涂地，无法上岸。现如今盐埔主与盐商都已不复存在，只有淡水盐场还保留一些盐业聚落，盐民仍旧会定期来洪圣古庙祭拜，并出钱重修庙宇、举办诞辰仪式，但是日常还是由上中村理事会管理，经过数次翻新，洪圣古庙依旧香火不断，说明该庙在平海以及淡水盐场具有极高的地位。

（2）平海墟典型商铺。

商铺典型立面如图 5-21～图 5-24 所示。商铺典型平面如图 5-25、图 5-26 所示。

图 5-21　商铺典型立面 1

第五章 稔平半岛盐业运销景观

图 5-22 商铺典型立面 2

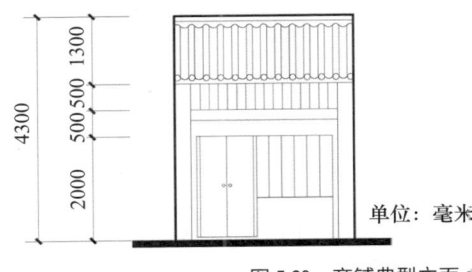

图 5-23 商铺典型立面 1

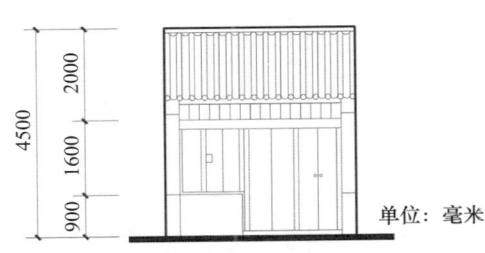

图 5-24 商铺典型立面 2

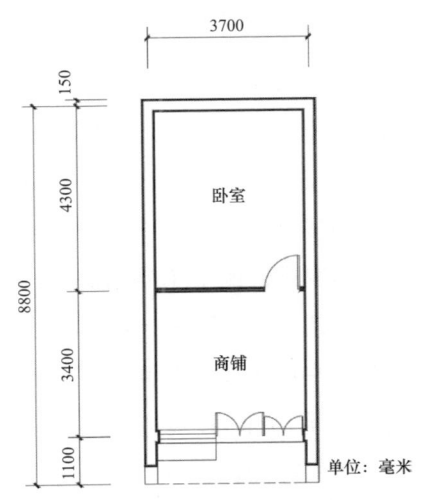

图 5-25 商铺典型平面 1

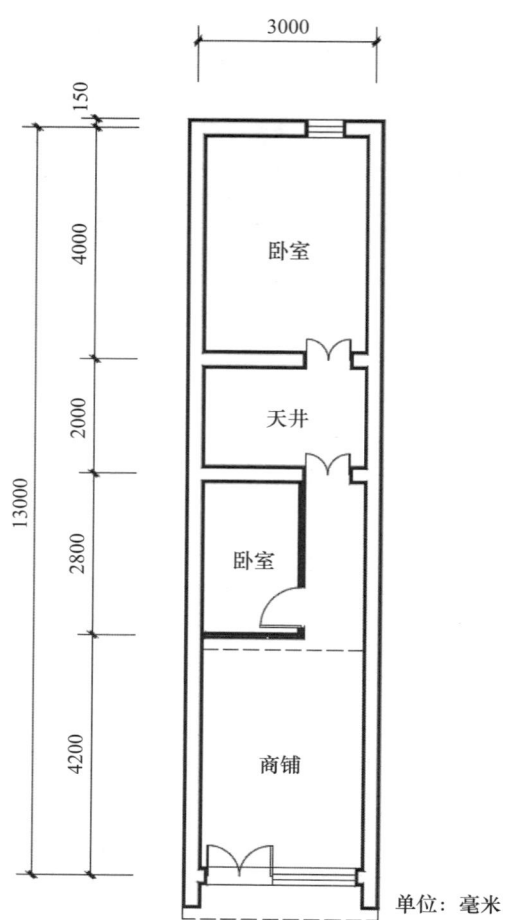

图 5-26　商铺典型平面 2

平海墟市街商铺林立，曾发展起诸多商铺行号，私营盐商有裕龙号、绍昌号、公安、远成等，饼行有顺兴号、源兴号，杂货店有同盛、同发、合盛号、合祥号等，药材铺有保济堂、宁寿堂、仁寿堂等，茶楼有永珍、顺兴等，铁器商有打财利等。曾经在平海墟最大的盐商是罗氏，其拥有的贩盐商号称为裕龙号，他们住在东市街以北的米街，拥有淡水盐场一个围的盐田，被称为罗段围，也就是如今的罗段村。平海个体私营商业在旺盛时期，共有商业店铺、商行 500 余间，米铺 70 余间，经济贸易极为繁盛。

平海墟商铺多以单间为主，进深 8～9 米，可分为大小开间两类。一类面宽较窄，约为 3 米，店铺前设有一个双开门，门宽约 1.1

米，门侧设有一个售货窗，售货窗前有一石台用以放置和展示商品，高度约为 80 厘米；另一类面宽较宽，约为 4 米，属于较大型商铺，店铺前设有一个双开门和一个单开门或两个双开门，大门用于进货，小门用于走人，日常仅开小门通行，门前设有双重门栅用以防盗，商铺侧面设有土地神龛用以祭拜（图 5-25～图 5-29）。

图 5-27 墟市商铺立面

图 5-28 用以防盗的门栅

169

图 5-29 土地公神龛

（3）广行会馆。

清代盐业生产达到了历史高峰，在此期间平海墟内出现了广行会馆、梅州会馆和潮州会馆，以"联比乡井，互资友助，权货出入，酌定规条"实行同乡互助和同行自治。广行会馆、潮州会馆主营业务为对外出口海鲜干货，有数条大帆船专门转运货物，往来于大小码头之间；而梅州会馆的商人则以出口茶叶、菜干等山货类大宗商品为主。

现存的广行会馆位于平海墟上中村的东市街与石桥街交会处。始建于清康熙四十六年（1707 年），由当时广府商户集资所建，乾隆五十四年（1789 年）重修。该建筑坐北向南，为砖木石结构，通面阔 9.08 米，通进深 28.52 米，建筑面积 259 平方米，为三进三开间布瓦硬山顶建筑（图 5-30～图 5-32）。中厅为抬梁式与穿斗式混合构架，随脊梁刻有："时大清乾隆五十四年岁次己酉仲春秋谷旦广行重修建立"。上厅的檐柱、金柱均用砖墙所替代。整座建筑体量大，木构架装饰精美，是平海墟经济快速发展的产物。

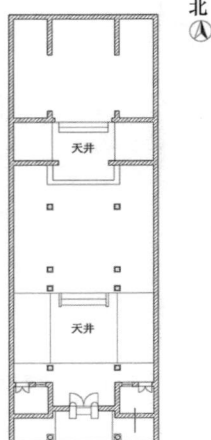

图 5-30　广行会馆平面图示意

图 5-31　广行会馆外立面现状

图 5-32　广行会馆内部结构
资料来源：全国第三次文物普查报告。

5.3.2　大洲盐场：十字形人和墟

清光绪年间，朝廷派广州人李欣荣监理大洲盐场小漠厂，他曾写有一首吟咏大洲盐场的五言长诗，"大洲环海堧，小漠远都鄙。风吹碌碡场，日澹鱼虾市。盐田划方罫，卤塿少洁地。艚舶类猬集，丁氓时麏至"。这首诗描绘出当时大洲盐场"艚舶猬集，丁氓麏至"的繁忙景象，也道出了以盐兴市的历史事实（图 5-33、图 5-34）。

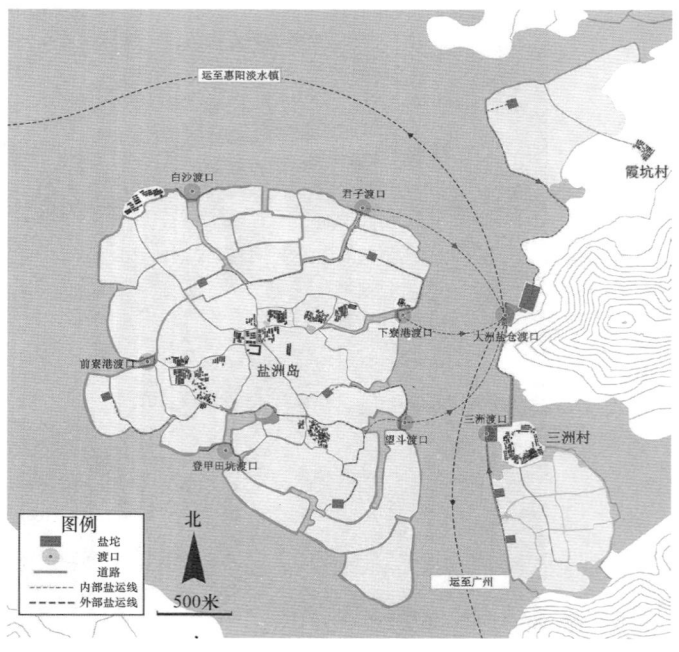

图 5-33　人和墟与盐业聚落及周边关系

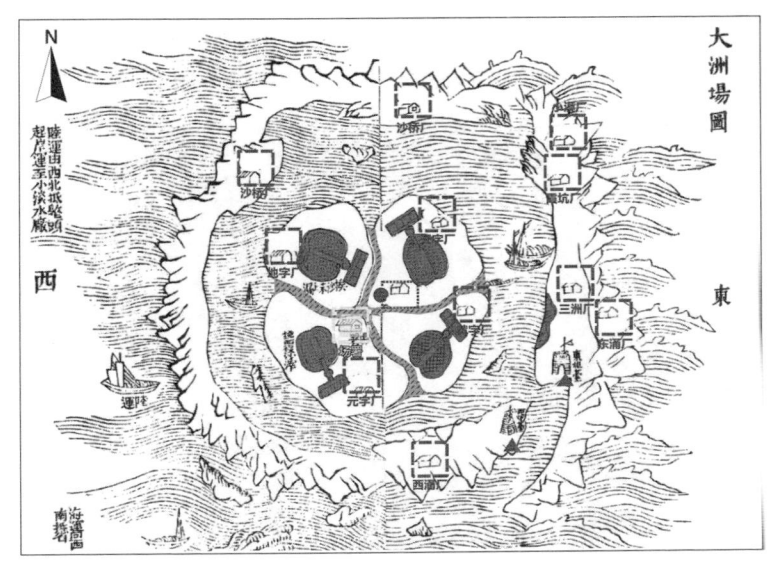

图 5-34　乾隆年间中心盐仓和场署位置
资料来源：根据《(道光)两广盐法志》卷首图改绘。

清初时大洲盐场在盐洲岛内并未设立墟市，但绝大部分盐业聚落都聚集于盐洲岛，盐民赶集需要乘船到黄埠墟，极为不便。长年盐作的环境使得盐洲岛土地盐碱化严重，缺乏粮食生产的农田空间，岛上 80% 的土地全部用于盐业生产，无法自产农产品，而对岸的霞坑村、沿盘村都有大量农田，聚落之间的贸易往来由此显得更为重要，墟市空间必不可少。清朝同治年间，前寮村程灵爷行善在大洲开墟，时称"人和墟"，当地人又称之为"市仔"。至此岛上盐业聚落的盐民不用跨海行船到黄埠墟去赶集。因岛上盐业聚落集中，岛屿面积小，人和墟不设墟日，日日当墟，其间的店铺每天从早到晚开张。人和墟诞生以后，周边吉隆、黄埠、小漠、铁涌等地的农产品和海产品纷纷进入，盐洲岛上的海盐也得以流出，成了稔平半岛较为繁盛的商贸点。

5.3.2.1　人和墟空间结构

人和墟位于盐洲岛的中心位置，距离岛上最远的白沙村仅有 1 千米左右。传统时期墟市有四条主街，呈现十字交叉状，这四条街将岛上各个盐业聚落串接起来，道路一直延伸至环岛的渡口，盐洲岛的渡口很多，并且临靠盐业聚落，例如开往对岸的君子渡口、下寮港渡口、望斗船埠头、前寮渡口等，都是货物上岸以及海盐出口的重要通道，墟市通过这些渡口与外界发生着密切联系（图5-35、图5-36）。

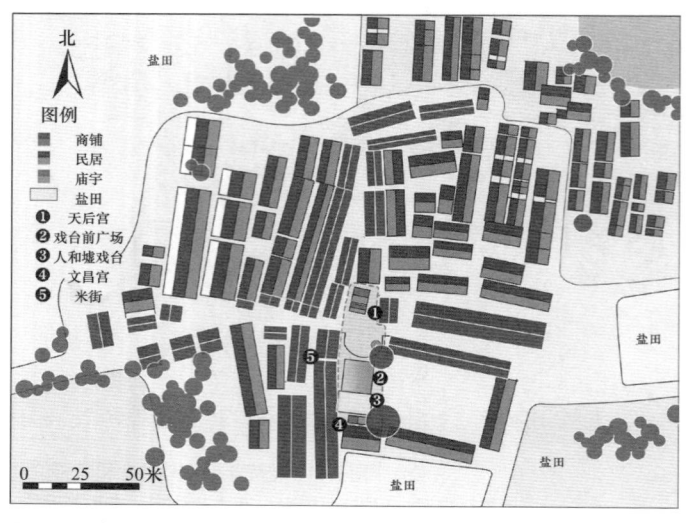

图5-35　人和墟平面图

图5-36　人和墟鸟瞰图

人和墟除了具备商贸功能，还承担着全区管理、祭祀、教育的复合功能，片区内的管理建筑、祭祀建筑、教育文化建筑都集中于此。如图5-36所示，大洲盐场曾经的大洲场署以及永盈盐仓就设置于靠近人和墟的位置；十字街中心还有一片天后宫祭拜的广场空间，设有岛上最重要的天后宫、天后宫戏台以及文昌宫等；曾经盐洲创办的蓬瀛书院也位于此处。大洲盐场片区所有的交易活动都在人和墟展开，该墟市频繁地进行渔盐及农副产品的贩卖。作为大洲盐场的中心市场，人和墟承载复合功能，很自然地成为岛上盐民各种文化活动的中心，具备"十字控心"的特点。

5.3.2.2 墟市空间节点

（1）天后宫公共广场。

天后宫公共广场是全岛最重要的公共空间，位于十字街的正中央，现包含一座人和墟天后宫、人和墟广场、人和墟戏台、古树以及一座文昌宫，面积约 1000 平方米，在清代和民国时期，这里还有一间书院和一座万灵寺（图 5-37、图 5-38）。人和墟的这座天后宫是岛上所有盐业聚落共同祭拜妈祖的地方，对面设置人和墟戏台，这是岛上最大规模的戏台，用于开展妈祖诞辰等祭拜活动。人和墟天后宫的开墟联写有"墟启人和传万载，王兴地利祝千秋"，再次印证了人和墟作为岛上首个墟市的历史事实。

图 5-37　天后宫公共广场

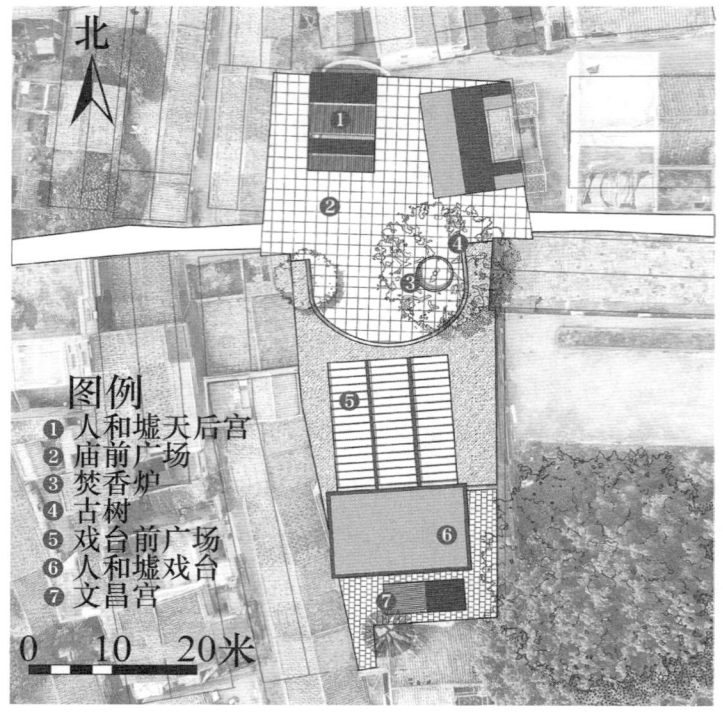

图 5-38　天后宫公共广场平面图

此外，该区域还设有较大的公共活动广场以及树下活动空间，是十字商业街前用于疏散人群的重要场所（图 5-39～图 5-42）。人和墟天后宫为全岛的祭祀中心，和十字街中心结合起来，将盐洲岛上十三个分散的盐业聚落联合成一个"自成体系的社区"。[61]

图 5-39　人和墟仔天后宫

第五章 稔平半岛盐业运销景观

图 5-40 古树下活动空间

图 5-41 人和墟广场

图 5-42 戏台空间

（2）典型街巷与商铺。

人和墟最早的街名为"米街"，现如今还能在米街看到曾经的店铺遗迹。米街长度在 100 米左右，宽度在 2.5 米左右，沿街建筑檐口高在 3 米左右，D/H 值约为 0.83，相较于大洲盐场的盐业聚落街巷更为开阔（图 5-43、图 5-44）。米街的典型商铺均为单开间建筑，商铺大门朝向米街而开，面宽约 4 米，进深 6～8 米，中间或侧边开门，另一边为售卖货品的窗口（图 5-45、图 5-46）。

第五章 稔平半岛盐业运销景观

图 5-43 米街

图 5-44 米街

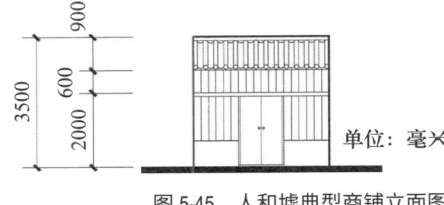

单位：毫米

图 5-45 人和墟典型商铺立面图

图 5-46 人和墟典型商铺立面

传统时期米街商铺林立，有米行、盐商、鱼档、布铺、饼家、烟茶店等诸多品类的店铺，同时发展起老字号的商铺不计其数（表 5-3），以盐商为例，就有廷合、公昌、同泰、日利、安兴、安盛守记、佛生、周泰等多个行号。"卖盐市聚千家雪，渡水船归四岸烟"描绘的就是大洲盐场人和墟因盐而兴的商贸盛况。

表 5–3 人和墟的老字号商铺

人和墟商铺	老字号
米行	丰合、钦记、合盛、同安、守记、双利大盛、成记、蔡合、佛生、蔡生记等
盐商	廷合、公昌、同泰、日利、安兴、安盛守记、佛生、周泰等
杂货铺	昌隆、英利、丰合、泰兴、佛生、大盛周泰、泗记、成记、生财、同安、顺源、玉源等
鱼档	丰合、养和、振昌、仁记、周泰等
布铺	义隆、振昌、全益、安盛、大昌、蔡生记等
饼家	三和轩、德馨、惠昌、义兴等
裁缝铺	义隆、端师、成添师等
酿酒	顺源、周号、鸿发等
船厂	泰顺等
烟茶店	雄昌、养和等

资料来源：麦文章的《漫话盐洲岛》。

5.3.3 碧甲盐场：鱼骨形稔山墟

清乾隆年间，潮州知府景江锦曾路过碧甲盐场的稔山墟，在《稔山道中》中记录下其途中的所见之景："车声沙石戛，海气水风兼。村落全依树，居民半贩盐。应怜步担妇，赤脚踏层尖。"描绘了稔山居民普遍以贩盐、运盐为生的历史场景。

稔山墟是海运盐道和潮惠古驿道下路的交汇点，海运可达小淡水厂、汕头、香港和广州东汇关等地；沿潮惠古驿道陆运可达惠州府城（图5-47、图5-48），交通枢纽的特殊地位使得稔山在很早就形成墟市集镇。明朝崇祯十七年（1644年），稔山就有村民在沿海从事养蚝等工作，形成了小片集市。后在康熙元年（1662年），由于受到当时海迁政策的影响，稔山成为当时归善县陆运食盐的重要枢纽站，居民在如今稔山老市场设立墟市，主要售卖盐、鱼等各类海产品以及周边农副产品。康熙十二年（1673年），迁海复界后碧甲盐场的盐业得以复苏，经济得到显著发展，稔山墟在盐业经济的推动下逐渐转变为稔平半岛的大型墟镇。稔山墟至今仍旧是稔平半岛重要的交通枢纽，同时也是铁涌、吉隆、黄埠、平海、海丰等邻近区域的盐鱼产品和农副产品等货物的集散地。

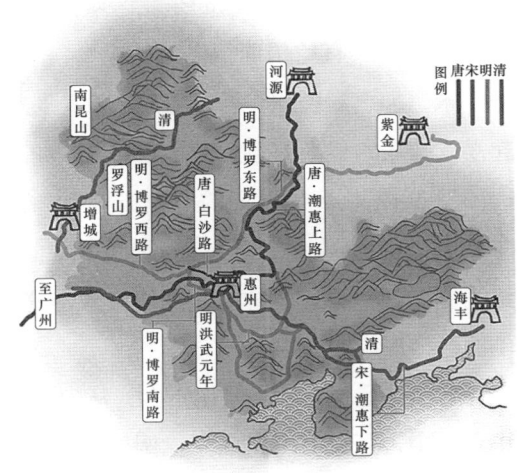

图 5-47　稔山墟与周边关系图
资料来源：《古驿道穿山越岭见证千年沧桑变迁》。[62]

图 5-48 稔山墟位置

5.3.3.1 人和墟空间结构

稔山墟位于碧甲盐场的东北区域，墟市南侧紧邻长排村，因墟市东侧山岗多长有稔树而得名"稔山"，稔山墟即老市场范围约 0.1 平方千米，加之周围的民居聚落总计 0.3 平方千米左右，其占地面积远超淡水盐场的平海墟和大洲盐场的人和墟，是稔平半岛最大的墟市之一（图 5-49）。民国时期的调查资料中，如此描述民国二十年（1931年）的稔山墟："人口约一万，通往南北之地，以石头堆成的狭隘道路为主，两侧小店面林立，是稍微繁华的市街。"由此可见当时的稔山墟已经形成较大的规模。

稔山墟呈现东北—西南走向，从内陆逐步往滨海区域发展。在墟市空间中，还设有多座庙宇，例如入口的财神庙（万家春）、靠北侧的谭仙公庙、武帝祖庙、靠南侧的玄坛祖庙以及靠近西侧农田的两座土地庙等。

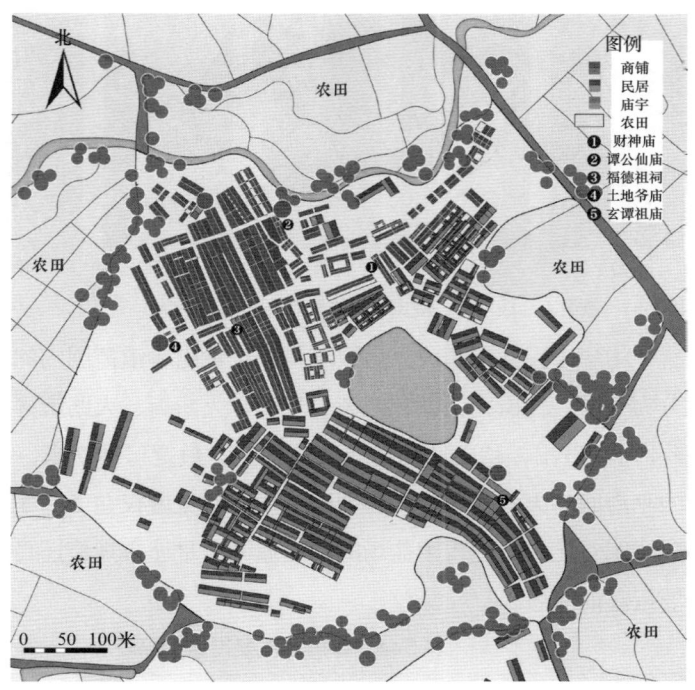

图 5-49　稔山墟总平面图

如上图 5-50 所示，稔山墟的老市场以鱼街为对称轴，其他街道对称分布，整体接近鱼骨形。从东至西依次为鱼塘边街、鱼边巷、当店前街、茶街、广隆街、石灰巷、隆庆街、大路街、车街以及大新街，商业街的总长度 1660 米，街道两侧商铺整齐排布（图 5-51）。其中与交通路相连的鱼街为中心轴线，宽度 3 米；茶街—广隆街、车街—大路街为传统时期的两条主要墟市街，宽度在 4～5 米，D/H 值约为 1.13，街巷整体较为开阔。

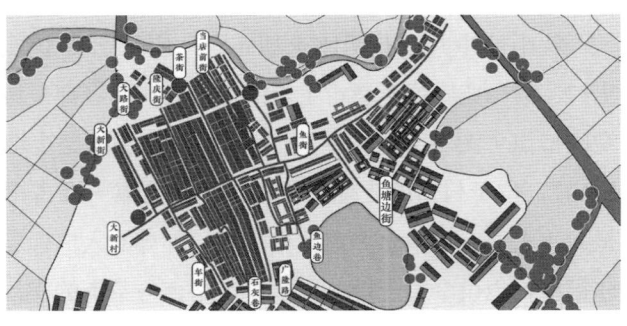

图 5-50　鱼骨形街巷肌理图

(a)　　　　　(b)　　　　　(c)　　　　　(d)　　　　　(e)

图 5-51　鱼街、当店前街、隆庆街、广隆街、大路街现状

中华人民共和国成立后政府将整个稔山墟镇范围内的数条街巷划分为一街、二街、三街、四街、五街、大新街、大路街等 7 条，从表 5-4 可以看出，稔山墟的街巷整体较宽，最宽可达 7 米，而淡水盐场的平海墟与大洲盐场的人和墟的平均街巷宽度仅在 2～3 米，由此形成鲜明对比，可见碧甲盐场的稔山墟无论是墟市规模还是街巷长宽都要远超前两者。

表 5-4　稔山墟主要街道情况表

街道名称	起止地点	宽度（米）	长度（米）	建设年代
一街	福新街—新兴街—庆元街	3.6	288	明末
二街	车街—鱼街—广隆街	3	354	明末
三街	茶街—大新街	5.8	610	明末
四街	鱼塘边街—顺兴围—新建围	7	930	明末
五街	柴街—王爷街—长兴里	3.4	896	明末

资料来源：《稔山镇志》。

5.3.3.2　墟市空间节点

（1）土地庙。

稔山墟中共设有两座土地庙，一座位于墟市通向农田和盐田的出口，另一座则位于墟市主街的交汇处，两者都是墟市中较为重要的空间节点（图 5-52、图 5-53）。所谓"庄头庄尾土地庙，田头田尾土地庙"，位于村口的土地庙规模较小，倚靠一棵古榕树而建，背后就是大片农田，是用来界定墟市空间和外界的入口标志；另外一座土地庙福德祠也供奉着土地公，位于大路街与茶街的交汇处，装饰极为华丽，并且进行翻新，可见稔山墟村民对其重视程度之高。稔山墟对于土地的信仰主要源于其多元的产业发展，在第四章曾分析到，稔山片区不仅是碧甲盐场的主营区域，还是稔平半岛主要的粮仓，在清代以前稔山一带以农耕文化为主体，这使得村民对土地极为崇拜，故而村民对土地公的祭拜相当频繁，以祈盼农业丰收，和土地庙有关的空间也更为常见。

图 5-52 土地庙

图 5-53 福德祠

（2）典型商铺建筑

古法制盐时期，稔山墟的商铺建筑多为砖木结构的瓦面平房，由泥砖或火砖混合建成，少数为两层木棚楼房，沿街是店铺；内、外墙抹石灰，建筑风貌整体呈灰白色（图 5-54～图 5-58）。沿街店铺多为宅店结合式，即前半部分售货，后半部分居住。由于建筑密度大，邻墙两侧无法开窗，采光条件不佳。商铺面宽在 4 米左右，高度可达 5～6 米，进深约为 10 米，商铺前外檐口处以及门窗处都设置有防盗门栅。稔山墟的店铺平均层高和进深普遍大于平海墟和人和墟，尤其是二层的阁楼空间更加宽裕，最高处可达 3 米，不仅可以储物，还能住人。

图 5-54 典型商铺正立面　　图 5-55 典型商铺正立面图

图 5-56 商铺街　　　　图 5-57 防盗门栅　　　图 5-58 防盗门插

5.4 本章小结

本章主要从"以线达面"的运销线路和"以点串线"的墟市节点两个层面出发,分析了稔平半岛盐业运销线路和盐墟的景观特征。稔平半岛盐业运输线路采用了海运、漕运以及陆运三者结合的方式,其中海运线路是将盐从生产地汇至中转地的主要途径,可分为短途场配以及长途省配两条线路,稔平半岛海盐则主要采用前者,跨大亚湾直接运至东柜小淡水厂;漕运线路用于将海盐分销至各大行盐片区,此过程以东江河道为运输大动脉,供给粤北、赣南以及海陆丰的十三个埠地用盐;陆运线路辅助运输,通过古盐道将海盐运至东江不经流的地区。

稔平半岛内"产盐而兴"的墟市包含淡水盐场平海墟、大洲盐场人和墟以及碧甲盐场稔山墟。平海墟呈现出自西向东的一字形结构,它与淡水盐场隔海相望,两者之间依托船运连接;平海所城自明代起就有军队防守,一方面保护盐业税收,另一方面保护海上贸易,这使得淡水盐场发展更加迅猛、商贸往来更加繁荣，同时也导致平海墟在时空上呈现由西向东、由城内向城外、由内陆向滨海的扩张规律，海防和盐业的双重推动，无疑是平海墟不断向盐场方向发展的内在动力。大洲盐场人和墟位于盐洲岛中央，十字形的街道将人和墟和十三个盐业聚落串联成一个整体，片区内的管理建筑、祭祀建筑、教育文化建筑也都集中于此，这使得人和墟成为盐洲岛上商贸、政治以及文化中心的所在地，极大增强了盐业聚落之间的凝聚力。碧甲盐场的稔山墟是海运盐道和潮惠古驿道下路的交会点，是整个稔平半岛的交通枢纽，街巷肌理呈现出鱼骨形，墟市规模最为庞大。

  整体看来，盐业经济在清代的迅猛崛起带动了这些墟市的扩张，表现出墟市与盐场同步发展的特点；盐墟与周边的盐农渔聚落都保持密切联系，以盐为生的盐民、盐埠主、盐商、盐官对墟市的依赖程度极高，这三类群体也依托盐墟而产生联结；墟市还承担着交通枢纽的作用，在墟市附近都有连接外部负责贸易运输的盐运码头或盐运古驿道，对外交通便捷；墟市呈现出以盐鱼贸易为主体，其他贸易相并发展的繁荣景象，在此期间出现了诸多盐铺、盐业会馆、盐业庙宇建筑等。理解本章盐业运销线路体系以及盐墟与周边聚落的关系，能够为后续稔平半岛盐业景观的保护与发展树立更为宏观的视角，以全局性的视角去看待盐运线路上的各类盐业聚落和盐业景观。

第六章 稔平半岛盐业景观的保护与利用

随着城镇化进程的加快以及现代经济模式的转变，稔平半岛三大盐场内的盐田逐渐荒废，传统盐业已经不再是盐业聚落的主导产业，盐民数量减少，更多年轻人选择离开乡村谋求发展。传统盐业的衰败，使得盐田这一文化景观渐渐消失，盐业聚落风貌也正在发生改变，大洲盐场"卖盐市聚千家雪"的绚烂历史景观早已不复存在。

然而，海盐文化仍是惠东稔平半岛不可或缺的文化组成，以盐田为代表的诸多盐业景观遗产成为如今不可复制的宝贵文化与旅游资源。在乡村振兴的进程中，必须高度重视以及利用这些能为传统盐业聚落带来新契机的文化景观资源。因此，本章就稔平半岛盐业文化遗产的分类、价值、困境以及盐业景观旅游开发思路进行探究。

6.1 稔平半岛盐业文化景观遗产的分类与价值

"文化景观反映了人类和自然环境共同作用所展示出的多样性"，[63] 盐业景观作为一种兼具"乡村"和"产业"双重属性的文化景观，仍旧具有较高的保护和开发价值。在乡村振兴、乡村文旅的大背景下，盐业景观若能被妥善保护并且加以利用，不仅可以保留珍贵的文化景观资源，而且能留住青年人、丰富传统经济模式，还能让盐业聚落重新活起来、富起来。为了更好地活化盐业文化景观遗产，应先对其进行分类梳理。

"文化景观也可分为技术体系的景观和价值体系的景观两大组成部分。技术体系的景观是人类在加工自然的过程中产生的，例如聚落、农业、工业、公共事业等，而价值体系的景观则是人类在加工自然、塑造自我的过程中形成的，例如民俗、语言、宗教等"。[64] 因此盐业文化景观遗产体现在物质与非物质的联合互动上，本书按照盐业文化景观遗产所留存的形态将其分为物质文化遗产与非物质文化遗产两个方面。

6.1.1 物质文化遗产类

盐业文化景观的物质文化遗产主要体现在人们利用自然物质加以创造，并附加在自然景观上各种人类活动形态，从而使自然面貌发生变化的景观，在稔平半岛。盐田景观、盐业聚落以及与盐业有关的建筑群都属于物质文化遗产。

6.1.1.1 盐田

盐田景观是盐民与土地相互作用的共同结晶，稔平半岛的制盐业从宋代开始，至今已有一千多年的历史，从明代开始转煮盐为晒盐，之后开始利用滩涂资源大力围建盐田，至清代达到两广盐场的巅峰，出现了"江天晴雪""朝时是水暮成银"等令人震撼的盐田文化景观。盐田作为稔平半岛盐业沿袭至今最为明显的文化表征，是探究传统盐业的"活化石"。从历史、科学的角度来看，最具遗产价值的无疑是当下依然留存的盐田，根据盐田的结构、功能、尺寸特征，能够大致判断出晒盐工艺以及流程。盐田景观除了晒水池和结晶池外，也包含与整个晒盐生产线路配套的景观，例如海堤、防风林、引潮沟、纳潮池等，具体组成在第三章生产景观部分已有具体说明，在此不再赘述。

从文旅资源的角度来看，盐田和哈尼梯田一样都具备较高的美学性和观赏性，盐田多处于滨海的户外滩涂上，占地面积较大，景观视野开阔。目前大洲盐场所残留的三洲盐田占地约35公顷，淡水盐场残留的盐田面积更是高达370公顷，并且都集中连片（图6-1）。在稔平半岛，传统的盐田底面通常用黄、黑、红鹅卵石材质铺地，海盐结晶后又呈现出无瑕的白色，因而在整体风貌上呈现出五彩斑斓的视觉效果，是具有较高潜在开发价值的旅游资源。

图 6-1　三洲村现存盐田景观

6.1.1.2　盐业聚落

稔平半岛存在不少曾经以盐作为主要产业的盐业聚落，现在仍旧有老一辈盐民在此生活，这些盐业聚落大多为滨海聚落，呈现出与传统农业聚落不一样的景观风貌，主要集中在稔山镇、黄埠镇盐洲岛、港口镇与平海镇。"无禾无麦未为贫，十八盐寮住海滨"就是对当时盐洲岛上十八个盐业聚落的描写，诸多盐村占据盐洲岛，形成较为独特的盐业聚落群；位于碧甲盐场的范和村，自元末初具雏形，再到明清的盐业鼎盛，距今已经有六百多年的历史，其间的古老营建、传统器物仍旧保留，被评选为"广东十大最美古村落"（图 6-2、图 6-3）。

图 6-2　盐洲岛聚落景观　　　　图 6-3　范和村聚落景观

这些盐业聚落将人和乡村紧紧地捆绑在一起，它们不仅承载了盐民对以往盐作生活的记忆，还留存了较多盐业历史遗迹。在保护与利用盐业文化遗产资源的同时，也应该带动盐业聚落的基础设施建设、盐民居住环境提升和乡村经济永续发展，必须以活化与带动盐业聚落发展为前提，才能从根本上为盐业文化景观注入持续的发展动力。

6.1.1.3　与盐业有关的历史建筑与文物

在稔平半岛的盐业文化景观遗产中，历史建筑（群）大多数都是盐民及盐埔主民居、盐商宗祠建筑、盐商会馆建筑、盐业庙宇建筑、盐仓等。此类资源通常在盐业聚落中以节点的形态存在，从文旅资源的角度来看，这些建筑是盐业聚落中的核心资源。例如在碧甲盐场的范和村中，现在仍然保留着 20 世纪的渔盐公社建筑，其同时也是清末范和盐厂的旧址；淡水盐场对岸的平海墟，曾经是稔平半岛最大的盐渔墟市之一，目前仍旧留有广行会馆、洪圣古庙、盐埠头以及大量的盐业商铺遗存，平海墟内还遗留许多与盐业有关的历史文物、地名，这些不仅是珍贵的盐业景观遗存，还是现今文化旅游开发中不可多得的稀缺资源（图 6-4～图 6-6）。

图 6-4　稔山镇范和村渔盐公社旧址

图 6-5　平海"盐道告示"碑文

图 6-6　平海墟上中村残碑碑文

6.1.2　非物质文化遗产类

盐业文化景观遗产不仅包括生动形象的物质实体，还包括盐业技艺、民俗和信仰等非物质成就。和盐业有关的非物质文化遗产可以分为三类：古法盐作技艺、盐业生产器具以及与盐有关的民俗活动。

6.1.2.1　古法盐作技艺

传统的晒盐"看天吃饭"，从制卤到蒸发结晶，整套过程均依靠人力，范端昂也曾感叹："天下人惟盐丁最苦。"[65] 全流程的手工制作过程较其他产业更为罕见，随着年轻人逐步转行，作为非物质文化的古法盐作技术随着传统盐业的没落而被逐渐淘汰，取而代之的是渤海湾一带大规模的现代化盐场的兴起，稔平半岛已经不再是海盐的主要产地。但曾经纯手工生产的两广盐因其"纯白不染"的盐质、甘甜的味道，被称为"饴盐"，较浙盐、淮盐更优，传统时期受到朝廷达官贵人的青睐，因此稔平半岛传统制盐技术仍旧是极具两广地域特色的文化瑰宝。因此，加强青年人对盐业文化景观遗产的认同感、使命感，是保护古法盐作技艺，并重现古法制盐最好的途径之一。古代盐作图和现代盐作图分别如图6-7、图6-8所示。

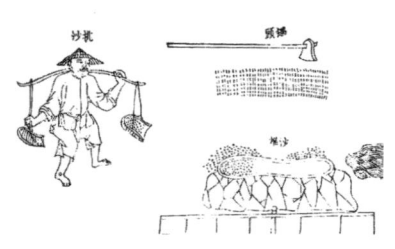

图6-7　古代盐作图
资料来源：《两广盐法制》卷首图。

图6-8　现代盐作图
资料来源：自摄于盐洲岛。

6.1.2.2　盐业生产器具

盐业生产器具是和古法盐作技艺相互依存的非物质文化遗产（图6-9）。在盐业生产过程中，每一个步骤都依赖人工推进，因而在此过程中也产生了诸多辅助生产的盐业生产器具，按照晒沙盐田和晒水盐田的差异，又可将使用的生产器具分为"理沙""引水""成盐"三类，本书在第三章中有详细说明，在此不再赘述。从文旅开发的视角来看，盐业生产器具是提升游客参与盐作体验的极佳辅助工具。在盐文化旅游过程中，增设互动式的景观装置，例如让游客手动耙沙、耙盐、踩水车等，能够有效提升游览过程的趣味性，以及游玩体验感。

(a)

(b)

(c)

图 6-9　盐业生产器具

6.1.2.3　与盐有关的民俗活动

盐业文化景观遗产同时反映了一定地域的生活方式，只有聚焦当地盐民的民俗文化、宗教信仰、饮食习惯等诸多方面，才能体现文化景观的真实性、风貌的完整性，以及盐民生活的连续性。稔平半岛留存下许多与盐业有关的民俗活动，例如淡水盐场每年农历四月二十四，盐民都会自发组织去对岸的洪圣古庙祭拜盐业祖师爷，传统时期盐商和盐埠主也会捐钱修缮洪圣古庙，这是淡水盐场片区所有从事盐业的村民共同的宗教信仰；大洲盐场的盐民每年在妈祖诞辰都会筹备盛大的"请阿妈"仪式，称为"出会"，各个盐业聚落都会组织队伍参加，一连持续好几天，活动阵仗很大，极为热闹；稔平半岛三大盐场的盐民，自古以来都有在农历正月二十进行"补天穿"的习俗，相传女娲补天后，依旧留有缝隙未缝补完，因而每年夏天滂沱大雨一直持续几个月，不仅造成洪水泛滥成灾，还导致盐业低产。盐业自古都是"靠天吃饭"，因此盐民就利用正月二十这天，用清香宝烛做好"补天穿"，食用糍粑或者年糕等食物，煎熟后用三支香插在上面拜完再食，以祭拜女娲娘娘补好天隙，祈求风调雨顺。

《两广盐法志》有载："淡水场盐有两种，曰晒水晒沙。晒水之盐，卤重色白，粒质粗大，晒沙之盐，卤轻色稍黄，粒质细小，最利腌制。"晒水法制得而来的盐咸味浓适合食用，晒沙法制得的盐颗粒小适合腌制。因而稔平半岛的盐民至今都食用手工海盐，利用海盐炒菜，还会利用海盐腌咸蛋、腌晒萝卜（俗称菜脯）、腌晒芥菜（俗称咸菜）等。

6.1.3 盐业文化景观遗产的价值

世界上的盐业文化景观遗产主要是盐矿、盐井等遗址，户外的海盐遗址由于日晒雨淋难以保存，因而像稔平半岛保存如此完整的盐业文化景观较为稀少，这是研究盐业景观珍贵的典型先例，蕴含独一无二的盐业文化景观遗产价值。为更好地保护和开发稔平半岛盐业文化景观遗产，本部分主要从科学研究价值、传统风貌价值、生态保护价值、文旅开发价值四个方面展开论述。

6.1.3.1 科学研究价值

稔平半岛的盐业文化景观形象地反映了传统时期滨海盐业聚落生活与生产的基本情况，对于探究该片区盐业文化景观特征，全面系统地研究稔平半岛文化、历史、经济等多方面发展规律，合理统筹片区的文化资源，科学系统地制定稔平半岛发展规划，都具有重要的科学研究价值。

6.1.3.2 传统风貌价值

稔平半岛的盐业文化景观既是历史的产物，又是历史的载体，它记载了盐业一千多年来随着历史发展而不断进化的各种信息，最能直观地反映片区内的传统景观风貌。《实施保护世界文化与自然遗产公约的操作指南》中第一条就提到"文化景观属于文化财产，代表着自然与人联合的工程"。盐业文化景观作为人和自然共同创造的结果，基于本研究搭建的"生产—居住—运销"体系框架，稔平半岛独特的盐业传统风貌包含盐田生产景观风貌、盐村居住景观风貌以及盐墟运销景观风貌。

6.1.3.3 生态保护价值

在传统的盐业景观中，海洋、红树林、盐田以及盐村等景观紧紧联系在一起，构成了较为完整的盐田生态系统。在盐田与海岸的过渡带，生长着大量红树林植物，为濒临灭绝的水鸟以及水生动物创造了良好的栖息环境；红树林与海堤作为最外围的景观要素，有着防风抗浪的作用，进一步保护了盐村和盐田，使得盐民能够顺利地开展晒盐、捕鱼等生产活动，进一步维持了生态系统的稳定性。盐业景观是盐民与自然长期以来和谐相处的见证，使得稔平半岛盐场片区呈现出较为良好的生活、生产、生态环境。

另外，盐业景观在维持大自然中盐分循环的过程中也发挥着重要作用。大自然的水循环能够携带盐分从内陆流向海洋。雨水通过对岩石或者土壤的冲刷和侵蚀，携带一定量的盐分；在聚落的生活排水中，也含有大量盐分，地球上的河流每年向海洋输送 40 亿吨的盐分，这些水流通过地下径流和地表径流，汇集成江河流入大海，完成盐分由陆地向海洋的转移（图 6-10）。

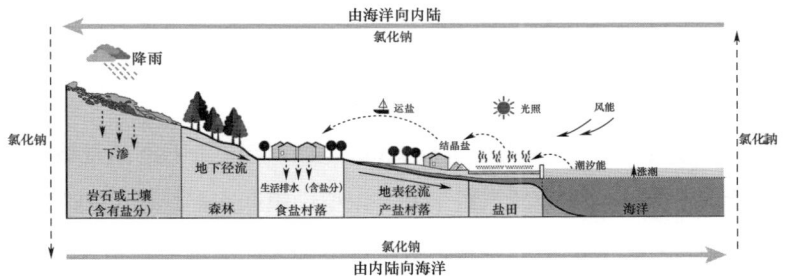

图 6-10　盐分循环剖面示意图

但盐分的移动并非单向的，盐业景观是使盐分从海洋流回内陆的重要途径的组成部分。盐民利用海洋的潮汐作用，使得海水浸灌盐田；借助太阳能和风能，将海水蒸发转化为结晶盐，这些海盐通过河流运往内陆的销盐聚落，从而完成盐分从海洋向内陆的转移。在聚落中，村民食用海盐后又通过生活废水将盐分排入河流，再汇入大海，由此形成盐分的稳定循环。因此，保护好盐业文化景观对维持滨海区域生态格局以及盐分平衡具有重要价值。

6.1.3.4　文旅开发价值

盐业文化景观遗产因其独特的景观风貌以及丰富的组成而具备较高的文旅价值。长期以来，稔平半岛大多数盐业聚落仅以晒盐为传统产业，并没有产生良好的经济效益，盐田本身就属于一种传统的乡村生产景观，对于长期久居城市的居民来说具有较高的吸引力，可以从文化旅游的视角切入，考虑丰富稔平半岛盐业聚落的经济类型。以文旅产业为依托，衍生滨海乡村的产业种类，通过这一途径，也能使荒废的盐田被再利用，流失的青年群体回归乡村，从而帮助盐业聚落焕发新的生命力。

6.2 稔平半岛盐业文化景观遗产现状与困境

稔平半岛盐业文化景观遗产的现状并不乐观，主要存在以下三种困境：盐田大规模荒废、传统盐业聚落风貌被破坏、古法晒盐技艺丢失。

6.2.1 盐田大规模荒废

随着稔平半岛现代经济模式的转变，传统盐田逐渐荒废。尤其是近五十年，盐田数量直线下降，以稔山镇碧甲盐场最为典型，目前仅残存几块破裂的盐田斑块，锐减速度惊人，淡水盐场和大洲盐场的盐田保护也不容乐观，盐田减少约一半的面积。盐田由于长期缺乏人工打理，目前积水或者开裂严重，引水渠和储卤池长满荒草、池壁坍塌，导致通道堵塞，整体面貌破败不堪，与周边新开发的现代化楼盘形成鲜明对比。稔平半岛的盐业文化景观正在受到侵蚀，逐步丧失原始风貌（图6-11～图6-13）。

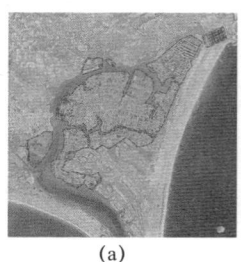 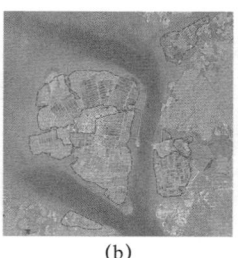 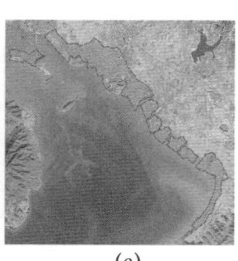

(a)　　　　　　　　　(b) 　　　　　　　　　(c)

图6-11　1972年盐田范围
资料来源：根据1963年USGS卫星云图改绘。

(a)   (b)   (c)

图 6-12   2021 年盐田残留范围
资料来源：根据 2021 年谷歌卫星图改绘。

(a)   (b)   (c)

图 6-13   稔山镇盐场中被荒废的盐田

6.2.2 传统盐业聚落风貌被破坏

稔平半岛作为粤港澳大湾区重要组成部分，因其沿海区域的地理优势，近几年城镇化建设不断加快，土地资源变得越来越稀缺。一方面曾经的盐业聚落中纷纷建起小高楼，而古建筑多数都成为"空心屋"，由于无人居住而长期荒废变成断壁残垣，部分建筑墙体和屋顶垮塌，丧失了原有的景观风貌，尤其是盐洲岛上的盐业聚落，例如唐甲村、施甲村，其中大部分民居都已无人居住，成为半空心村；另一方面，在盐业聚落周围，大片良地被用于房地产开发，居住区高楼林立，现代化气息浓重，和原有的盐业聚落景观风貌不相协调，昔日代表稔平半岛海盐文化的传统村落失去了其独特的历史风貌，以淡水盐场和碧甲盐场为例，周边建立了诸多现代化楼盘。范和村周边风貌现状如图 6-14 所示。

图 6-14 范和村周边风貌现状
资料来源：摄于范和村。

6.2.3 古法晒盐技艺丢失

传统盐业经济的衰退，导致越来越多的年轻人选择外出打工，盐民锐减，古法晒盐技术只能停留于老一辈盐民手中，这种非物质文化遗产也处在逐渐消亡的状态。传统的古法晒盐，在全晴日的情况下，从海水到成盐最快需要一周的时间，每块盐田约1300多平方米，可收200多千克盐，每千克粗盐卖价约1～1.2元，一次可卖200元左右，但由于现在稔平半岛的残余盐田大多为家庭小作坊作业，没有分销商集中收购，常常出现堆积难以售卖的情况，经济效益较低。此外，晒盐收成还得看天气好坏，稔平半岛夏季多雷阵雨，卤水和结晶盐容易被雨水稀释破坏，随机性较强；传统的手工业劳动强度也非常大，经常需要在户外盐田日晒雨淋，很多年轻人选择转行，造成了古法晒盐技艺的丢失。

6.3　稔平半岛盐业文化景观遗产保护策略

文化景观遗产与当今社会的关联程度日益密切，是社会可持续发展的战略资源，也是保持民族特色、推动中华民族伟大复兴的战略选择。本部分针对稔平半岛盐业文化景观遗产面临的三大困境，从遗产保护的视角提出相应的保护措施。

6.3.1 树立盐业文化景观遗产保护意识

尝试带动盐业聚落村民树立文化遗产保护意识，普及古法晒盐的历史知识与基本技能，是保护稔平半岛盐业文化景观遗产的第一步。只有先从人的角度出发，才能真正保留盐业文化景观的活性。

（1）政府可以牵头邀请技术精湛的老盐民，定期开展传统晒盐示范活动，带动村民以及青年人群体积极学习晒盐技艺，组织失业盐民拍摄盐文化宣传片或宣传照，投放到文旅网络平台，在此过程中建立奖励机制，让老盐民能够从"晒盐"中获得多种收入，如此才会有更多的人愿意继续从事晒盐行业；尝试以村为单位，定期组织村民开展耙盐、挑盐比赛等娱乐性竞技活动，在增强村民与传统盐田景观互动的同时，也能让村民掌握基本的晒盐技能。

（2）2022年教育部颁发的《义务教育劳动课程标准》中将"生产劳动板块"纳入九年义务教育课程，稔平半岛片区可以依托这一政策，与片区内的中小学达成合作，开展盐业劳作课程，让老盐民充当劳技课讲师，开展盐业文化景观科普与晒盐技能教学，这不仅能够使青少年从小树立本土盐业文化景观遗产的保护意识，还能使其了解古法晒盐的基本常识。

（3）尝试利用互联网的方式，通过村民常用的手机App，如微信、抖音等，开通片区盐文化主题账号，可参考"盐洲岛""惠东范和古村落""平海那些事"等公众号，通过当下便民的互联网手段，定期发布与盐业文化景观、古法晒盐技艺、盐业古村风貌相关的图文或者视频，让盐民通过手机就能快速浏览关于盐业文化景观的相关知识，同时能加深村民对于本土盐业文化的认同感。

6.3.2 保护滨海盐田的完整存在

盐田是盐业生产景观的重要载体，也是盐业文化景观遗产中最核心的组成部分，必须保留滨海盐田的完整性。根据盐业生产景观的组成，仍需要从防汛景观、纳潮景观、晒池景观、存储景观四大功能单元着手进行保护，才能最大限度地保留盐田的完整性与真实性。

(1)防汛景观：加快盐田外围防洪堤塌损的修复工作，推进周边红树林等防风植物的栽植工作，严格保护盐田与海洋过渡地带的海鸟生存环境。防汛景观是保护盐田景观不受侵害，盐业聚落安全发展的重要屏障，也是近岸海域生物多样性最丰富的地方，因此应当建立严格的保护机制，以满足盐业景观安全与生态的双重需求。

(2)纳潮景观：对已经堵塞的引水渠、纳潮池进行及时疏通，对引水渠两侧的杂草进行定期清理，对已经老损的闸窦进行零件更换，恢复纳潮景观排纳海水的正常功能。

(3)晒池景观：对晒水池和结晶池内的淤泥和污水进行及时清理，保证盐池内的海盐结晶度；对坍塌的池壁进行恢复修补，对已经松动的鹅卵石铺地进行定期更换，依照"修旧如故"的原则，尽可能用传统的石材进行修复，以保证盐田景观本体的原真性。

(4)存储景观：传统的盐坨多用木材或者棉絮进行简单搭建，设备较为简陋，而且长期暴露在海边，容易受到雨水和卤水侵蚀，因此极易受损。针对具备存储功能的盐坨，可以考虑在原有材料的基础上，铺设防水性材料，以增强对结晶盐的保护；覆盖在盐坨上的彩色塑料薄膜，整体颜色和材质都与周边盐田景观不相协调，可以考虑使用颜色饱和度更低的油布替代。

6.3.3 维护盐业聚落的传统乡村风貌

盐业聚落是盐民赖以生存的空间，传统的盐业聚落是盐业景观中重要的组成部分。一方面，针对村中年代较为久远的古建筑，定期开展建筑质量检测，对半坍塌的房屋及时进行加固，提高聚落古建筑的整体质量；针对古建筑中与盐业关联性较强的建筑，增设建筑节点标识，并纳入重点维护对象；在盐业聚落中的公共空间节点，增设更多休闲座椅、美化周边景观，满足居民在村内的日常生活需求。

针对新建筑，可以考虑对颜色不协调的建筑进行整体化立面改造，以灰白色作为盐业聚落的基调色；对于正在修葺或将要修建的新建筑，提供房屋样式和外立面设计的技术指导，保证新建筑与旧建筑外观的一致性。

6.4 稔平半岛盐业文化景观遗产文旅开发思路

《广东惠州环大亚湾新区发展总体规划（2020—2035）》中提出，将以稔平半岛旅游资源为依托，开展全国领先的稔平国际旅游半岛建设工程，联合打造环大亚湾文化旅游、乡村旅游片区，培育创建一批农文旅融合发展类特色小镇。稔平半岛海盐文化底蕴丰厚，制盐历史悠久，充分挖掘盐业文化景观资源对该片区的旅游文化价值提升具有重大意义。依托当前盐场内保存的盐田景观，以及稔山镇、黄埠镇、平海镇、港口镇的盐业聚落进行以海盐为主题的文旅开发，是带动片区经济发展，实现稔平半岛乡村振兴的有效手段。在此针对当前的盐业文化景观遗产提出四类文旅开发的思路。

6.4.1 盐学科普类

稔平半岛自宋代以来就是两广地区重要的海盐产地，不仅拥有内涵丰富的盐业历史，还留存了很多与盐业有关的文物、盐作器具，这些都是古代科学技术的结晶。可以开辟盐业专题展览室或者建立稔平盐业博物馆，对稔平半岛上千年的盐业历史进行呈现，让游客感受到盐文化的科学魅力。

在国内外，已经有非常多以盐为主题的历史博物馆，例如国内的自贡市盐业历史博物馆，国外的哥伦比亚锡帕基拉盐教堂和波兰维利奇卡与博赫尼亚皇家盐矿，它们都是将曾经开采盐矿的矿坑改造为博物馆（图6-15～图6-17）；韩国全罗南道的曾岛上就建有曾岛盐博物馆，坐落在通向码头的太平盐田旁，内部展示着与海盐有关的各种历史资料、海盐的制作过程、盐业文物、工艺模型等，每年都吸引大量游客到此参观（图6-18）。曾岛盐田景观类型与稔平半岛极为相似，可以作为稔平半岛盐业景观开发重点学习和参考的典型案例。

图 6-15 自贡市盐业历史博物馆
资料来源：《自贡市盐业历史博物馆》。[66]

图 6-16 哥伦比亚锡帕基拉盐教堂
资料来源：《哥伦比亚波哥大黄金博物馆和地下盐教堂》[67]。

图 6-17 波兰维利奇卡与博赫尼亚皇家盐矿
资料来源：《世界盐文化博物馆》[68]。

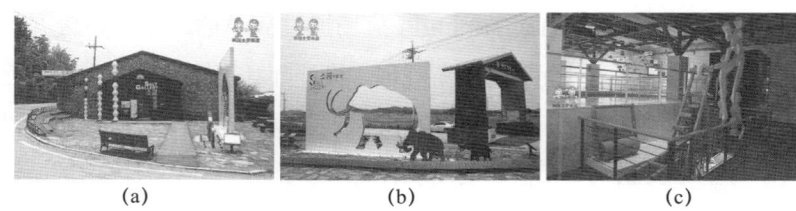

图 6-18　韩国曾岛盐博物馆
资料来源：《【韩国旅游·人文全南】到天使之岛游览盐博物馆》。[69]

盐学科普类的旅游主题，通过盐业博物馆和文旅相结合的方式，使游客全面且系统地学习稔平半岛古代制盐的科技知识、区域历史文化，这不仅能使游客在到盐田实地体验前打下更好的认知基础，还能取得良好的社会效益和经济效益。

6.4.2　盐作体验类

稔平半岛的文旅开发还可以从盐作体验类的项目出发，即让游客切切实实参与古法盐作的劳作。在户外观赏盐田风光的同时，游客还能直接在当地老盐民的指导下参与耙盐、耙沙、挑盐、踩水车等盐作活动，这种体验式的游玩方式，不仅增强了游览的趣味性，还能使游客在互动中深切体会稔平半岛盐业文化的独特魅力。

关于户外盐田的文旅开发模式，国内海南莺歌海盐场是较为优秀的先例。莺歌海盐场作为中国南方最大的盐场，开放了让游客参与盐作的体验项目。游客们重走盐民路，穿上盐工服，戴上盐工帽，感受耙盐、收盐的历史场景，体验传统的晒盐技法。游客亲手制作的海盐还能作为纪念品被带走。与此同时，在盐田周边还将曾经用以盐业运输的绿皮火车、盐仓建筑改造成网红打卡点，让游客们同时获得多种旅游体验（图 6-19）。

图 6-19　海南莺歌海盐场盐作体验项目
资料来源：《乐东莺歌海盐场：在海天一色间体验传统制盐》。[70]

在国外，西班牙 La Tancada 盐场通过简单的改造，将废弃的盐湖打造成一个风景优美的旅游胜地。设计师利用木栈道，在盐湖之间构筑起多条景观廊道，并且在其中植入了很多当地文化元素，还设置了与整个盐湖风貌相协调的木制休憩亭。此外，在体验区内部，还为濒临灭绝的物种设置了既生态又安全的停歇空间，这些停歇空间成为海鸥、火烈鸟等水鸟驻足的场地（图 6-20～图 6-22）。这个户外的盐场公园，让游客在实地体验盐湖景观的同时，还增添了生态价值。

图 6-20　西班牙 La Tancada 盐场木制栈道

图 6-21　西班牙 La Tancada 盐场游客休憩亭

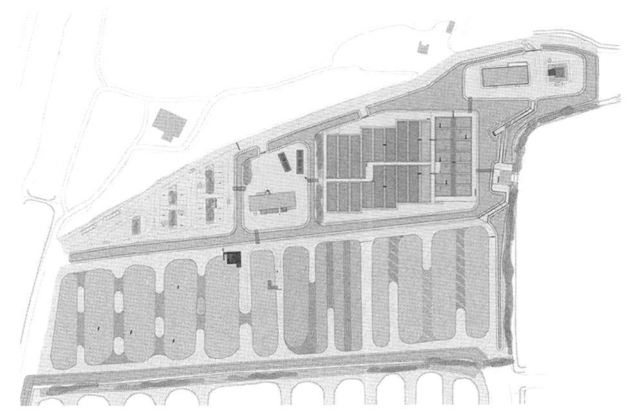

图 6-22 西班牙 La Tancada 盐场平面图
资料来源：《西班牙 La Tancada 盐场》。[1]

以上两个案例都保留了盐场原始劳作方式和原始生态环境，再现了海盐生产过程和盐田风光，游客能够到现场亲身体验古老而传统的制盐工艺，沉浸式体验游是近些年旅游开发中极具吸引力的项目，是稔平半岛盐业文化景观遗产文旅开发可以借鉴的模式。

6.4.3 盐疗康养类

盐不仅是文化景观的载体，也是一种对人体有益的矿物质，稔平半岛可依托盐业聚落古建筑群和盐产业，打造盐疗康养类文旅基地。开发盐疗康养类文旅项目主要具有以下三个优势：

其一，在丰富盐业聚落的产业类型的同时，为废弃的民居建筑植入新的功能价值。目前稔平半岛传统盐业聚落中的古建筑群日益衰败的原因就是空置和荒废，若是能够重新利用这些闲置的古建筑，将其改建为盐疗房、盐疗 SPA（水疗）馆、盐浴房、盐文化民宿等，则可为其注入新的生命活力。与此同时，传统的盐业聚落的产业类型增加了，村民就业的机会也就增加了，更多的青年群体能够在家乡谋求工作，聚落自然能够重新焕发生机。因此，盐疗康养类文旅项目是一条活化盐业古村落的极佳路径。

其二，解决手工海盐销路问题，带动传统晒盐业的持续发展。当下稔平半岛三大盐场的海盐分销渠道不明确，盐民所产海盐容易出现滞销问题，从而导致传统手工海盐的经济效益不高。然而盐疗康养类项目需要使用大量的海盐，并且需求稳定，海盐相较于精盐颗粒更加粗大，相较于工业盐更加天然，是用于盐疗养生的绝佳原料，因此可将附近盐场所产的手工海盐作为盐疗项目的主要用料来源。这不仅使项目体验更具稔平半岛本土色彩，还能为盐民解决海盐滞销问题，从而进一步带动传统盐业的发展。

其三，提升游客体验项目的多样性，刺激游客文旅消费。游客白天在户外体验盐作乐趣，晚上在盐疗房内休闲放松，这能够让游客在旅途过程中参与更多活动项目，增加在稔平半岛游览的整体时长。盐业科普和盐作体验项目并不具备较高的盈利属性，但打造盐疗康养基地，可以从各类盐疗项目以及民宿等方面获得收益，能够刺激游客在旅途中的消费，从而促进稔平半岛的区域经济良性有序发展，最终实现多方共赢。

6.4.4 盐创商旅类

图 6-23　盐画作品　　　　图 6-24　曾岛盐店各类盐产品

盐创商旅类项目同样是带动稔平半岛经济发展的有利手段，围绕"海盐"主题设计相关的文创产品、纪念品、特色美食来吸引游客在当地消费。

（1）尝试推出类似手工盐雕、盐画以及盐疗灯等的工艺产品（图6-23）。以盐画为例，作为甘肃陇原的非物质文化遗产，盐画具有较高的美学价值，它以盐为主要原材料，配合食用颜料加工粘贴晾晒，使得作品立体感强、保存时间长，不仅可以作为盐创工艺品售卖，还能拓展"盐画DIY（自己动手制作）"项目，让游客体验用盐作画的乐趣。

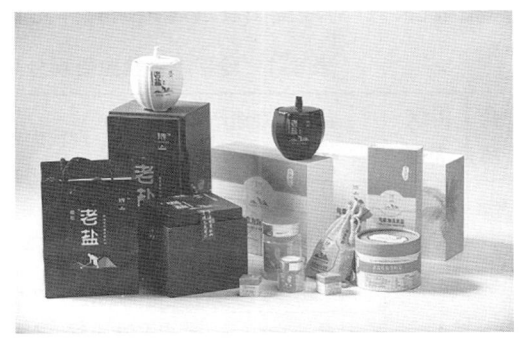

图6-25　莺歌海盐场盐产品

（2）可以拓展海盐餐厅或海盐口味美食。韩国曾岛的盐博物馆附近就有一家盐店，专门售卖各种用途或口味的海盐（图6-24），例如足浴盐、沐浴盐、果蔬盐等，另外曾岛有餐厅售卖海苔制品，餐厅推出用盐、海苔、海盐腌制品烹饪的美食，极具地域特色；海南莺歌海盐场也推出了老盐礼盒、老盐水果茶等"盐创"类美食（图6-25），深受诸多游客的喜爱。除对国内外优秀案例进行借鉴学习外，还需不断深挖稔平半岛海盐文化，从而扩充餐饮、旅游、购物等多条商业赛道，使盐创商旅类项目成为助力稔平半岛经济发展的源泉。

6.5　稔平半岛盐业景观分片区发展策略

结合稔平半岛三大盐场的周边现状以及片区内盐田—盐村—盐墟景观遗产留存情况，在对不同片区进行盐业遗产资源的优劣势分析后，本书认为三大盐场各自需要保护和突出的重点不同，就淡水盐场而言，它是稔平半岛产盐历史最为悠久的盐场，也是目前盐田留存面积最大的区域，应当以保护盐田生产景观为重点，呈现最传统的盐田景观风貌。大洲盐场以盐洲岛为核心，岛上的盐田—盐村—盐墟生产格局保留完整，并且盐村围绕盐墟散点式布局，在分区保护时应当以呈现盐洲岛完整的盐业生产格局为亮点。碧甲盐场现存盐田较少，但以范和村、长排村为代表的盐村保留完整,并且留存大量的古建筑群,在分区保护时应该以维护碧甲盐场片区盐村居住景观的整体风貌为核心。因此在提出发展策略时,应当与不同片区的盐业景观遗产特点相结合,针对性提出发展思路,具体见表 6-1。

表 6-1 稔平半岛盐业景观分片区发展策略

盐场	片区范围	盐业景观遗产留存情况		现状优劣势分析	针对性发展策略
淡水盐场	平海镇港口滨海旅游度假区	盐田	较好:现有盐田 108 公顷	优势: 1. 淡水盐场历史最为悠久,长达千年,海盐文化浓郁; 2. 盐田保留完整,集中连片; 3. 靠近双月湾滨海度假区,游客基数大;4. 平海所城为省级历史文化街区,盐业历史遗存丰富。 劣势: 盐业聚落较为分散,整体面貌不佳,与墟市相隔甚远	1. 合理保护现有盐田资源,以呈现完整真实的盐田生产景观风貌为重点; 2. 合理利用盐田开展户外盐作体验类项目,与平海墟、平海所城互相联动,形成盐旅主题游览线路; 3. 借助港口镇双月湾、海龟岛的旅游基础,将纯玩式旅游区优化为具有"海盐+海城"双重文化属性的旅游区; 4. 依托现有滨海酒店及商圈资源,植入盐疗康养类和盐创商旅类项目
		盐村	一般:盐村分散,聚落群整体风貌一般		
		盐墟	较好:平海墟与平海所城保留完整,历史遗存较多		
大洲盐场	黄埠镇	盐田	一般:留存一般,现有盐田 37 公顷	优势: 1. 盐田—盐村—盐墟的盐业生产格局保留完整,并且都聚集在一岛,景观资源较为集中; 2. 盐洲岛四周环海,远处群山环抱,景观资源较佳; 3. "十三盐寮"中保留大量的宗祠建筑 劣势: 1. 盐洲岛上盐田数量残留较少,盐田主要集中于对岸的三洲村; 2. 人和墟米街等古建筑群已经荒废,墟市建筑群风貌保留较差	1. 合理保护盐洲岛盐田—盐村—盐墟的生产格局,以维护与呈现完整的盐产格局为重点和亮点; 2. 保留三洲村盐田的绝对存在,合理开展户外盐作体验类项目; 3. 对盐洲岛白沙村红树林湿地以及周边生态进行保护,将红树林生态区打造为盐洲岛的第二大亮点
		盐村	较好:十三盐村集中,聚落群风貌良好		
		盐墟	一般:人和墟与天后宫仍旧保留		

续表

盐场	片区范围	盐业景观遗产留存情况		现状优劣势分析	针对性发展策略
碧甲盐场	稔山镇	盐田	较差：留存盐田仅11公顷	优势： 1. 范和村入选"广东十大最美古村落"，内部古建筑和盐业历史遗存保留较好，具有开发潜力；2. 位于惠州市通向稔平半岛的交通枢纽，交通便捷，人流基数较大。 劣势： 1. 盐田破坏较为严重，几乎没有盐田残留；2. 稔山墟整体格局保留，但内部历史遗存较少。	1. 合理保护范和村、长排村现存的大量村落古建筑群，以保留与呈现具有原真性的盐村居住景观风貌为重点；2. 以范和村的古建筑群为亮点，合理植入室内的盐学科普类项目，建立"盐学博物馆"，形成以"盐村"为主题的旅游板块
		盐村	较好：范和村与长排村内聚落风貌保留较好，历史遗存较多		
		盐墟	一般：稔山墟仍旧保留，但历史遗存较少		

6.6　本章小结

稔平半岛盐业景观作为一种文化景观资源，对其进行合理的保护与利用，能够实现传统盐业聚落的经济文化双重发展，具有较高的现实意义。

本章首先对稔平半岛盐业文化景观遗产进行了分类与价值分析，区域内与盐有关的文化景观遗产可分为物质类遗产和非物质类遗产，前者包含盐田景观、传统盐业聚落以及与盐业有关的古建筑群，后者包含古法盐作技术、盐业生产器具以及与盐有关的民俗活动。该片区目前主要存在三大问题，即盐田大规模荒废、传统盐业聚落风貌被破坏、古法晒盐技艺丢失，针对以上三点分别提出了相关的保护策略，首先从思想上，需强化村民对盐业文化景观遗产的保护意识；从措施上，及时修复部分被破坏的盐田，保证滨海盐田的完整存在；与此同时，需对盐业聚落内的古建筑开展定期的维修与检测工作，维护传统聚落的原始盐村风貌。

在开发思路与发展策略上，本章从盐学科普、盐作体验、盐疗康养、盐创商旅四个角度为稔平半岛盐业景观的文旅开发提供了思路，并收集了国内外典型的盐业景观文化遗产开发案例进行学习与借鉴。最后，文章通过对稔平半岛盐业景观的留存现状进行分析，指出三大片区在盐业景观保护的主体上存在差异，淡水盐场作为目前盐田留存面积最大的区域，应当以保护盐田生产景观为重点；大洲盐场的盐洲岛上盐田—盐村—盐墟生产格局保留完整，应当以呈现盐业生产格局为亮点；碧甲盐场的盐村保留大量古建筑群，在分区保护时应以盐村居住景观的整体保护为核心。

综上所述，稔平半岛盐业文化景观资源的保护与利用对稔平半岛片区的经济发展和乡村振兴具有重大意义，本章基于前文对稔平半岛盐业景观特征的研究，明确盐业景观资源的当前困境，为传统盐业聚落的保护活化工作提供针对性的发展策略。

第七章 总结与展望

　　稔平半岛因其先天的地理优势，成为传统时期广东滨海最重要的产盐片区之一，拥有一千多年的制盐历史。在清代形成了淡水盐场、大洲盐场、碧甲盐场三足鼎立的盐业生产格局，这些盐场内至今仍旧保存着丰富的盐业文化景观遗存，不仅具有较高的学术研究价值，还具有较大的文化景观保护价值。回顾本书的脉络结构，全书以稔平半岛盐业景观为对象，构建出盐业景观体系、摸清了盐场选址的自然要素和选址规律、研究了盐业生产、居住、运销三方面的景观特征，最后从文化景观遗产保护的视角为稔平半岛盐业文化景观提供了保护与发展策略，达到了本课题最初的研究目的。

　　本书的创新点体现在研究内容和研究方法两方面。在研究内容上，稔平半岛为当前广东省内盐业历史最悠久、盐业景观保存最为完整的片区之一，以往对该片区的研究较少，本书首次从人居环境学角度对稔平半岛的盐业景观展开探究；在研究方法上，首次搭建了适应于广东盐业景观研究的"生产—居住—运销"三角体系，该体系从多维度视角出发，将与盐有关的盐产地、居住地以及运销地视作一个有机整体，在探究每个层面的景观特征的同时，也探究三者之间的互动关系，使得研究框架更清晰、研究成果更为全面。

　　回顾全文，主要结论如下：

　　（1）盐业景观体系由生产景观、居住景观、运销景观共同构成，三者有机配合促使盐产、盐居、盐运顺利进行，缺少其中任何一环，盐业生产将无法推进。

　　盐产地负责生产海盐，这个过程关注以盐田为载体的生产景观；居住地是盐民赖以生存的生活空间，是盐业生产劳动力的重要来源，这个过程关注以盐业聚落为载体的居住景观；当海盐从生产地运往各大销区后，则需要关注以盐墟和盐道为载体的运销景观，盐销所产生的营收又反馈给盐业聚落中的盐民，支撑盐业聚落的持续发展，三者由此构成了生产—居住—运销盐业景观体系。

（2）稔平半岛盐场临海而建，但并非所有的滨海区域都适合晒盐，盐场选址需要具备滩涂、海水、风能、日照四大自然要素，遵循"临海靠湾、盐度较高""滩涂低平、浅海广阔""背山面港、抵风抗浪"三大选址规律。

滩涂是开垦盐田的生产用地，海水是制盐的生产原料，风能和日照是蒸发结晶的生产动力，盐场选址脱离这四大自然要素则无法顺利生产海盐。盐场选址同时需要遵循三大选址规律，选址的不同会直接导致产盐率和盐质的不同。其一，盐场选址更青睐"临海靠湾、盐度较高"的区域，海水盐度越高，产盐率则越高，盐场分布越密集；其二，盐场选址更青睐"滩涂低平、浅海广阔"的区域，低平广阔的滩涂和浅海不仅能为海水提供更加平稳的纳潮环境，还是围海造田的潜在资源；其三，盐场选址更青睐"背山面港、抵风抗浪"的区域，港湾和环山是天然的庇护场所，能够有效减弱海上来风，抵抗风暴潮对盐田的侵袭，满足盐业生产的安全需求。

（3）盐业生产景观以盐田为载体，承担生产海盐的主要功能，是盐业景观体系中最核心的构成部分。由于盐业生产结构和工艺的特殊性，盐业生产景观在规模、形态、色彩等方面都表现出与传统农业生产景观截然不同的肌理特征；盐业生产景观由防汛景观、纳潮景观、晒池景观、存储景观构成，四者围绕控水、引水、晒盐、储盐四个环节展开，相互作用共同推进海盐的顺利生产。

传统的盐业生产景观表现出"大片集中、小片零布""规则紧凑、均质排列""色彩丰富、细节多样"的肌理特征，和结构简单、色彩单一的农业景观形成鲜明对比。防汛、纳潮、晒池、存储四大功能单元共同构成了盐业生产景观，它们是盐业生产技艺与自然环境长期互动的结果。"堤林结合、防风固沙"的防汛景观是保护盐业生产的第一道屏障，同时兼具"控水"的功能，是涨潮和退潮时控制海水纳入与淡水排出的通道。"三级渗透、沟池联动"的纳潮景观是连接防汛景观与晒池景观的中间环节，其主要功能是"引水"，通过引潮沟和纳潮池季节性控制淡水和咸水的储蓄，能够解决海盐生产过程中盐田用水的问题。"池池串连、沙水并用"的晒池景观是海水转换成结晶盐的发生位置，其主要功能是"晒水"。按照工艺的不同，盐田可分为晒沙盐田和晒水盐田，晒沙盐田呈现出"两翼夹一渠"的景观形态，晒沙是明清时期主要采用的制盐方式；清末以后开始采用晒水盐田制盐，它利用高差逐级晒水，呈现阶梯式的景观形态，平面布局更为规整紧凑，人力成本更低；晒沙盐田和晒水盐田的景观差异是稔平半岛海盐生产适应自然地理条件与时代条件的集中体现。"临海傍路、三级管控"的存储景观是海盐从产地运往销区之前的最后环节，根据储盐坨地的规格和级别，可分为临池而建的临时坨、傍路而建的二级集中坨、滨海而建的一级集中坨。

（4）盐业居住景观以盐业聚落为载体，是盐民生活的场所。稔平半岛三大盐场土地资源的差异导致聚落的主导产业不同，淡水盐场和碧甲盐场聚落产业以"纯盐业为主，渔农为辅"，碧甲盐场聚落产业"先农后盐，农盐并重"，优越的农业资源使后者聚落发展更大；盐业聚落规模以及内部民居建筑的种类与村民身份组成密切相关，村民身份的组成越多元，盐业聚落内的民居形态越丰富，盐民、盐埠主、盐商以及盐官四者混住的盐业聚落通常具备良好的物质基础，聚落规模最为庞大且民居种类最多，仅有盐民居住的盐业聚落以单一的竹竿厝民居为主。

稔平半岛三大盐场片区在土地资源、盐业开发历程、村民组成等方面都存在较大差异，使得居住景观也呈现出差异化的表征。淡水盐场的盐业聚落为均匀散点式布局，它与对岸的平海墟隔海相望，盐民与盐埠主、盐商的居住地呈现空间上的分离，聚落内多生活着贫苦的盐民，发展较为落后，聚落规模整体偏小，彼此之间关联性较弱；大洲盐场的盐业聚落为向心散点式布局，十三个盐业聚落与岛中央的人和墟之间形成了明确的向心关系，聚落内部诞生了少量的小型盐埠主和盐商。纯盐业的开发历程使得淡水盐场与大洲盐场的盐业聚落存在较多的相似性，它们多分布在盐田内的引潮沟附近，古法制盐时期有利于划船收盐，并将海盐运出盐场；聚落内的村民均以杂姓混居，且未能形成富甲一方的大姓，宗族组织相对不发达，这使得村内以庙宇建筑为中心的地缘组织远远强于以宗祠建筑为核心的血缘组织，聚落组团均以庙宇建筑及其前广场为核心公共空间展开。

碧甲盐场聚落沿范和港呈现带状斑块式布局，"先农后盐"的产业开发历程，使得该片区的盐业聚落积累了良好的物质基础，聚落与农田的空间关系相较于盐田更为密切，村中产生了盐埠主、盐商以及盐官等资金雄厚的大户，他们与盐民混居在一起，村内巨大的贫富差距和阶级差异使碧甲盐场的聚落规模更为庞大、民居形态更为丰富；以陈氏为首的大姓是碧甲盐场最为庞大的家族，诸多大型盐埠主及盐官均出自陈氏，大型盐业聚落多围绕陈氏宗祠及其前广场展开；聚落内部产生了竹竿厝、下山虎、四点金、三座落、五间过以及围屋等多类型民居。

（5）盐业运销景观以盐道和盐墟为载体，承担将海盐从产地运往销区的作用。稔平半岛盐业运输线路采用了海、漕、陆三者结合的方式，东江河道是稔平半岛盐业运输大动脉；在清代盐业迅猛发展的背景下，稔平半岛内的三大盐墟呈现出与盐场同步发展的特点，盐墟与周边的盐业聚落联系紧密，以盐业为生的盐民、盐埠主、盐商、盐官对盐墟的依赖程度极高，这四类人群在此产生联结；盐墟兼具交通枢纽的作用，通常紧邻盐运码头或盐运古驿道，对外交通十分便捷；墟市本身呈现出以盐渔贸易为主体、其他贸易相并发展的繁荣景象，内部产生了诸多盐铺、盐商会馆、盐业庙宇等建筑。

稔平半岛内因产盐而兴的墟市包含淡水盐场平海墟、大洲盐场人和墟以及碧甲盐场稔山墟。平海墟呈现出自西向东的一字形结构，它与淡水盐场隔海相望，两者之间依托船运连接；平海所城自明代起就有军队防守，一方面保护盐业税收，另一方面保护海上贸易，这使得淡水盐场发展更加迅猛、商贸往来更加繁荣，这也导致平海墟在时空上呈现由西向东、由城内向城外、由内陆向滨海的扩张规律。海防和盐业的双重推动，无疑是平海墟不断向盐场方向发展的内在动力。大洲盐场人和墟位于盐洲岛中央，十字形的街道将人和墟和十三个盐业聚落串联成一个整体，片区内的管理建筑、祭祀建筑、教育文化建筑也都集中于此，这使得人和墟成为盐洲岛上商贸、政治以及文化中心的所在地，极大增强了盐业聚落之间的凝聚力。碧甲盐场的稔山墟是海运盐道和潮惠古驿道下路的交会点,是整个稔平半岛的交通枢纽,街巷肌理呈现出鱼骨形,墟市规模最为庞大。

(6)稔平半岛盐业景观作为一种文化景观遗产,是盐民与滨海环境长期互动的结果,具有较高的科研价值与文旅价值;依托这一优质的文化景观资源可在稔平半岛拓展盐学科普、盐作体验、盐疗康养、盐创商旅等文旅项目,从而带动周边盐业聚落的经济发展;在对三大盐区的盐业景观进行保护与发展时,需综合考虑各片区的现状、遗存特点,采取差异化、可持续的发展模式。

稔平半岛内主要存在盐田大规模荒废、传统盐业聚落风貌被破坏、古法晒盐技艺丢失三大问题,针对以上三点首先应从思想上强化村民对盐业文化景观遗产的保护意识;从措施上及时修复部分被破坏的盐田,保证盐田本体的绝对存在。与此同时,需对盐业聚落内的古建筑开展定期的检测与维修工作,维护盐业聚落的传统风貌。在开发思路与发展策略上,基于对国内外典型盐业文化景观遗产开发案例的解读,稔平半岛可从盐学科普、盐作体验、盐疗康养、盐创商旅四个方面合理利用盐业文化景观进行文旅开发。稔平半岛三大片区在盐业文化景观遗存上存在较大差异,因此需要保护和突出的重点各不相同。淡水盐场作为当前盐田留存面积最大的区域,应当以保护盐业生产景观为重点;大洲盐场的盐洲岛上盐田—盐村—盐墟的生产格局保留完整,应当以呈现盐业生产格局为亮点;碧甲盐场聚落内保留了大量和盐业有关的古建筑群,在分区保护时应以盐业居住景观的保护为重点。

现如今,"江天晴雪"的盐业景观正在逐步消亡,厘清稔平半岛盐业景观体系及其特征,对重现盐业文化景观风貌、推动盐业聚落乡村振兴有着重要意义,也可让更多人了解稔平半岛一千多年的制盐历史,认识盐田、盐村、盐墟以及盐道的前世今生。同时,本研究为盐业文化景观的保护与开发提供了一定的理论依据,可以为重塑稔平半岛盐业景观风貌、保护盐业文化景观遗产尽一份绵薄之力。

附录

稔平半岛三大盐场盐业聚落信息统计见附表1~附表3。

附表1 稔平半岛淡水盐场盐业聚落信息统计表

序号	聚落名称	聚落面积（公顷）	产业属性	建立年代	迁徙源地	主要姓氏	公共建筑	聚落平面图
1	东洲	3.01	盐业	明代	福建莆田等地	张、李、林、叶、陈等	洪圣公、武帝庙、王公神位、三官庙、林氏祠堂（4座）、李氏祠堂（2座）、张氏祠堂（2座）、陈氏祠堂（2座）	
2	应大	0.88	盐业	明代	福建等地	林、刘、陈	洪圣公、大伯公、福德公公、三王庙、刘氏祠堂（4座）、陈氏祠堂（3座）、林氏祠堂（1座）	
3	罗段	1.34	盐业	清初	福建等地	罗、李	洪圣公、协天大地、福德公公、罗氏祠堂（7座）、李氏祠堂（3座）	
4	洪家涌	1.21	盐业	明代	福建等地	陈、刘、杨	洪圣公、玄天大帝（平海北门）、华光大帝、二王爷庙、三王爷庙、刘氏祠堂（1座）、陈氏祠堂（2座）	
5	林厝	1.32	盐农兼业	清初	福建漳州龙溪县	王、陈、林、黄、高、卢等	洪圣公、将军庙、福德爷爷、王氏祠堂（1座）、陈氏祠堂（1座）、林氏祠堂（1座）、黄氏祠堂（1座）、高氏祠堂（1座）	
6	埔顶	0.95	盐渔农兼业	清初	从福建迁至平海所城南门，后从平海迁至此	叶、陈	洪圣公、大伯爷、黄甲玄天上帝、华光大帝、叶氏祠堂（1座）、陈氏祠堂（1座）	

续表

序号	聚落名称	聚落面积（公顷）	产业属性	建立年代	迁徙源地	主要姓氏	公共建筑	聚落平面图
7	大园	1.97	盐农兼业	明代	从福建迁至海丰，再从海丰迁至平海，后从平海迁至此	钟、林、张、陈、黄、谢等	洪圣公、列圣宫、黄甲玄天上帝、福德祠、张氏祠堂（4座）、钟氏祠堂（2座）、林氏祠堂（1座）、陈氏祠堂（1座）	
8	上新	1.29	盐农兼业	元代	汕尾海丰县	罗、林、许	洪圣公、三王宫、大伯爷、二王爷、罗氏祠堂（1座）、林氏祠堂（1座）、许氏祠堂（1座）	
9	南北寮	1.64	盐农兼业	明代	从福建迁至惠东，再从惠东迁至此	朱、余、邱	洪圣公、大伯爷庙、朱氏祠堂（1座）、余氏祠堂（1座）、邱氏祠堂（1座）	
10	大塘头	1.72	盐农兼业	清初	从福建迁至平海佛祖岭，后从平海迁至此	吴、汪、陈、谢、何、颜	黄甲玄天上帝庙、大伯爷庙、福德爷爷、谭公庙、汪氏祠堂（1座）、吴氏祠堂（1座）	
11	冯陂	1.83	盐农兼业	清初	福建漳州等地	林、郑、冯等	关爷庙、将军庙、冯氏祠堂、林氏祠堂	
12	头围	1.99	盐渔兼业	明代	海陆丰地区	林、陈、吴、孙、朱	将军庙、天后宫、福德庙、洪圣公、林氏祠堂（2座）、陈氏祠堂（2座）、吴氏祠堂（2座）、孙氏祠堂（1座）、朱氏祠堂（1座）	

217

续表

序号	聚落名称	聚落面积（公顷）	产业属性	建立年代	迁徙源地	主要姓氏	公共建筑	聚落平面图
13	三围	0.73	盐渔兼业	明代	海陆丰地区	余、陈	北帝庙、福德庙、洪圣公、余氏祠堂（4座）、陈氏祠堂（2座）	
14	四围	1.24	盐渔兼业	明代	海陆丰地区	张	天后宫、福德庙、洪圣公、张氏祠堂（1座）	
15	港尾	2.41	盐农兼业	宋代	从福建迁至海陆丰，再从海陆丰迁至此地	林、黄、潘、张	列圣宫、水仙爷、天后宫、谭公爷、林氏祠堂（1座）、潘氏祠堂（1座）、黄氏祠堂（1座）、张氏祠堂（1座）	
16	古灶	1.82	盐农兼业	宋代	福建等地	林、蔡、陈	洪圣公、福德爷爷、林氏祠堂（1座）、蔡氏祠堂（1座）	
17	北寮	1.92	盐农兼业	明代	福建等地	陈	二王爷庙、大王宫庙、陈氏祠堂	
18	松坑	1.71	盐农兼业	明代	福建等地	陈	陈氏祠堂	
19	张家墩	2.63	盐农兼业	明代	福建兴化府莆田县	张	伯公庙、妈祖庙、张氏祠堂	

资料来源：《平海镇志》以及笔者调研资料。

附表 2 稔平半岛大洲盐场盐业聚落信息统计表

序号	聚落名称	聚落面积（公顷）	产业属性	建立年代	迁徙源地	主要姓氏	公共建筑	聚落平面图
1	望斗	4.10	盐业	明末	福建等地	黄、王、林、孙、赖、梁、吴、曾、薛	天后宫、黄氏祠堂、王氏祠堂、林氏祠堂等	
2	前寮	2.31	盐业	明末	福建等地	翁、王、麦、陈、林、程、孙、何、刘、谢、方	玉虚宫、翁氏祠堂、王氏祠堂	
3	施甲	1.38	盐业	明末	福建莆田等地	陈、林、王、欧、尤、蒋	天后宫、陈氏祠堂、林氏祠堂	
4	唐甲	0.62	盐业	明末	福建等地	林、纪、唐	协天宫、林氏祠堂	
5	翁甲	1.74	盐业	明末	福建等地	林、李、刘	将军府、林氏祠堂	
6	李甲	2.04	盐业	清初	福建、潮汕等地	林、李、王、张、黄、杨、吕、许、翁	三圣宫、林氏祠堂、李氏祠堂、王氏祠堂	
7	登甲	0.70	盐业	明末	福建等地	王、郑、林、丁	列圣宫、王氏祠堂、郑氏祠堂	

续表

序号	聚落名称	聚落面积（公顷）	产业属性	建立年代	迁徙源地	主要姓氏	公共建筑	聚落平面图
8	好安	0.81	盐业	明末	福建等地	林、王、黄	三王宫、林氏祠堂、王氏祠堂	
9	大麦墩	1.16	盐业	明末	福建等地	余、吕、陈、林、黄	三王宫、林氏祠堂、吕氏祠堂	
10	马厝寮	2.03	盐业	明末	福建等地	赖、黄、林	玉虚宫、林氏祠堂、黄氏祠堂	
11	东计	1.65	盐业	明末	福建等地	林、姚	玉虚宫、林氏祠堂、李氏祠堂	
12	白沙	2.74	盐渔兼业	清初	福建等地	林、陈、蔡、韩、潘、洪、李	协天宫、林氏祠堂、陈氏祠堂	
13	三洲	6.31	盐渔农兼业	明末	福建等地	林、余、陈、温、苏、黄、戴、何、卓、方、卢	列圣宫、水仙宫、千佛寺、林氏宗祠	
14	霞坑	3.12	盐农兼业	明末	福建、潮汕等地	林、李	三王宫、林氏祠堂	

续表

序号	聚落名称	聚落面积（公顷）	产业属性	建立年代	迁徙源地	主要姓氏	公共建筑	聚落平面图
15	湾仔	2.26	盐渔农兼业	明末	海丰县赤石镇	李	天帝宫、李氏祠堂	
16	招魁	0.91	盐农兼业	明代	从平海迁至翁甲村，又从翁甲村迁至于此	吕、林	帝爷庙、观音庙、林氏宗祠、吕氏祠堂	
17	盐仓	2.58	盐渔农兼业	明末	福建莆田迁至稔山镇，又从稔山镇迁至于此	林	玄天上帝庙、关帝庙、观音庙、林氏祠堂	
18	渡头	1.82	盐渔农兼业	明末	海丰县一带迁入	翁、曹、林、郑、李、钟	列圣宫、玄天上帝庙、翁氏祠堂、林氏祠堂	
19	沙埔	1.61	盐农兼业	明代	福建等地	邹、余、蔡、陈、林、罗、钟等	神农庙仙宫、邹氏祠堂	
20	田坑	0.51	盐渔农兼业	明末	福建等地	吴、陈、李、郑、程	协天宫、吴氏祠堂、陈氏祠堂	
21	望京洲	2.13	盐农兼业	明末	福建等地	林、马、姚、唐、苏、郑、徐	妈祖庙、林氏祠堂	

资料来源：《黄埔镇志》以及笔者调研资料。

附表3 碣平半岛碧甲盐场盐业聚落信息统计表

序号	聚落名称	聚落面积（公顷）	产业属性	建立年代	迁徙源地	主要姓氏	公共建筑	聚落平面图
1	碣山墟	12.62	盐渔农兼业	明代	福建、潮阳一带	陈、林、卜、刘、李、张、杨、王等	玄坛祖庙、三山国王庙、福德祖庙、万家春、谭公仙庙、武帝祖庙、水仙宫、刘氏祖祠（光裕堂）、古氏祖祠、林氏祖祠（西河堂）、黄氏祖祠	
2	长排	4.54	盐渔农兼业	明代	福建、潮汕地区和海陆丰一带	陈、林、吕、余、庄等	陈元公祠、陈氏祖祠、集庆堂、北爷庙、王爷庙	
3	大墩	3.57	盐渔农兼业	清初	从福建、海丰等地迁至此	陈、曾、罗、林、黄、王、周、庄、徐等	大学堂、林氏宗祠、徐氏宗祠、黄氏宗祠	
4	海洲	2.23	盐渔兼业	明末	由长排村迁出，祖籍福建	陈、王	海洲天后宫	
5	后洲	2.04	盐渔兼业	清代	由长排村迁出，祖籍福建	陈、王	后洲天后宫	
6	蟹洲	3.35	盐渔兼业	清代	福建等地	陈	蟹洲妈祖庙、万爷庙、后山妈祖庙	
7	芙蓉	3.83	盐渔农兼业	元代	福建莆田县	陈、李等	陈氏祖祠、天后宫、东岳庙、地藏王宫、王爷庙、关帝庙、水仙宫、上帝宫、福德祠	

续表

序号	聚落名称	聚落面积（公顷）	产业属性	建立年代	迁徙源地	主要姓氏	公共建筑	聚落平面图
8	大埔屯	4.81	盐农兼业	明代	讲客家话的村民多从梅州、河源、博罗迁入；讲闽南话的村民多从闽南、潮汕一带迁入；讲占米话的村民多从惠州、东莞一带迁入	陈、黄、程、钟、李、庄、许、袁等	伯公庙、北帝爷庙、五谷皇、关帝庙、康大元帅、陈氏宗祠（庆余堂）、曹氏宗祠、钟氏宗祠、冯氏宗祠、卢氏宗祠	
9	革新	3.05	盐渔农兼业	清初	从海丰、博罗、揭西、河婆、五华等地迁入	黄、许、李、袁	许氏宗祠、黄氏宗祠、李氏宗祠、袁氏宗祠	
10	范和	16.28	盐渔农兼业	元代	福建莆田、泉州；潮汕一带；后又有部分人从粤东兴梅地区迁入	陈、林、郭、钟、高、黄、王、李等	城隍祖庙、列圣宫、列圣宫戏台、水仙宫戏台、文昌宫、将军祖庙、谭公祖庙、玄帝宫、水仙宫、妈祖庙、福德祠、玄天上帝庙、关公祠、圣母堂、溪坝凤凰池妈宫、众神妈庙、雷鸣庵、陈氏祖祠（诒远堂）、陈氏祖祠（锡庆堂）、林氏祖祠（德馨堂）	
11	沙埔	1.69	盐渔农兼业	清初	从凤仪寨迁出，祖籍海丰、揭西	黄、许	许氏宗祠、黄氏宗祠	

续表

序号	聚落名称	聚落面积（公顷）	产业属性	建立年代	迁徙源地	主要姓氏	公共建筑	聚落平面图
12	塘埔	2.12	盐渔农兼业	清初	福建等地	陈、黄、钟	钟氏宗祠、陈氏宗祠、黄氏宗祠	
13	上元墩	1.51	盐渔农兼业	清初	福建等地	杨	杨氏宗祠	
14	下元墩	2.03	盐渔农兼业	清初	福建等地	杨	天后宫、杨氏宗祠	
15	盐灶背	4.52	盐渔农兼业	清初	从梅州兴宁县迁入	黄、钟、薛、彭	妈祖庙、黄氏宗祠、钟氏宗祠、薛氏宗祠、彭氏宗祠	

参考文献

[1] 单霁翔. 走进文化景观遗产的世界 [M]. 天津：天津大学出版社，2009.

[2] 王毅，蒋璐，许凡，等. 世界遗产视野下的海南儋州盐田研究 [J]. 盐业史研究，2019（2）:31-38.

[3] 金其铭. 中国农村聚落地理 [M]. 北京：科学出版社，1988.

[4] 吉成名. 元代食盐产地研究 [J]. 四川理工学院学报（社会科学版），2008（3）:11-17.

[5] 崔剑锋，李水城. 海南省儋州洋浦古盐田玄武岩晒盐工艺的初步调查 [J]. 南方文物，2013（1）:88-91+44.

[6] 云翃，李迪华. 儋州古盐田的独特遗产价值与保护问题 [J]. 中国文化遗产，2015（4）:72-78.

[7] 高悦，赵书彬. 海南儋州古盐田文化景观初探 [J]. 广东园林，2016，38（3）:44-47.

[8] 高悦，赵书彬. 洋浦古盐田文化景观遗产的现状问题与保护对策 [J]. 华中建筑，2016，34（9）:166-169.

[9] 李元. 文化地理学视角下天津明清盐业文化景观研究[D]. 天津：天津大学，2018.

[10] 范光杰，万吉琼. 自贡井盐文化遗产特色及当代价值 [J]. 盐业史研究，2016（2）:69-76.

[11] 程龙刚. 自贡盐文化遗产保护与利用研究 [J]. 中国名城,2011（8）:46-50.

[12] 李和平，肖竞，周晓宇. 西南盐业历史城镇文化景观构成与保护研究 [J]. 城市规划，2015，39（7）:100-106.

[13] 单霁翔. 浅析城市类文化景观遗产保护 [J]. 中国文化遗产,2010（2）:8-21.

[14] 赵逵. 川盐古道上的传统聚落与建筑研究 [D]. 武汉：华中科技大学，2007.

[15] 赵逵，张晓莉. 中国古代盐道 [M]. 成都：西南交通大学出版社，2019.

[16] 匡杰. 两广盐运古道上的聚落与建筑研究 [D]. 武汉：华中科技大学，2020.

[17] 胡耀丹. 文化景观视角下沱江流域自贡段盐商贸古镇布局与空间研究 [D]. 重庆：西南大学，2020.

[18] 谢岚. 自贡会馆建筑文化研究 [D]. 重庆：重庆大学，2004.

[19] 李平毅. 四川自贡仙市古镇聚落景观研究 [D]. 成都：西南交通大学，2011.

[20] 丁武波. 大理诺邓村山地白族聚落与建筑研究 [D]. 重庆：重庆大学，2011.

[21] 李海燕. 云龙县诺邓古村落聚落景观形态研究 [D]. 昆明：西南林业大学，2012.

[22] 杨宇亮，张丹明，党安荣，等. 村落文化景观形成机制的时空特征探讨：以诺邓村为例 [J]. 中国园林，2013，29（3）:60-65.

[23] 郭正忠. 中国盐业史：古代编 [M]. 北京：人民出版社，1997.

[24] 唐仁粤. 中国盐业史：地方编 [M]. 北京：人民出版社，1997.

[25] 刘淼. 明代盐业经济研究 [M]. 汕头：汕头大学出版社，1996.

[26] 陈锋. 清代盐政与盐税 [M]. 郑州：中州古籍出版社，1988.

[27] 邹琳. 粤鹾纪实 [M]. 北京：商务印书馆，1922.

[28] 屈大均. 广东新语 [M]. 上海：中华书局，1985.

[29] 余永哲. 明代广东盐场沿革考 [J]. 广东史志，1989.

[30] 冼剑民. 清代广东的制盐业 [J]. 盐业史研究，1990（3）:25-35.

[31] 黄国信. 明清两广盐区的食盐专卖与盐商 [J]. 盐业史研究，1999（4）:3-10.

[32] 周珅. 清代广东盐业与地方社会 [D]. 华中师范大学，2005.

[33] 段雪玉. 宋元以降华南盐场社会变迁初探：以香山盐场为例 [J]. 中国社会经济史研究，2012（1）:37-48.

[34] 段雪玉，汪洁. 淡水场：广东大亚湾盐业历史调研 [M]. 广州：广东人民出版社，2021.

[35] 惠州盐务局. 惠州（东江）盐务志 [M]. 北京：中共党史出版社，2009.

[36] 惠东历史文化丛书编纂委员会. 惠东历史文化概述 [M]. 广州：岭南美术出版社，2020.

[37] 平海镇地方志编纂委员会. 平海镇志 [M]. 广州：岭南美术出版社，2019.

[38] 黄埠镇地方志编纂委员会. 黄埠镇志 [M]. 广州：广东人民出版社，2013.

[39] 稔山镇地方志编纂委员会. 稔山镇志 [M]. 北京：国家图书馆出版社，2014.

[40] 吉成名. 论唐代池盐产地 [J]. 株洲工学院学报，2005（2）:10-13.

[41] 吉成名. 元代食盐产地研究 [J]. 四川理工学院学报（社会科学版），2008（3）:11-17.

[42] 吉成名. 中国古代食盐产地分布和变迁研究 [M]. 北京：中国书籍出版社，2013.

[43] 王彬，黄秀莲，司徒尚纪. 地名与广东历史时期盐业分布研究 [J]. 广东海洋大学学报，2011，31（5）:30-36.

[44] 段雪玉. 清代广东盐产地新探 [J]. 盐业史研究，2014（4）:12-20.

[45] 李小波，刘慧清. 川东古代盐业开发对行政区划和城市分布的影响 [J]. 长江流域资源与环境，2000（3）:307-312.

[46] 方明，宗良纲. 论江苏海岸变迁及其对海涂开发的响影 [J]. 中国农史，1989（2）:31-37.

[47] 刘伟. 先秦鲁北地区盐业经济地理初探 [D]. 广州：暨南大学，2008.

[48] 何亚莉. 二十世纪中国古代盐业史研究综述 [J]. 盐业史研究，2004（2）:34-44.

[49] 彭建，王仰麟. 我国沿海滩涂的研究 [J]. 北京大学学报（自然科学版），2000（6）:832-839.

[50] 韩维栋，高秀梅. 湛江红树林保护策略 [J]. 广东林业科技，1998（3）:18-22.

[51] 潘莹，杨萍，施瑛. 稔平半岛大洲盐场传统盐业景观体系研究 [J]. 南方建筑，2022（9）:50-57.

[52] 林鹏，卢昌义. 海南岛的红树群落 [J]. 厦门大学学报（自然科学版），1985（1）:116-127.

[53] 刘桂儒. 走进范和 [M]. 广州：南方日报出版社，2013.

[54] 赖小芳. 惠东古村落保护规划案例探讨 [D]. 广州：华南农业大学，2020.

[55] 杨星星. 清代归善县客家围屋研究 [D]. 广州：华南理工大学，2011.

[56] 张莎玮. 广府地区传统村落空间模式研究 [D]. 广州：华南理工大学，2018.

[57] 郑振满，陈春声. 民间信仰与社会空间 [M]. 福州：福建人民出版社，2003.

[58] 陆琦. 广东民居 [M]. 北京：中国建筑工业出版社，2008.

[59] 黄国信. 清代乾隆年间两广盐法改埠归纲考论 [J]. 中国社会经济史研究，1997（3）:39-49.

[60] 夏杨，林海生. 古驿道穿山越岭见证千年沧桑变迁 [EB/OL].（2020-03-27）[2023-09-17].http://ep.ycwb.com/epaper/ywdf/html/2020-03/27/content_1006_248859.htm.

[61] 吕舟. 第六批国保单位公布后的思考 [N]. 中国文物报，2006-08-18（18）.

[62] 吴必虎，刘筱娟. 中国景观史 [M]. 上海：上海人民出版社，2004.

[63] 范端昂，汤志岳. 粤中见闻 [M]. 广州：广东高等教育出版社，1988.

[64] 自贡市盐业历史博物馆 [EB/OL].（2022-11-20）[2023-09-17].http://www.zgshm.cn/index.html.

[65] 哥伦比亚波哥大黄金博物馆和地下盐教堂 [EB/OL].（2022-06-02）[2023-09-17].http://www.360doc.com/content/22/0602/16/56628208_1034268108.shtml.

[66] 中国海盐博物馆. 宅家看世界（一）｜世界盐文化博物馆 [EB/OL].（2020-02-08）[2023-09-17].http://old.chinahymuseum.com/news_show.asp?id=1193.

[67] 韩国全罗南道.【韩国旅游·人文全南】到天使之岛游览盐博物馆 [EB/OL].（2019-10-23）[2023-09-17].http://huanqiu21.lofter.com/post/1cc665ca_1c6e2a048.

[68] 人民网 – 海南频道. 乐东莺歌海盐场：在海天一色间体验传统制盐 [EB/OL].（2021-11-25）[2023-09-17].http://hi.people.com.cn/n2/2021/1125/c231190-35021151.html.

[69] 西班牙 La Tancada 盐场 [EB/OL].（2018-03-05）[2023-09-17].https://bbs.zhulong.com/101020_group_201878/detail10136192/.